O QUE É INTUIÇÃO

e como aplicá-la na vida diária

CILIANO

CB131293

PHILIP GOLDBERG

O QUE É INTUIÇÃO

e como aplicá-la na vida diária

Tradução
ROBERTO SOCIO DE ALMEIDA
PAULO CÉSAR DE OLIVEIRA

EDITORA CULTRIX
São Paulo

Título do original:
The Intuitive Edge
Understanding Intuition and Applying It in Everyday Life

Copyright © 1983 by Philip Goldberg
Publicado pela primeira vez nos Estados Unidos da América por Jeremy P. Tarcher, Inc.

Edição	Ano
1-2-3-4-5-6-7-8-9-10	92-93-94-95-96-97

Direitos de tradução para o Brasil
adquiridos com exclusividade pela
EDITORA CULTRIX LTDA.
Rua Dr. Mário Vicente, 374 – 04270 – São Paulo, SP – Fone: 272-1399
que se reserva a propriedade literária desta tradução.

Impresso em nossas oficinas gráficas.

Sumário

Agradecimentos

Sinto-me profundamente agradecido a todos aqueles que generosamente contribuíram para a preparação deste livro. As pessoas citadas a seguir compartilharam comigo seus conhecimentos profissionais, revisaram trechos do manuscrito, enviaram-me recortes e artigos, relataram-me acontecimentos ocorridos com elas, ouviram e comentaram minhas idéias à medida que iam sendo desenvolvidas e ajudaram-me a pensar. Em muitos casos, seu apoio emocional, encorajamento e entusiasmo foi um tônico muito necessário. Em favor da simplicidade, relaciono-as todas em ordem alfabética, sejam elas pessoas amigas ou praticamente desconhecidas, sem mencionar seus títulos e afiliações. É bem possível que eu tenha deixado de mencionar muitas pessoas que influenciaram minhas idéias e que compartilharam comigo suas experiências e pontos de vista, já que suas contribuições foram feitas informalmente antes que eu soubesse que iria escrever este livro. Lamento a ocorrência dessas omissões e espero que elas me sejam perdoadas.

Agradeço a: Betsy e Elliot Abravanel, Weston Agor, Charles Alexander, Terese Amabile, Alarick Aranander, Art e Elaine Aron, Bernard Baars, Ted Bartek, Steve R. Baumgardner, Marshall Berkowitz, Erick Bienstock, Diane Blumenson, Libby Bradshaw, Elizabeth Brenner, Jerome Bruner, Merry Bullock, Blythe Clinchy, Allan Collins, Peter Conrad, Bob Cushing, Ana Daniel, Eugene d'Aquili, Richard Davidson, Jack DeWitt, Ed DiEsso, Michael Dilbeck, Susan Dowe, Tom Drucker, Tom Duffy, David Dunlap, Peter Erskine, Earl Ettienne, Juliet Faithfull, Marilyn Ferguson, Linda Flower, Bob Forman, Diane Frank, Lisbeth Fried, Elliot Friedland, Jonathan Friedlander, Bob Fritz, Eugene Gendlin,

Richard Germann, James A. Giannini, Rashi Glazer, Bob Goldberg, Bernard Goldhirsh, Bennett Goodspeed, Ruth Green, Bob Greenfield, Bob Hanson, Bo e Nancy Hathaway, John Hayes, John R. Hayes, Barbara Holland, Keith Holyoak, Jerry Jarvis, Alfred Jenkins, Paul E. Johnson, Paul Jones, Daniel Kaufman, Bill Kautz, Ralph Keyes, Julia Klein, Ellisa Koff, Barbara Landau, Lanny Lester, Jerre Levy, Marilyn Machlowitz, Tom Maeder, Rosanne Malinowski, Ellen Michaud, John Mihalasky, Jonathan Miller, Henry Mintzberg, Bevan Morris, Rick e Amy Moss, George Naddaff, Don Noble, Meredith B. Olson, Dean Portinga, Mitchell Posner, Robin Raphaelian, Dennis Raimondi, Margaret Robinson, Joan Rothberg, Robin e Dennis Rowe, Peter Russell, Art Sabatini, Ed Scher, Deanna Scott, Mike Schwartz, Elliot Seif, Peter Senge, Jonathan Shear, Dean Simonton, Dean Sluyter, Lyn Sonberg, Robert Sternberg, Bobbi Stevens, E.C.G. Sudarshan, Peggy Van Pelt, Gary Venter, Keith Wallace, Larry e Linea Wardwell, Robin Warshaw, Malcolm Westcott, Ken Wilber, Gretchen Woelfle, Roy Wyand, Bob Wynne, Arthur Young, Ron Zigler e Connie Zweig.

Além disso, estou em débito com meu editor, Jeremy Tarcher, que foi suficientemente intuitivo para acreditar no que não passava de uma idéia ainda incipiente. Estou também profundamente grato a Janice Gallagher, que realizou um excepcional trabalho de edição participativa, à velha moda; muitas vezes, ela sabia melhor do que eu aquilo que eu estava tentando dizer.

Por fim, minha eterna gratidão a minha querida Jane, cuja intuição está sempre – bem, *quase* sempre – certa, e que suportou com dignidade e energia o insuportável papel de Esposa de Escritor.

À minha mãe, que me ensinou a questionar.

Prefácio

A intuição é um assunto de fundamental importância, cuja hora chegou, e *O que é intuição* é uma leitura obrigatória para todos os que querem viver com mais criatividade, satisfação, sabedoria e paz interior.

A função criativa da intuição, como Philip Goldberg a define neste livro proveitoso e informativo, expande nossas capacidades ao nos colocar diante de opções, alternativas e possibilidades. Uma intuição correta também nos permite avaliar nossas decisões, predizer o futuro e descobrir idéias vitais a respeito de nós mesmos e dos ambientes em que vivemos. Ela é, como diz Philip Goldberg, "um guia eficaz para a vida diária". Em resumo, a intuição traz felicidade, admiração e harmonia. *O que é intuição* pode nos ajudar a descobrir o maior de todos os terapeutas – aquele que está dentro de nós.

Tendo trabalhado com muitos milhares de clientes, não considero mais que meu papel seja o de "reduzir" e sim o de "expandir". Em vez de tentar incessantemente reduzir os problemas com tranqüilizantes ou com uma panacéia psicoterapêutica, agora estou interessado em expandir as capacidades do indivíduo – física, emocional, social e espiritualmente. Os problemas podem ser transformados em oportunidades para o desenvolvimento pessoal através do autocrescimento e de desafios significativos.

A palavra psiquiatria deriva de *psyche*, que diz respeito ao espírito de uma pessoa, e *iatros*, que significa curar ou tornar inteiro. Portanto, psiquiatria significa tornar "inteiro" o espírito. Uma ferramenta essencial para a consecução dessa meta é o desenvolvimento das habilidades intuitivas de cada pessoa. A capacidade do indivíduo de ouvir e tirar proveito de sua própria voz intuitiva interior é fundamental para o seu desenvolvimento pessoal, permitindo-lhe viver uma vida mais rica e transformar problemas em desafios e oportunidades.

Às vezes, brinco com meus pacientes dizendo que a mente é a causa de todas as doenças mentais. Num certo sentido, nós precisamos "sair de nossas mentes" para superar nossas preocupações com problemas e limitações. A confiança em nossa intuição pode nos curar da "psicoesclerose", um endurecimento da mente e do espírito provocado por uma excessiva dependência da análise e da racionalidade. Com uma boa capacidade de intuição podemos transcender nosso estado mental comum e nos tornarmos nós mesmos, de uma forma mais completa e profunda. Por esta razão, *O que é intuição* serve de guia para nos transformarmos em pessoas mais espontâneas, independentes, despreocupadas e livres.

Philip Goldberg nos proporciona uma visão clara da natureza da intuição, uma orientação valiosa para as diversas formas de experiência intuitiva, além de exercícios práticos com o objetivo de criar condições favoráveis à ocorrência da intuição. Uma mente tensa e agitada é demasiado "barulhenta" para que a intuição possa operar de forma eficaz. As técnicas de meditação e respiração, a ioga, o relaxamento muscular e a visualização orientada podem nos ajudar a criar uma mente mais fértil e receptiva. Este livro também nos proporciona outras sugestões úteis para o aprimoramento de nossas capacidades intuitivas. Ele nos ensina, por exemplo, como adiar nosso julgamento a respeito de um determinado assunto e ouvir a nossa voz interior, como ser flexível e brincar com nossos pensamentos, e como combinar a inspiração com uma escrita livre de preocupações com o estilo. Descobri que estas e outras técnicas são fundamentais para mim em meus papéis de psiquiatra, escritor, marido e pai.

O que é intuição é o melhor livro que já li sobre este assunto. É uma leitura obrigatória para todos os que estejam interessados em ser mais criativos e empreendedores – o cientista, o artista, o estudante, o administrador ou o empresário – e para qualquer leitor que esteja procurando desenvolver-se em sua vida pessoal e profissional. A intuição desempenha um papel fundamental, por exemplo, na escolha do companheiro certo. Além de escrever bem, Goldberg combinou a teoria com a prática de uma forma clara e imaginativa. Recomendo enfaticamente este livro a quem quer que esteja interessado em seu próprio desenvolvimento pessoal.

Harold H. Bloomfield, M.D.
Autor de *Making Peace with Your Parents*

Introdução

Meu interesse pela intuição e pelo problema mais amplo de "Como sabemos o que sabemos?" começou nos anos 60, quando eu era um estudante e questionava tudo o que via pela frente. Eu havia acumulado informalmente uma grande quantidade de informações a partir das mais variadas fontes quando, em 1977, a idéia de escrever um livro ocorreu-me espontaneamente enquanto andava de bicicleta e tentava decidir para qual de dois apartamentos iria me mudar naquele outono. Assim, este livro é um exemplo do próprio assunto de que trata. A justificativa para seguir a idéia intuitiva foi minha convicção de que o assunto não apenas era interessante, como também tinha uma importância prática vital: o que sabemos determina o modo como pensamos, decidimos e agimos. Não me parece absurdo afirmar que a qualidade de vida é diretamente proporcional à nossa habilidade em lidar com o conhecimento.

Ao escrever este livro, sempre tive em mente seus aspectos teórico e prático e nunca perdi de vista o fato de que muitos leitores estão basicamente interessados num ou noutro. Os dois temas estão, na verdade, estreitamente entrelaçados, tanto neste livro como na vida real. Quanto mais sabemos sobre a intuição, mais bem preparados ficamos para usar a nossa própria; quanto melhor a nossa intuição, maior a nossa facilidade para compreendê-la. O leitor que desejar especificamente melhorar sua própria intuição irá encontrar nos Capítulos 8, 9 e 10 uma orientação prática baseada nas informações de caráter mais teórico apresentadas nos capítulos precedentes. O material descritivo e teórico também é útil quando empregado isoladamente.

Em seu livro *Toward a Contemporary Psychology of Intuition*, publicado em 1968, Malcolm Westcott encerrou a introdução escrevendo: "A palavra final sobre a intuição se encontra num futuro tão distante quanto a primeira está num passado remoto." Quinze anos mais tarde, tenho de fazer eco a este mesmo sentimento. Estamos lidando com uma questão complexa e de difícil compreensão, um problema sobre o qual se debruçaram, sem sucesso, muitas das grandes mentes do passado e que é objeto de muitas controvérsias. Para a ciência, a intuição sempre foi um tema periférico e difícil de estudar mesmo quando o interesse por ele era alto. Assim, não existe uma grande tradição de pesquisas nessas áreas ou um amplo conjunto de conhecimentos que gozem de aceitação geral. Para escrever este livro recorri a filósofos orientais e ocidentais, a áreas tangencialmente relacionadas das ciências e das humanidades, a escritores e artistas, a minha própria experiência e a relatos de pessoas de todas as posições sociais. Portanto, muitas das idéias contidas neste livro são conjecturas, especulações e inferências. Espero que elas contribuam para estimular a expansão e o desenvolvimento de nossos conhecimentos sobre a intuição e que este livro possa ajudar outros a obter mais tempo e recursos para a realização de pesquisas às quais não pude me dedicar.

A verdade habita dentro de nós; não vem à luz
Das coisas exteriores, seja o que for em que acredites
... ou *conheças*
Antes consiste em proporcionar um meio
Por onde o esplendor recluso possa se esvair,
Em vez de efetuar o acesso para a luz
Que se supõe inacessível.

Robert Browning

A alma de cada homem tem a capacidade de conhecer a verdade e o órgão com o qual a vê... Assim como um indivíduo talvez tenha de virar o corpo inteiro para que seus olhos possam enxergar a luz em vez da escuridão, a alma toda precisa afastar-se deste mundo tumultuado até que seus olhos consigam contemplar a realidade.

Platão

Capítulo I

O Ressurgimento da Intuição

O que realmente vale é a intuição.

Albert Einstein

Até recentemente, a intuição era tratada como um funcionário que, forçado a se aposentar, continua a trabalhar por ser indispensável. As atitudes com relação a ela variam: algumas pessoas não sabem que ela existe, outras consideram suas contribuições como triviais, outras ainda reverenciam-na reservadamente enquanto tentam manter sua presença em segredo. Uma crescente minoria de entusiastas sente que seu valor está sendo por demais menosprezado, e que esse patrimônio valioso pode atuar até melhor quando reconhecido e encorajado. Este livro pertence a esta última categoria, é parte do empenho corretivo para trazer a intuição a céu aberto, para desmistificá-la, para ver o que ela é, como funciona, e o que pode ser feito para cultivar seu pleno potencial.

Ultimamente, o assunto vem emergindo da obscuridade. A intuição está sendo cada vez mais reconhecida como uma faculdade mental natural, um elemento-chave na descoberta e resolução de problemas, na tomada de decisões, um gerador de idéias criativas, um premonitor, um revelador da verdade. Ingrediente importante naquilo que chamamos de gênio, é também um guia sutil na vida cotidiana. Aquelas pessoas que sempre parecem estar no lugar certo na hora certa, e para as quais acontecem coisas boas com estranha freqüência, não têm apenas sorte; elas têm um senso intuitivo do que escolher e de como agir. Também estamos começando a perceber que a intuição não é apenas um fenômeno casual ou um dom misterioso, como a capacidade de saltar ou fazer uma acrobacia perfeita. Embora as capacidades individuais variem, somos todos intuitivos e podemos ficar *mais* intuitivos, do mesmo modo como podemos aprender a saltar mais alto e a cantar afinado.

O ressurgimento da intuição é parte de uma mudança mais global dos valores que tem sido registrada por numerosos observadores mais atentos. A busca apaixonada, tanto do crescimento individual como de um mundo melhor, iniciada realmente na década de 1960, levou a uma reavaliação das crenças convencionais, dentre elas a maneira como usamos a nossa mente e a maneira como abordamos o conhecimento. Nossas decisões e ações resultam do que sabemos. Portanto, se os problemas coletivos continuam intratáveis e se a distância entre os desejos individuais e sua realização continua grande demais, nada mais natural do que começar a pensar se não há uma maneira melhor de nos relacionarmos com o conhecimento.

Como parte da nova atitude, ocorre o ressurgimento do respeito pelo mundo interior. A escola de psicologia behaviorista, que dominou a área durante a maior parte deste século, declarara irrelevantes os reinos mais profundos da alma e do espírito. Para os crentes das religiões ortodoxas e a psicoterapia freudiana, essas áreas fervilhavam com ânsias obscuras e instintos reprimidos que, dependendo do ponto de vista, deveriam ser mantidos encobertos, ou liberados, ou terapeuticamente neutralizados. Essas considerações estão abrindo caminho para uma visão mais positiva, às vezes até sublime. O desenvolvimento da pesquisa cognitiva, os avanços teóricos das psicologias humanística e transpessoal, os provocantes estudos sobre o cérebro, a extraordinária aceitação das filosofias e preceitos orientais; esses desenvolvimentos têm levado grande número de pessoas a acreditar que existe um poder e uma sabedoria ocultos dentro de nós. Elas sentem que existe uma parte de nós que, embora obscurecida por maus hábitos e pela ignorância, entende quem somos nós e do que precisamos, e está programada para conduzir-nos em direção à realização do nosso mais alto potencial. Há uma crescente convicção de que talvez devêssemos confiar nos pressentimentos, nas sensações vagas, nas premonições e nos sinais inarticulados que geralmente ignoramos.

Essas tendências são características de um padrão contemporâneo básico: o desejo de eliminar obstáculos que nos impedem de ser o que realmente somos. No que se refere à intuição, os obstáculos têm sua raiz em conjecturas epistemológicas arraigadas, perpetuadas pelas instituições que nos ensinam como usar a nossa mente. Uma rápida olhada nessas premissas nos ajudará a entender por que não temos sido encorajados a usar e a desenvolver nossas capacidades intuitivas.

O LEGADO DO CIENTIFICISMO

Há mais de três séculos que o modelo prevalecente para a obtenção do conhecimento no mundo ocidental tem sido o que chamamos vagamente de ciência, a progênie robusta e precoce de gigantes como Galileu, Descartes e Newton. Vamos usar a palavra *cientificismo* para nos referirmos à ideologia da ciência, em oposição à prática da ciência, pois as duas são bastante diferentes. Segundo o cientificismo, a maneira correta de abordar o conhecimento é por meio de um rigoroso intercâmbio entre a razão e a experiência sistematicamente adquirida.

Essa filosofia desenvolveu-se como um produto híbrido do racionalismo com o empirismo. O empirismo argumenta, essencialmente, que a experiência dos sentidos é a única base confiável para o conhecimento; o racionalismo rebate afirmando que o raciocínio é o caminho principal para a verdade. Na ciência, informação empírica e razão devem agir como os dois lados de uma moeda, cada um cobrindo as limitações do outro. Uma vez que a experiência pode ser decepcionante, as informações são esmiuçadas com uma lógica rigorosa; uma vez que a razão não é inteiramente infalível, as conclusões experimentais, ou hipóteses, são submetidas a provas empíricas com experimentos controlados e sujeitos a repetidas verificações. Para que esse esquema funcione, os dados devem ser quantificáveis e os participantes devem ser objetivos, evitando-se assim que preconceitos, emoções e opiniões contaminem as observações.

Filósofos antigos como Platão, e modernos como Spinoza, Nietzsche, e, na virada do século, Henri Bergson, apontaram para formas superiores e intuitivas de conhecimento, muito acima da razão e dos sentidos. O mesmo fizeram místicos, românticos, poetas e visionários em todas as culturas. Podemos encontrar escolas "intuitivas" na matemática e na ética, e psicólogos como Gordon Allport, Abraham Maslow, Carl

Jung e Jerome Bruner reconheceram a importância da intuição. Na maior parte, porém, a intuição tem sido apenas um assunto periférico no Ocidente, onde o modo reverenciado de conhecer tem sido o empirismo racional, graças, em grande parte, ao fantástico sucesso da ciência.

Nada que seja dito em relação à intuição neste livro deve ser entendido como uma depreciação da ciência ou do pensamento racional. Ao combater a autoridade das cambaleantes instituições religiosas, a ciência e o racionalismo libertaram-nos da tirania do dogma e das idéias arbitrárias. A insistência nas provas e na verificação rigorosa, coração e alma do cientificismo, possibilita-nos, coletivamente e ao longo do tempo, separar o verdadeiro do falso. Em uma sociedade pluralista e secular, tais padrões são imperativos. E a ciência deu-nos uma maneira de analisar e modelar com precisão o mundo material, provendo-nos de fartura, conforto e riqueza sem precedentes.

Mas, como quase todas as rebeliões, a revolução científica criou alguns novos problemas. Ensoberbados pelo sucesso, os fanáticos da ciência invadiram terreno anteriormente dominado pela filosofia, pela metafísica, pela teologia e pela tradição cultural. Pretenderam aplicar os métodos que funcionavam tão bem no mundo material para responder questões sobre a psique, o espírito e a sociedade. Através da experimentação e da aplicação da razão, que foi elevada ao pináculo da mente, presumiu-se que chegaríamos a conhecer os segredos do universo e que aprenderíamos a viver. Para realizá-lo, lançamo-nos a aperfeiçoar os instrumentos objetivos do conhecimento; inventamos aparelhos e procedimentos que ampliavam o alcance dos nossos sentidos e tornavam mais rigorosos nossos cálculos e nossa lógica. Com o tempo, nossas organizações e instituições educacionais transformaram o cientificismo na condição *sine qua non* do conhecimento, no modelo de como pensar.

Essa tendência ideológica reflete-se no nosso vocabulário; as palavras que sugerem veracidade originam-se da tradição racional-empírica. Nós usamos a palavra *lógico*, mesmo quando a lógica não foi aplicada, para indicar que uma observação parece correta. Tão grande é a consideração para com a razão que usamos a palavra *razoável* para referirnos a qualquer coisa que julguemos apropriada, por exemplo: "Mil cruzeiros é um preço razoável para pagarmos por uma entrada de teatro." Também temos a forma substantiva de razão, que é o que lhe pedem que lhe mostre para justificar uma proposição. As pessoas exigem *razões*; elas raramente dizem "Dê-me uma boa sensação de por que você pensa que ele está errado", ou "Qual é a sua intuição para supor que exercícios físicos irão curar minha insônia?"

A palavra *racional*, que, estritamente falando, sugere o uso da razão e da lógica, tornou-se sinônimo de sanidade mental, enquanto que *irracional* conota loucura. *Sensato* e *fazer sentido*, junto com seu antônimo *sem sentido*, relacionam solidez e verdade com os órgãos dos sentidos, como se o significado adequado viesse somente através desses canais – a convicção clássica do empirismo. *Objetivo* veio a significar justiça, honestidade e precisão, sugerindo que a única maneira de se obter conhecimento puro é permanecer distanciado e tratar o que quer que se estude como um objeto material. Quanto à palavra *científico*, ela é a justificação definitiva para qualquer asserção.

Felizmente, a linguagem também contém as suas reservas ao ideal racional-empírico. Graças a Freud, temos a palavra *racionalizar*, um termo pejorativo que se refere à maneira como justificamos maus pensamentos, erros e comportamentos neuróticos com argumentos incorretos. Também usamos o termo *sentir* tentando legitimar conhecimento que não pode ser atribuído aos cinco sentidos normais, como quando dizemos "Sinto perigo aqui". Mas, apesar dessas poucas exceções coloquiais, geralmente agimos como se as percepções dos sentidos e o pensamento racional fossem as únicas maneiras de conhecermos alguma coisa. Isso choca algumas pessoas como ilógico, irracional, e até mesmo absurdo.

O aspecto desastroso dessa tendência não é a veneração da racionalidade ou a insistência nas evidências experimentais, mas a depreciação da intuição. Todo o empenho do cientificismo tem sido para minimizar a influência do conhecedor. Ele protege o conhecimento contra as oscilações da subjetividade com um sistema de verificações e balanços tão essenciais quanto seus equivalentes nas democracias. Mas se o sistema fica desequilibrado, o poder de um ramo particular pode tornar-se tão diluído a ponto de perder sua efetividade.

As instituições que nos ensinam a usar nossas mentes, assim como as organizações onde as usamos, estão de tal modo comprometidas com o ideal racional-empírico, que a intuição raramente é discutida, quanto mais aplaudida ou encorajada. Desde a escola primária até a faculdade, e na maioria dos nossos ambientes de trabalho, somos ensinados a desenvolver o modelo idealizado de cientificismo no nosso modo de pensar, na solução de nossos problemas e nas tomadas de decisões. Como resultado, a intuição é submetida a diversas formas de censura e repressão. O que a psicóloga Blythe Clinchy disse com relação ao início da educação aplica-se a toda a nossa cultura: "Podemos convencer nossos alunos de que esse modo de pensamento é uma maneira irrelevante ou indecente de abordar a matéria formal. Nós realmente não aniquilamos a intuição; pelo contrário, eu acho que nós a enterramos."

Há duas ironias nessa situação. Primeiro, o modelo que procuramos imitar é uma espécie de ficção, errado em algumas de suas suposições e inapropriado em muitas de suas aplicações. Segundo, a exemplo do funcionário da nossa metáfora de abertura, a intuição é um contribuinte vital, embora restrito, às próprias instituições que tentaram aposentá-la.

FAÇA O QUE A CIÊNCIA FAZ, NÃO O QUE ELA DIZ

A ciência cotidiana real e a solução cotidiana de problemas reais estão para as suas descrições formais assim como um improviso está para uma música de partitura. A razão é que a objetividade desapegada que o cientificismo tanto louva é um ideal impossível. Pesquisas da psicologia mostram que até mesmo nossa percepção tátil é um ato interpretativo, influenciado por expectativas, crenças e valores. Por exemplo, uma mesma moeda parece maior para uma criança pobre do que para uma criança mais rica.

Também sabemos, por comprovação da própria ciência, que a consagrada separação teórica entre observador e observado, objeto e sujeito, não mais pode ser admitida. Como Werner Heisenberg observou ao formular o princípio da incerteza, que provou que no nível subatômico o ato da observação influencia o que está observado: "Mesmo na ciência, o objeto da pesquisa não é mais a natureza em si, mas a investigação da natureza pelo homem." Além do que, toda disciplina está enraizada em um conjunto de suposições e crenças (o que o filósofo Thomas Kuhn chamou de *paradigma*) e, como todos nós, os cientistas individualmente possuem convicções, apegos e paixões que influenciam seu trabalho. Realmente, sem isso o cientista nunca reuniria coragem e tenacidade para descobrir alguma coisa que valha a pena.

A objetividade real da ciência refere-se ao macrocosmo, o empreendimento coletivo onde pressentimentos, crenças e convicções intuitivas se defrontam na arena pública e são avaliados com rigor. O que sobrevive chamamos de conhecimento científico e objetivo. O conhecedor será sempre subjetivo e sempre usará sua intuição. Tentamos minimizar as imperfeições da subjetividade; o que não fizemos foi tentar elevar a capacidade subjetiva do conhecedor para conhecer.

Quando tem a oportunidade, a intuição faz maravilhas. Se a razão e a observação empírica dirigem o rumo da descoberta e a paixão pela verdade fornece o combustível, é a intuição que provoca a faísca. (Embora estejamos discutindo a ciência, as mesmas observações aplicam-se à tomada de decisões e à solução criativa de problemas em qualquer campo.) Abraham Maslow distinguiu dois tipos de cientistas, ambos essenciais à procura global. Um tipo ele comparou aos minúsculos animais marinhos que formam um recife de coral: os cientistas desse tipo coletam fato após fato, repetem experimentos e cuidadosamente modificam as teorias. O outro tipo, que Maslow chamou de "águias da ciência", dá os passos arrojados e faz os vôos imaginativos que resultam em revoluções no pensamento. A intuição é o que dá asas às águias.

Muitos dos relatos ao longo do livro irão demonstrar esse ponto, e inúmeras citações poderiam ser extraídas da literatura científica e matemática para ilustrá-lo. Aqui estão duas apenas. Primeiro, Einstein sobre a descoberta das leis naturais: "Não há caminhos lógicos para essas leis, somente a intuição apoiada em um entendimento complacente da experiência pode chegar até elas." Segundo, John Maynard Keynes sobre Isaac Newton: "Sua intuição era extraordinária. Ele era tão feliz em suas conjecturas que parecia saber mais do que poderia ter a esperança de provar. As provas eram... arranjadas depois; elas não eram o instrumento da descoberta."

A observação de Keynes é um ponto essencial: as provas formais são instrumentos de verificação e de comunicação. As descrições finais da pesquisa são o que o público vê e o que aprendemos na escola. Mas elas são o produto final, as apresentações lógicas e ordenadas compiladas depois de todo o trabalho duro ter sido feito, todas as suposições falsas e conclusões errôneas terem sido corrigidas, todas as idéias vagas e sensações terem sido peneiradas. O que vemos é um mapa idealizado, construído retrospectivamente, como a descrição de uma viagem que exclua os contornos, os retornos, os enganos e as mudanças espontâneas de direção.

Somos levados a acreditar que o produto final representa o processo real. Depois somos aconselhados a torná-lo parte do nosso modo de pensar. Conseqüentemente, nosso aprendizado se centraliza em lembrar fatos e em seguir métodos padronizados de resolver problemas cujos pontos iniciais e finais são claramente definidos. A imaginação e as vagas noções intuitivas que prefiguram a descoberta são desprezadas ou ignoradas. Nas salas de aula elas são inclusive consideradas como mera adivinhação, particularmente quando o aluno não é capaz de elaborar imediatamente uma defesa lógica. Somos solicitados a fazer o que a ciência diz, não o que ela faz, o que é uma pena, além de ser irônico. Como escreveu o psicólogo Jerome Bruner em *The Process of Education*: "Os grandes elogios com que os cientistas cobrem aqueles seus colegas que ganham o rótulo de 'intuitivo' é uma grande evidência de que a intuição é um bem valioso na ciência, o qual deveríamos procurar desenvolver em nossos alunos."

Se as grandes idéias realmente fossem uma conseqüência inexorável da acumulação de fatos através da razão e da experimentação, como o modelo ortodoxo sugere, então tudo o que alguém precisaria para ter os louros da vitória seria aparecer no lugar certo na hora certa, como o milionésimo cliente a entrar em um supermercado. Nada, a não ser o acaso, distinguiria os gênios que veneramos, aqueles que olharam os mesmos fatos que todos já haviam olhado e pensaram o que ninguém mais ainda tinha pensado. Mas, como diz o filósofo da ciência Karl Popper: "Não existe um método lógico de se ter novas idéias, ou uma reconstrução lógica desse processo... Toda descoberta contém um 'elemento irracional', ou uma intuição criativa."

A própria essência das grandes soluções é que elas desafiam as concepções convencionais. Elas vão além de pontos para os quais não temos qualquer razão prática de aceitar. A teoria geral da relatividade, por exemplo, nasceu quando Einstein teve o que chamou de "o devaneio mais feliz da minha vida". Ele percebeu que uma pessoa caindo de um telhado estava em repouso e em movimento ao mesmo tempo. O que poderia ser mais ilógico? Anos depois, quando a teoria foi provada, começou a parecer lógico porque nossas noções de tempo e espaço tinham sido transformadas, graças à intuição de Einstein.

A maioria das pessoas associa o lampejo da descoberta, o "Ah!" ou "Heureka", com a intuição, mas essa não é a sua única função, como veremos no Capítulo 3. Os cientistas, e os que procuram a solução de problemas em geral, fazem grandes avanços localizando as dificuldades e sabendo que perguntas fazer e como enquadrar os problemas, uma etapa que Einstein dizia "muitas vezes ser mais essencial que sua solução". Esses atos são dirigidos, pelo menos em parte, pela intuição. Isto ocorre particularmente quando concepções profundamente arraigadas são colocadas em questão por descobertas anômalas, o primeiro passo nas revoluções científicas, como nos diz Thomas Kuhn. Quando hipóteses são propostas, os indivíduos intuitivamente decidem se vale a pena tentar prová-las ou refutá-las. A intuição também os ajuda a decidir onde procurar fatos, como delinear experimentos e como interpretar dados e reconhecer o que é relevante.

Se isso tudo pudesse ser conseguido através de procedimentos formais e mecânicos, os especialistas, do mesmo modo que os computadores, nunca discordariam entre si. No entanto, em todas as disciplinas, eles geralmente estão sempre pintados para a guerra. Os indivíduos tornam-se ardentes defensores de idéias, mesmo daquelas que são ridicularizadas e contestadas pela evidência. Quando suas convicções intuitivas se mostram incorretas nós os chamamos de loucos; quando estão certos, garantem um lugar na história, como Marconi o fez quando insistiu em que sinais sem fio poderiam atravessar o oceano, muito embora as leis da física na época provassem o contrário, ou como Ray Kroc quando não seguiu os conselhos de seus assessores e comprou a McDonald's.

A mesma análise também se aplica à matemática, essa linguagem exata e meticulosa que confere precisão à ciência. Todas as tentativas de se estabelecer um embasamento firmemente formal e lógico para a matemática falharam. Esse empenho culminou na teoria da imperfeição de Kurt Gödel, que demonstrava que nenhum sistema formal jamais pode ser ao mesmo tempo consistente e completo. "O que é então a matemática se não for uma estrutura lógica, rigorosa, única?", pergunta Morris Kline em *Mathematics: The Loss of Certainty*. "Ela é uma série de grandes intuições cuidadosamente selecionadas, refinadas e organizadas pela lógica que os homens podem e são capazes de aplicar a qualquer momento."

Aquilo que é verdadeiro nas esferas abstratas da ciência e da matemática também é verdadeiro no mundo prático, onde tentamos aplicar os rigores do cientificismo às decisões e aos problemas. As escolas de administração e outros centros de treinamento profissional enfatizam sofisticadas análises quantitativas. Mas muitos executivos sentem que as técnicas modernas, embora potentes e importantes, não são suficientes em um ambiente de incertezas e mudanças. Por essa razão, cientistas de administração que se colocam em uma torre de marfim têm tido dificuldades em fazer com que administradores práticos apliquem seus métodos.

Parece que o processo de tomada de decisões bem-sucedidas requer o mesmo senso misterioso de direção e a mesma fertilidade criativa que caracteriza a grande ciência. Os escritórios e laboratórios de executivos têm mais em comum com o ateliê de um artista do que muitos pensam. Em um artigo amplamente citado da *Harvard Business Review*, Henry Mintzberg da Faculdade de Administração da Universidade McGill relatou os resultados de um amplo estudo sobre executivos de grandes empresas. Ele descobriu que o alto executivo operando sob condições caóticas e imprediziveis é um "pensador holístico... apoiando-se constantemente em pressentimentos para enfrentar problemas complexos demais para uma análise racional". Mintzberg conclui que "a eficácia organizacional não repousa naquele conceito estreito chamado de 'racionalidade', e sim em uma mistura de lógica lúcida e intuição poderosa".

Apesar das evidências, nos círculos acadêmicos e científicos existem muitos (aqueles árbitros do conhecimento que nos dizem o que é real e verdadeiro) que insistem em que a intuição não tem nenhuma participação significativa no processo da descoberta ou da tomada de decisões. Para eles, o processo de conhecer é tão mecânico como montar um aeromodelo seguindo um manual de instruções. Eles parecem sentir que os cientistas e executivos que elogiam a intuição estão sendo indulgentes num sentido poético e romântico, talvez para contrabalançar sua imagem pública de insensíveis.

Sempre existiram aqueles que aceitaram e celebraram a própria intuição. Jonas Salk, por exemplo, dizia: "É sempre com excitamento que acordo pela manhã, curioso com o que minha intuição vai me presentear, como dádivas do mar. Eu trabalho com ela e me apoio nela. É a minha parceira." A maioria dos eruditos e cientistas reconhecem o valor da sua intuição, mas são mais circunspectos, em parte porque temem ser ridicularizados por seus pares. Pode haver uma outra razão, também; E.C.G. Sudarshan, um físico teórico da Universidade do Texas, afirma que alguns de seus colegas não falam sobre sua intuição porque "temem que a fonte seque. Muito poucos admitirão serem supersticiosos, mas quando a inspiração não vem eles ficam alarmados".

Uma outra razão por que as pessoas não se manifestam sobre a intuição é que ela é difícil de determinar. Os pesquisadores preferem fenômenos que podem ser diretamente observados e medídos, por isso temos apenas um reduzido volume de conhecimento, a maioria relatos, sobre a efêmera intuição, com algumas corajosas tentativas de experimentação. Ela também tem sido considerada, quando chega a ser considerada, um fenômeno aleatório, que tanto pode acontecer como não. Não parece haver nenhuma maneira de arranjá-la em um conjunto de regras que possam ser ensinadas da mesma maneira que os procedimentos lógicos e quantitativos. Estes são transmitidos nas escolas enquanto que a intuição é negligenciada, pelas mesmas razões por que temos cursos que tratam de educação sexual mas não de amor.

Mas isso tudo está mudando, apesar dos obstáculos ideológicos. Novas descobertas sobre o cérebro, uma crescente consciência dos limites do cientificismo e a introspecção de ensinamentos antigos e de psicólogos progressistas estão criando uma atmosfera intelectual mais receptiva ao entendimento da intuição. Também no nível prático está havendo progresso. A intuição é um fenômeno espontâneo na medida em que não pode ser planejada ou forçada. Mas, como iremos ver, muito pode ser feito para se desenvolver a capacidade intuitiva e para se criar condições que conduzam a ela.

Contudo, talvez a maior razão isolada para o ressurgimento da intuição seja a necessidade. Ela poderá ser subdesenvolvida ou subutilizada, mas a intuição ainda funciona, e uma das verdades que ela está soprando para um grande número de pessoas é que precisamos mais dela.

O POLIMENTO DA INTUIÇÃO

Até aqui nós examinamos a ideologia do cientificismo para entendermos por que temos ouvido falar tão pouco sobre intuição e feito tão pouco para cultivá-la. É importante entendermos essas atitudes pois elas nos levam a não confiarmos em nossa própria intuição; encontramos resistência não apenas em fontes externas mas também em nós mesmos, pois internalizamos os mesmos padrões de crença. Muitas vezes nos forçamos a pensar de maneira rigidamente racional-empírica em situações onde isso é inapropriado ou fútil. Isso pode refrear nossa intuição, levando-nos a vacilar mentalmente, do mesmo modo como ficaríamos desequilibrados fisicamente se aprendêssemos a andar com os calcanhares em vez de usar o pé todo.

O modo racional-empírico opera melhor sob três condições: quando podemos controlar ou prever todas as variáveis que afetam o objeto em consideração; quando podemos medir, quantificar e definir com precisão; e quando temos informações completas e adequadas. Desnecessário dizer que essas condições não são comumente encontradas em um mundo complexo, particularmente quando seres humanos estão envolvidos, ou quando emoções ou questões metafísicas nos preocupam. Geralmente se esquece que a ciência foi desenvolvida para lidar com o mundo material; estendê-la aos domínios do não-material sem acrescentar a dimensão de um agudo senso intuitivo é como promover um vendedor ou um engenheiro a uma posição de executivo para a qual suas habilidades são inadequadas.

"Se a sua única ferramenta for um martelo", dizia Abraham Maslow, "você começa a ver tudo em termos de pregos." Se os seus únicos instrumentos cognitivos forem racionais-empíricos, sua visão ficará restrita ao que puder ser analisado e medido. Indague as grandes questões metafísicas sobre a identidade humana e a natureza da realidade, e receberá de volta respostas materialistas. O eu passa a ser visto como um catálogo de traços de personalidade analisáveis, e o cosmos torna-se uma coleção de objetos separados do eu, uma visão incompleta com conseqüências que vão desde o desenvolvimento limitado do potencial humano até a pilhagem da natureza. Como iremos ver, apenas a intuição profunda pode penetrar o transcendente e iluminar o sublime.

Uma abordagem exclusivamente racional-empírica à resolução de problemas e à tomada de decisões não nos possibilitará tratar adequadamente de considerações essenciais, porém não mensuráveis, como valores, princípios morais e vontade humana. Também encoraja uma mentalidade rasa que não consegue ver além de benefícios estreitos e mensuráveis. Para nos acomodarmos às exigências do cientificismo, nós dividimos em partes coisas que deveriam ser vistas como um todo e separamos itens que poderiam ser melhor entendidos como complementares. Poderemos estar procurando causas únicas e identificáveis quando o mais correto poderia ser causas de múltiplos níveis, ou *nenhuma* causa. Nós reduzimos a incerteza ao desconsiderar o imprevisível e espremer variáveis com múltiplos significados e nuanças sutis em compartimentos definidos, porém artificiais. E muitas vezes tendemos demais a analisar o passado porque o passado é fácil de quantificar.

O que geralmente acontece é que, em situações práticas, nós sacrificamos a inovação pelo controle, e na busca do conhecimento nós sacrificamos a sabedoria e a profundidade pelo prognosticável. Talvez seja por isso que, no estudo dos seres humanos, uma maior quantificação parece produzir banalidade, enquanto que as contribuições realmente significantes vêm das observações intuitivas de pensadores e terapeutas talentosos.

Nossa economia é um bom exemplo dos limites do cientificismo aplicado, e também de como seus requisitos determinam a maneira como definimos a realidade. Fórmulas sacrossantas e modelos matemáticos sofisticados vêm se deteriorando consistentemente há anos. Isso tem confundido os economistas, mas eles nunca parecem questionar certas premissas nas quais estão baseadas as teorias econômicas: de que as pessoas são bem informadas, pensadores racionais que calculam os custos e os benefícios de suas alternativas e que chegam inexoravelmente às opções corretas. Ninguém engoliria isso, mas os cientistas precisam dessa suposição para poderem delinear e usar metodologias formais.

Não pretendemos depreciar o pensamento racional ou os métodos empíricos de processar informações; sem eles estaríamos em má situação. Apenas queremos enfatizar que nos expomos a grandes problemas ao trilhar nosso caminho em um mundo complexo e em incessante transformação dependendo apenas do pensamento racional-empírico. "Em uma situação humana", escreveu o filósofo William Barrett, "as águas são geralmente turvas e o ar um tanto brumoso; e o que quer que a pessoa intuitiva, seja ela um político, um bajulador ou um amante, puder perceber nessa situação não será pelos méritos de idéias lógicas e bem-definidas. Muito pelo contrário, tais idéias provavelmente irão toldar sua visão."

Como indivíduos, não podemos esperar abordar decisões da vida real, particularmente nos relacionamentos e em outras áreas onde estão envolvidas emoções e ambigüidades, como se fossem problemas em uma aula de álgebra. Geralmente há incógnitas demais para se colocar nas equações. Por exemplo, o psicólogo Steve Baumgardner da Universidade de Wisconsin em Eau Claire estudou a tomada de decisão vocacional entre alunos universitários e concluiu que "as incertezas que cercam as oportunidades de carreira e o envolvimento das emoções e dos grandes objetivos da vida na escolha da carreira podem fazer com que um planejamento totalmente racional da carreira seja impossível e indesejável".

Baumgardner descobriu que quando os alunos universitários pensam sobre carreiras, eles tendem a passar de uma abordagem analítica no primeiro ano para uma atitude mais intuitiva no segundo ano. Essa tendência é lamentada pela maioria dos orientadores vocacionais, que estimulam os alunos a analisarem os dados sobre a disponibilidade de empregos e fazerem avaliações objetivas, até mesmo quantitativas, de suas habilidades. Baumgardner sugere que a inclinação para a intuição é, na realidade, uma resposta adaptativa à incerteza e à complexidade. Ele argumenta que "deveríamos abandonar o planejamento sistemático de carreiras, não só como uma descrição de como as carreiras *são* escolhidas, mas também como um ideal prescritivo de como as carreiras *deveriam* ser escolhidas".

Da mesma forma que os cientistas e os executivos, os seres humanos geralmente nem sempre seguem os padrões de pensamento formalizados que são costumeiramente prescritos. Não somos por natureza as criaturas lógicas da mitologia ocidental recente. Como Morton Hunt observa em *The Universe Within*, uma investigação de psicologia cognitiva, a lógica é um instrumento inventado para certos usos; não é a maneira como tratamos com a realidade na maior parte do tempo, a despeito do nosso condicionamento. Isso não é uma falha, mas uma estratégia útil. Hunt cita o psicólogo Donald Norman: "Nós pulamos para respostas corretas antes de haver dados suficientes, nós intuímos, nós apreendemos e saltamos para conclusões apesar da falta de provas convincentes. O fato de acertarmos mais do que errarmos é o milagre do intelecto humano."

Grande parte desse milagre é o que chamamos de intuição. Quando não confiamos nela ou a deixamos atrofiar ao persistirmos em padrões de pensamento exclusivamente racionais-empíricos, acabamos ouvindo em *mono* um mundo *estereofônico*. Já é tempo de reconhecermos a importância da intuição em nossas vidas, de entendê-la e de encontrar maneiras de desenvolvê-la. Para os indivíduos, a vantagem da intuição significa melhores decisões, idéias mais criativas, introspecção mais profunda e um caminho mais suave e mais direto entre o desejo e a realização. Mas o esforço promete mais que apenas vantagens pessoais. Ele ajudará a sociedade como um todo a atender às demandas de um mundo turbulento e impredizível. Uma falta de intuição entre nossos pensadores, tomadores de decisão e cidadãos, pode ser fatal.

Essa indicação não constitui uma ameaça à racionalidade ou à ciência empírica. Muitos temem que aceitar a intuição possa ser o primeiro passo em direção à anarquia, ao dogmatismo ou ao autoritarismo intelectual. Mas o que as pessoas realmente temem não é tanto a intuição, e sim o sacrifício da prova verificável à anti-razão, à arbitrariedade e às declarações de infalibilidade. Existem justificativas para isso, e merecem mais que uma simples citação.

Sempre existiram aqueles que desdenham a ciência e o rigoroso pensamento analítico, os quais consideram frios e impessoais. Às vezes a maneira como aceitam o não-racional torna-se *irracional* no pior sentido, degenerando em pensamento não crítico, em emocionalismo e em uma impulsividade que é confundida com a espontaneidade intuitiva. Algumas pessoas presumem que a maneira de ser mais intuitivo consiste em ser menos racional. Porém, não é tão simples como "entrar em comunhão com seus sentimentos" ou "confiar em sua intuição", como alguns artigos de revistas querem sugerir. A teoria em alguns círculos parece estar contida na fórmula "Se lhe faz bem, acredite", um conselho que ameaça fazer com o pensamento o que a fórmula "Se lhe faz bem, faça-o" fez com os costumes.

Um problema relacionado é supor que tudo que pareça intuição é necessariamente correto. Da mesma maneira como há pessoas que não aceitam nada que não passe por rigorosos padrões de prova, há outras que desejam tanto acreditar em suas vozes interiores que podem confundir medo ou pensamento ansioso com intuição. Os que possuem uma orientação espiritual geralmente agem como se todo sentimento, todo sonho, toda sensação física fosse uma mensagem da Mente Superior. Eles elevam todos os acontecimentos não racionais ao nível da inspiração divina, o que é tão incorreto como a tendência entre os ultra-racionalistas de reduzir a visão mística genuína a mera alucinação ou neurose.

Tenho visto argumentações sobre intuição que citam um estudo, mencionado pela primeira vez por Arthur Koestler em *The Act of Creation*, no qual 83% dos cientistas pesquisados admitem terem tido uma assistência freqüente ou ocasional de sua intuição. Geralmente ignorado é o fato de que apenas 7% disseram que sua intuição era sempre correta; as outras estimativas variaram de 90% a 10% de precisão. A mente intuitiva subdesenvolvida pode ser instável e enigmática: o que ela produz às vezes é correto, às vezes incorreto; às vezes claro, às vezes nebuloso; às vezes determinado, às vezes ambivalente; às vezes significativo, às vezes apenas tagarelice impertinente.

Existe a necessidade de equilíbrio e de um reconhecimento da relação intrincada e mutuamente intensificadora entre intuição e racionalidade. Não precisamos apenas de mais intuição, mas de *melhor* intuição. Precisamos não só confiar nela, como também torná-la mais confiável. E ao mesmo tempo precisamos de racionalidade aguda e discriminante. Numa mente saudável e numa sociedade saudável, todas as faculdades deveriam desenvolver-se harmoniosamente, cada uma suplementando as forças da outra e amparando suas fraquezas.

Neste capítulo demos a partida nessa direção, porque desenvolver a intuição consiste, em grande parte, em estar ciente dos obstáculos que inibem sua atuação. Também ajuda entender o que é a intuição, suas funções e suas diversas nuanças e formas. Estas são algumas das áreas que vamos explorar nos capítulos seguintes. Iremos depois abordar questões como "Quem é intuitivo?" ou "Como pode ser explicada a intuição?" antes de nos voltarmos exclusivamente às considerações práticas. Os componentes teóricos e práticos irão reforçar-se mutuamente: entender a intuição nos ajuda a obter dela o máximo; experimentar a intuição nos ajuda a entendê-la.

Capítulo 2

O que é a Intuição: Definições e Distinções

Intuição é quando você sabe uma coisa, mas pergunta: ora, de onde veio isso?

Do mesmo modo que a garota de quinze anos citada acima, a maioria da pessoas tem sua própria idéia do que seja intuição. É uma daquelas palavras (como amor, beleza, inteligência, valor, felicidade, qualidade) que é aplicada e definida de diversas maneiras,. mas que possui uma essência sobre a qual todos concordam e que permite que a usemos na conversação. Eu desenvolvi o Capítulo 1 sem parar para defini-la justamente para demonstrar esse ponto.

Derivada do latim *intueri*, que tem sido traduzido por "considerar", "ver interiormente" e "estudar ou contemplar", a palavra *intuição* significa diversas coisas para diferentes filósofos, psicólogos e leigos, mas o sentido básico do termo é apreendido na definição do dicionário: "o ato ou faculdade de conhecer diretamente, sem o uso de processos racionais".

A definição é tão ampla que pode ser aplicada a uma vasta gama de experiências cognitivas. Immanuel Kant, por exemplo, usava-a para referir-se à percepção sensorial comum, o que, estritamente falando, é justificável. Outras aplicações a têm limitado a um único setor, como resolução de problemas, criatividade, ou misticismo. Para os nossos propósitos não usaremos o sentido de Kant, orientado à percepção, pois isso banalizaria o termo, mas não limitaremos seu uso de nenhuma outra maneira. A intuição aplica-se a qualquer coisa conhecível, incluindo sensações e pressentimentos vagos sobre questões mundanas, significantes descobertas de conceitos e fatos, e revelação divina.

No uso cotidiano, a intuição poderá significar um evento ou ocorrência ("Tive uma intuição") ou uma faculdade da mente ("Usei minha intuição"). Existe também uma forma verbal: "Intuí a resposta." Pode também aplicar-se a um atributo da personalidade ("Aquele sujeito é realmente intuitivo") ou a um estilo de funcionamento, uma abordagem relativamente relaxada, não estruturada e informal dos problemas que contrasta com o estilo sistemático e mais deliberado que comumente chamamos de "analítico" ou "racional". O sentido básico da palavra, porém, sugere espontaneidade e imediatismo; o conhecimento intuitivo não é *mediado* por um processo consciente ou racional deliberado. Usamos a palavra quando sabemos alguma coisa mas não sabemos como sabemos.

Isso parece claro o suficiente, mas neste capítulo iremos discutir duas áreas nas quais a definição básica entra em complicações. Ambas são interessantes e de valor prático no desenvolvimento da intuição; é importante que nos tornemos conscientes da presença da intuição em nossas vidas e que tenhamos uma idéia pessoal razoavelmente clara do que isso significa. Estes são os dois pontos principais a serem lembrados: primeiro, a relação real entre intuição e racionalidade é mais rica e mais complexa do que geralmente se considera; e, segundo, aplicar o rótulo de "intuitivo" a experiências específicas geralmente é difícil e às vezes arbitrário.

RELAXANDO A DICOTOMIA

Como vimos, a intuição é definida principalmente em termos do que ela não é: racionalidade, que requer o uso de razão, lógica e análise. Também não é mera observação; quando você vê um reluzente objeto vermelho com uma sirene e conclui "São os bombeiros", você não seria chamado de intuitivo. De muitas maneiras, a dicotomia racionalidade/intuição é válida. O pensamento racional se desenvolve com o tempo; ele ocorre em uma seqüência definível de etapas com começo, meio e fim. É linear e requer esforço e intenção deliberada.

Em contraste, a intuição é experimentada como não seqüencial. É um evento único em oposição a uma série, um instantâneo em oposição a um filme. E ele parece ocorrer, geralmente, quando menos se espera, sem a aplicação de regras específicas. Quando chegamos a uma conclusão através do pensamento racional, geralmente podemos seguir o processo mental no sentido inverso e identificar as etapas antecedentes. A intuição é inexplicável. O intuidor poderia ser capaz de oferecer uma explicação plausível para o que o levou ao seu conhecimento, mas ele estaria raciocinando retroativamente e não poderia ter certeza de que a explicação se adequaria ao processo real.

Embora alguns autores façam as duas funções parecerem antagônicas, elas são complementares. Tipicamente, diz-se que a racionalidade precede e segue a intuição. Nós raciocinamos, analisamos, juntamos fatos; ocorre então uma ruptura intuitiva; depois raciocinamos e analisamos novamente para podermos verificar, elaborar e aplicar o produto da intuição. Essa é uma divisão de trabalho adequada, e uma descrição mais ou menos precisa do que geralmente ocorre em prolongadas tomadas de decisão, resoluções de problemas e em todo tipo de trabalho criativo. No entanto, isso limita a intuição à experiência do Heureca! associado com rompantes, enquanto que ela possui outras funções também, como veremos no próximo capítulo. Às vezes, na verdade, os papéis são invertidos: a intuição alimenta e estimula o pensamento racional e avalia seus produtos.

Além disso, racionalidade e intuição são muito mais simbióticas do que o modelo sugere. Elas operam não apenas em conjunção, mas também juntas, como dois canos separados que alimentam a mesma torneira. *A intuição é parte do pensamento racional*. Isso fica facilmente visível no raciocínio informal do pensamento cotidiano. De maneira geral, raramente seguimos as regras formais da lógica. Quando estamos trabalhando uma decisão ou um problema, tendemos a saltar de um lado para outro entre análise aplicada conscientemente e intuição. Devido a geralmente termos informações insuficientes e tempo escasso demais para juntá-las quando raciocinamos, pulamos muitas das etapas intermediárias exigidas pela lógica estrita e saltamos para conclusões que não são estritamente defensáveis.

Muitos desses saltos são, de fato, conexões intuitivas que auxiliam o processo do raciocínio. Podemos começar a analisar alguma coisa, depois temos um pressentimento espontâneo e pulamos para uma direção totalmente diversa, raciocinamos mais profundamente ou calculamos, e daí uma nova hipótese ou alternativa brota subitamente na mente, montando todo um novo conjunto de dados ou estimulando uma análise diferente. Se alguma coisa não *parece* bem correta, adotamos um outro caminho ou uma outra teoria, ou decidimos que não há razões evidentes para redefinir o problema por completo. Em qualquer ponto dado poderia ser difícil parar e dizer: "Agora estou sendo intuitivo" ou "Agora mesmo estava sendo racional".

A intuição participa inclusive do pensamento racional formal. A lógica dedutiva é um conjunto de regras que nos permite ir da proposição geral a uma aplicação específica, como no silogismo clássico: Todos os homens são mortais; Sócrates é um homem; logo, Sócrates é mortal. Os filósofos racionalistas entenderam que a lógica tem de partir de premissas evidentes por si mesmas, ou axiomáticas. Poder-se-ia argumentar que a intuição oferece a noção da auto-evidência. Descartes usava o termo dessa maneira. "Por intuição", ele escreveu, "entendo não o testemunho flutuante dos sentidos, mas a concepção que uma mente imperturbada e atenta nos dá de maneira tão rápida e distinta que ficamos completamente livres de dúvidas sobre aquilo que entendemos."

Às vezes, naturalmente, fazemos deduções com base em fatos comumente aceitos ou simples observações, e seria forçar demais chamar tal processo de intuitivo. Mas muitas vezes temos um pressentimento sobre alguma coisa e o usamos como base para uma seqüência dedutiva. Por exemplo, um colecionador de arte sente que um certo artista vai tornar-se popular; disso ele deduz que deveria comprar o trabalho do artista e raciocina uma estratégia. Um cientista tem um pressentimento sobre as relações entre duas substâncias químicas; disso ele deduz o que aconteceria quando as substâncias reagissem sob certas condições. Você encontra um fanfarrão e algo lhe diz que ele, na realidade, é tímido e inseguro por debaixo daquela pose; disso você deduz como ele reagiria se o apresentasse à sua irmã.

Quando tentamos ser lógicos em situações complexas, quando somos forçados a trabalhar com informações incompletas, assuntos não familiares ou premissas ambíguas, dependemos da intuição para dizer-nos se estamos no caminho certo. Sherlock Holmes, a quintessência do dedutor, era mais intuitivo do que Conan Doyle provavelmente admitiria.

Tome, por exemplo, o caso em que Holmes rapidamente concluiu que o assassino era alguém muito familiar à vítima. Pura dedução, meu caro Watson: os cães não ladram para quem conhecem; os cães da vítima não latiram; portanto, o intruso era alguém familiar e confiável.

Mas isso foi realmente pura dedução? O latido do cão geralmente era usado para marcar o momento da intrusão, por isso Watson e os outros ficaram desapontados com a ausência de latidos e dirigiram sua atenção para outros aspectos. Holmes fez uma relação que ninguém fizera, não porque ele era um lógico superior – qualquer um poderia ter feito a mesma dedução se tivesse pensado nisso –, mas porque algo disse a Holmes que a ausência de latidos era significante. Eu sugiro que a intuição nos vira para a direção certa, orienta-nos para informações significativas e para o ponto de partida do raciocínio.

A intuição também nos ajuda a avaliar conclusões que são derivadas logicamente. Na miscelânea de pensamentos que constitui o raciocínio normal, não é freqüente chegarmos a silogismos que podem ser julgados segundo as regras de Aristóteles. Em situações ambíguas ou extremamente complexas, a intuição ajuda-nos a reconhecer premissas falsas ou inferências não válidas, qualquer uma das quais pode fazer com que o pensamento lógico perca seu direcionamento. E isto, claro, é particularmente correto se não houver tempo ou informações suficientes para submeter as proposições a uma prova rigorosa. Na verdade, poderíamos dar um passo além e dizer que a sensação de conforto e "retitude" que nos permite aceitar qualquer proposição é uma função da intuição. Aristóteles, que deve ter sido muito intuitivo para estabelecer as regras da lógica sem as regras da lógica para ajudá-lo, disse que o silogismo era uma configuração perfeita porque as inferências que ele representa são intuitivamente válidas.

O que é válido para a dedução aplica-se melhor ainda à *indução*, o processo de raciocinar de casos específicos para princípios gerais. As visões intuitivas podem deflagrar um processo indutivo, orientar a busca de informações e associações apropriadas, e ajudar-nos a avaliar inferências indutivas. Não existem regras formais para se tirar conclusões indutivas ou para se determinar sua validade. Elas são sempre probabilísticas, pois a indução implica tirar conclusões a partir de um conjunto limitado de observações. Em alguns casos, as conclusões são incontestáveis (poucos contestariam que "Todos os homens são mortais", embora não tenhamos visto a morte de todos os seres humanos) ou obviamente absurdas, como nesta história: Um psicólogo treina uma pulga para pular quando ouvir a palavra "Pule!" Ele arranca fora uma das pernas da pulga, e esta mesmo assim obedece ao comando. E isso continua, com o cientista tirando uma perna após outra e o inseto obedecendo às suas ordens, até que um dia, sem nenhuma perna, não pula mais. Disso o cientista induz: "Quando a pulga perde suas pernas não consegue mais ouvir."

Não precisamos de muita intuição para reconhecer que essa inferência é ridícula, mas em muitas situações comuns precisamos. Com freqüência ouvimos alguém fazer uma afirmação genérica e não podemos avaliá-la logicamente. Em muitos casos, a lógica pode levar a conclusões contraditórias, como o atestam os violentos choques entre facções na política ou em qualquer outra área. Somos auxiliados por uma certa reação interior; de algum modo parece certo ou errado, e não sabemos explicar por quê. Sugiro que a intuição está orientando esse processo.

A INTUIÇÃO É MERAMENTE RACIOCÍNIO RÁPIDO?

Muitas pessoas contestam que a intuição nada mais é que uma palavra romântica para um processo de raciocínio que ocorre de maneira tão rápida que não temos consciência das etapas envolvidas. Neste modelo, a mente é como um computador programado para operar em seqüências lógicas e estritas, podendo fazê-lo com uma velocidade tão incrível que percebemos apenas como um relâmpago. Muitos psicólogos aceitam esse modelo de intuição como inferência, em grande parte porque ele lhes permite desenvolver experimentos. Malcolm Westcott, cuja pesquisa iremos discutir no Capítulo 5, utilizava problemas nos quais uma série de indicações conduzia logicamente a uma única resposta correta. Uma de cada vez, as indicações eram reveladas, como A, depois C, depois E, depois G, depois I. A resposta, naturalmente, é K. Aqueles que respondiam corretamente com poucas sugestões eram considerados intuitivos.

O problema com definições derivadas da experimentação é que elas são focalizadas tão de perto que a riqueza do objeto em questão pode se perder. A intuição torna-se aquilo que é medido por um teste particular, do mesmo modo como inteligência veio a significar aquilo que é medido por testes de QI. Embora discutível, podemos conceder que resolver um problema linear com menos informações que a maioria das pessoas precisa, qualifica-se como um tipo de intuição. Mas é incorreto concluir que intuição *é* inferência, ou que *todas* as experiências intuitivas podem de algum modo ajustar-se a este modelo. Esse tipo de argumento deixa de considerar diversos pontos importantes.

Primeiro, grande parte do que a intuição faz não pode ser feita pelo raciocínio. A lógica requer fatos indubitáveis, e cada etapa tem de estar correta antes de prosseguirmos. Em situações complexas, as informações não estão sempre disponíveis. Ademais, descobertas e inovações criativas não podem ser adquiridas seguindo-se o estreito caminho linear da lógica; temos de fazer relações incomuns, associações imaginativas que não são óbvias e não se revelariam em uma seqüência lógica. É a intuição que salta por sobre os obstáculos das informações insuficientes, faz desvios na rota e reúne combinações insólitas, às vezes até ilógicas.

Isso não é dizer que a intuição tira respostas do nada; não é mágica. Ela trabalha com as matérias-primas da informação, mas pode trabalhar com informações que não são acessíveis conscientemente, que podem ter sido acumuladas no passado ou adquiridas por meios subliminares ou algum outro meio não sensorial. O pensamento racional tem de trabalhar com o que quer que a mente perceba naquele momento, umas das limitações que inspirou o matemático e filósofo Blaise Pascal a dizer: "A razão é o método lento e tortuoso através do qual aqueles que não conhecem a verdade descobrem-na." A intuição não sofre tais restrições; ela é o produto da capacidade da mente de fazer muitas coisas ao mesmo tempo sem que tenhamos consciência delas.

Mesmo em situações onde as informações estejam disponíveis e uma conclusão possa ser obtida com raciocínio direto, o fato disso ser feito intuitivamente representa uma visível melhoria de eficiência. Vamos ver um exemplo da ciência.

Charles Nicolle, um médico que trabalhava em Túnis durante uma epidemia de tifo, ficou intrigado com o fato de a doença estar se espalhando rapidamente pela cidade, enquanto que no hospital ela não parecia contagiosa. Um dia quando entrava no hospital, tropeçou em uma vítima do tifo que havia desmaiado. Em uma percepção instantânea, compreendeu que o tifo era transmitido por piolhos. É fácil seguirmos uma seqüência de etapas lógicas encadeadas pela visão do novo paciente: as vítimas do tifo não transmitem a doença no hospital; quando os pacientes são admitidos no hospital, são barbeados e banhados; o processo de limpeza elimina os piolhos; portanto, o piolho é o portador do tifo.

Argumentar que Nicolle realmente seguiu cada uma dessas etapas no processo da sua descoberta, ou que *poderia* ter seguido, não é inteiramente justificável. De fato, ele a considerou como uma experiência de Heureca!, e não podemos subestimar as vantagens de ter ocorrido dessa maneira. Um computador poderia talvez ser programado para chegar à mesma hipótese, mas primeiro ele teria de seguir e avaliar uma imensa quantidade de seqüências lógicas. Os pacientes possuem inúmeras características além de serem barbeados e banhados; barbear e banhar produzem muitos efeitos além de eliminar piolhos. Que desperdício de tempo e de energia mental se Nicolle tivesse de examinar todas as permutações possíveis!

Seguir um procedimento puramente racional não só teria sido tedioso, como também poderia resultar em muitas outras hipóteses igualmente plausíveis, cada uma das quais teria de ser avalida. De algum modo, a mente intuitiva fez as escolhas corretas e reuniu as informações apropriadas em um instante; ou talvez Nicolle apreendeu em um instante o produto de um trabalho não consciente que possuía uma história mais longa. Sua intuição também o convenceu da veracidade da teoria por meio de uma sensação interior, pois ele teve certeza daquilo desde o começo, embora demorasse depois um certo tempo para prová-lo em uma série de experimentos com macacos.

Sob essa luz, chamar intuição de "nada além de uma rápida inferência" é ridículo. Mesmo quando ela pode ser explicada como rápida inferência e seus produtos puderem ser prontamente duplicados pela razão, as vantagens de fazer o serviço intuitivamente são imensas. Talvez seria mais apropriado dizer que a razão nada mais é que intuição lenta. Escrevendo sobre filosofia, o romântico Friedrich Nietzsche expressou a questão da seguinte maneira:

> Esperança e intuição dão asas a seus pés. A razão calculadora fica pesadamente para trás, procurando melhores apoios, pois a razão também aspira atingir esse sublime objetivo que sua divina camarada há muito atingiu. É como olhar dois andarilhos que param diante das corredeiras de um rio nas montanhas: um deles pula-as com leveza,

usando as rochas para atravessar, embora atrás e debaixo dele elas se arremessassem nas profundezas. O outro pára desamparado; precisa primeiro construir um fundamento que conduza seus passos, pesados e cautelosos. Às vezes, isso não é possível, e então não há deus que possa ajudá-lo a atravessar.

Mais uma observação deve ser feita sobre o que a intuição pode acrescentar à racionalidade. A razão pura pode levar a uma conclusão, mas nosso entendimento e convicção poderão ser superficiais a menos que o conhecimento seja também absorvido intuitivamente. O físico *sir* Arthur Eddington escreveu: "Nós possuímos dois tipos de conhecimento, que chamarei de conhecimento simbólico e conhecimento íntimo... As formas comuns de raciocínio foram desenvolvidas apenas para o conhecimento simbólico. O conhecimento íntimo não se submeterá à codificação e análise; ou, melhor, quando tentamos analisar, as relações íntimas se perdem e são substituídas por simbolismo."

A distinção de Eddington poderia ser feita coloquialmente por qualquer um de nós; por exemplo, como a diferença entre mero entendimento e *conhecimento real*. É a diferença entre ler um livro de viagens e fazer realmente a viagem; adiciona-se como que um elemento experiencial que eleva o conhecimento ao nível do sentimento, assim como ao do pensamento. Poderíamos, por exemplo, usar a lógica ou testes de personalidade para entender determinada pessoa, mas *conhecê-la* é uma outra questão, pois exige aquilo que os psicólogos chamam de empatia. Sugiro que, pelo menos em parte, o fator que transforma o conhecimento analítico ou simbólico em conhecimento íntimo é a intuição.

Poderíamos estudar mecânica quântica ou a teoria da relatividade suficientemente bem para memorizar fatos e passar em exames, mas os físicos dizem que num certo ponto os afortunados chegam a *sentir* algo por certas abstrações, a unidade de tempo e espaço, talvez, ou a natureza de onda-partícula dos elétrons, que eleva o conhecimento a um outro nível. De modo semelhante, poderíamos, através da análise ecológica, chegar a entender que todos os organismos estão inter-relacionados, mas uma sensação real da integridade e unidade da natureza envolve a compreensão superior do sentimento intuitivo, uma união experimentada entre o conhecedor e o conhecido. Essa dimensão que é adicionada é particularmente significativa quando estão implicados relacionamentos, padrões e paradoxos; a lógica se atola na presença deles, pois requer categorias bem-definidas e depende de regras que nos forçam a pensar em termos disto ou daquilo.

A intuição pode elevar o conhecimento racional a um nível mais elevado tanto de valorização como de convicção, através de alguma combinação inefável de sensação e experiência. Henri Bergson descreveu-a como a capacidade de "penetrar" o objeto do conhecimento e conhecer sua "essência". A intuição, então, pode oferecer o tipo de conhecimento inferido na acepção bíblica de "conhecer": íntimo, experimentado, unificador e fecundo.

O QUE SE QUALIFICA COMO INTUIÇÃO?

Desde que iniciei minha pesquisa, estive envolvido em inúmeros debates sobre se certos eventos particulares são realmente intuitivos. Da mesma maneira como um grupo de pessoas pode concordar sobre uma definição básica da palavra *amor* e depois discordar veementemente ao aplicá-la a situações específicas (algumas pessoas achando que é amor enquanto outras acham que é luxúria, atração, afeição, necessidade, etc.), uma pessoa pode chamar uma experiência cognitiva de intuição enquanto outras podem chamá-la de adivinhação, especulação, conjectura, inferência, percepção extra-sensorial, ou uma série de outras coisas, tanto lisonjeiras como depreciativas. Por essa razão, deve-se ter dois pontos em mente ao se fazer a classificação de qualquer experiência: primeiro, a definição básica de intuição deve ser enriquecida e, segundo, em muitos casos o veredicto final será de certo modo arbitrário, dependendo da própria interpretação do intuidor.

Para ser chamada de intuição a idéia ou sensação deve ser precisa. Concordo com Frances Vaughan, autor de *Awakening Intuition*, de que quando alguma coisa se mostra *não* ser correta, isso deve ser chamado de suposição falha. Devemos lembrar-nos, porém, de que à intuição muitas vezes falta aquele tipo de precisão de detalhes que esperamos de alguma coisa que seja ou verdadeira ou falsa. Com muita freqüência trata-se de uma sensação vaga, obscura, pouco mais que um pressentimento ou um senso de direção. Isso não lhe tira o valor, apenas a torna mais difícil de avaliar.

Além disso, a intuição pode estar correta apenas em parte. Uma mulher chamada Diane relatou-me esta experiência típica: "Estava pensando sobre um antigo namorado, Roy, de quem nunca mais ouvira falar, quando de repente senti que ele iria aparecer aquele fim de semana. Ele não veio, mas menos de uma semana depois bateu à minha porta." Talvez a experiência de Diane fosse meio intuição, meio suposição falha.

Uma intuição pode também exigir alguma interpretação, e se ela se mostrar incorreta a falta pode estar no que foi entendido dela. Por exemplo, um novelista amigo meu teve uma sensação forte e persistente de que deveria ir a Londres. No seu entender, a intuição estava lhe dizendo que os editores ingleses iriam lançá-lo à fama e à fortuna que seus compatriotas americanos lhe haviam insensatamente negado. Vendeu tudo e mudou-se para Londres, com resultados pessoais e financeiros desastrosos. Concluiu amargamente que o que pensara ser intuição era na realidade uma farsa e voltou aos Estados Unidos. Mas sua intuição não dissera nada sobre *mudar* para Londres, *quando* ir, nem o que aconteceria lá. Muito possivelmente, ele foi longe demais, ou estava sendo guiado para alguma experiência de que não gostou na época. Cinco anos depois, no entanto, mudou-se novamente para Londres e casou-se com alguém que conhecera na primeira viagem.

A relação entre intuição e fenômenos psíquicos é freqüentemente abordada, e não é fácil de distinguir. Algumas pessoas usam esses termos quase como equivalentes. O que chamamos de "fenômeno psíquico" ocorre de várias formas: telepatia mental ou transferência de pensamento; clarividência e clariaudiência (ver ou ouvir a distância); precognição e outras categorias que não são pertinentes à nossa discussão, como influenciar objetos materiais por meio do pensamento. No meu entender, apenas a precognição se qualifica como intuição; os outros fenômenos parecem mais relacionados à percepção do que ao conhecimento.

Telepatia e clarividência não são intuição; são meios de se obter informações com as quais a intuição possa então trabalhar. Elas ampliam o alcance dos cinco sentidos, como o termo *extra-sensorial* sugere, e sua existência, que eu aceito inequivocamente, ajuda a explicar como às vezes intuímos coisas além do que seria justificado pelos nossos sentidos. A mente intuitiva seria capaz de processar dados colhidos de maneira subliminar ou psiquicamente, além dos percebidos pelos canais sensoriais comuns.

A distinção pode ser ilustrada com um exemplo. Suponha que você olhasse pela janela e visse um jovem caminhando em direção a uma senhora. O mero relato disso não se qualificaria, naturalmente, como intuição. Mas seria se você olhasse a cena e dissesse: "Aquele rapaz vai roubar a bolsa daquela mulher." Agora, suponha que você estivesse sentado na sua sala a um quilômetro de distância e visse essa mesma cena com os olhos da mente. Isto seria clarividência, mas seria intuitivo apenas se, como na situação inicial, você fosse além das informações trazidas pela percepção extra-sensorial.

Do mesmo modo, se você conseguisse ler a mente de alguém e dizer o que ele estava pensando, isso seria telepatia; mas se você tivesse então uma visão profunda do seu caráter, isso seria intuição. Você teria ido além das informações até um conhecimento não evidente, mas preciso. Admito que essa distinção possa ser discutível, mas parece apropriada em um livro preocupado mais em ler nossas próprias mentes do que as dos outros.

Implícita no uso da palavra *intuição* está alguma coisa inesperada, fora do comum, não automática. O conhecimento revelado não pode ser algo que a maioria das pessoas concluísse sob as mesmas circunstâncias. E as circunstâncias geralmente se resumem à quantidade de informações à disposição da pessoa e à precisão do conhecimento.

É aqui que entram o contexto e a interpretação individual. Em muitas situações, a linha divisória entre intuição e outros tipos de conhecimento é obscura. Usemos alguns exemplos para percebermos os limites normais. Em um exemplo que usamos antes, Diane intuiu a ocorrência da visita de um antigo namorado. Sua intuição ficou um tanto diminuída pela previsão imprecisa do momento da chegada, mas quão perto ela precisaria ter chegado? Um dia? Uma hora? Não há critérios estabelecidos, mas, obviamente, quanto mais precisa fosse a sua predição, mais as pessoas lhe dariam a denominação de intuitiva. Agora considere isso: e se Diane tivesse recebido recentemente uma carta na qual Roy manifestasse uma intenção de revê-la? Isto diminuiria um tanto o seu feito. E se a carta também dissesse que Roy estava a caminho da cidade em viagem de negócios, Diane provavelmente seria eliminada do rol dos intuitivos.

Praticamente toda alegação de intuição deve ser avaliada de maneira semelhante. Em um exemplo anterior, chamamos de intuitiva a pessoa que, ao encontrar um homem muito sociável pela primeira vez, sentiu que ele era tímido na realidade. Bem, poderíamos não chamá-la de intuitiva se ela fosse amiga íntima da ex-esposa desse homem. Analogamente, o colecionador que antecipou o sucesso de um determinado artista não seria chamado de intuitivo se, antes de fazer o julgamento, tivessem-lhe dito que meia dúzia de outros colecionadores haviam comprado obras do artista.

Segundo esses exemplos, o comportamento que algumas pessoas chamam de raciocínio indutivo, outras o chamam de intuitivo. A indução é, na realidade, um salto, indo de um conjunto limitado de fatos para um princípio geral. Quando possui uma base óbvia, defensável, o ato é mais provavelmente rotulado de lógica; quando não, poderá ser chamado de intuição. Se, por exemplo, você começar em um novo emprego e ver que seu patrão tem um ataque de nervos todo dia durante uma semana, poderá induzir que ele é volátil. A maioria das pessoas chamaria isso de inferência lógica indistinta. Se, por outro lado, você pular para a mesma conclusão, presumindo que ela seja correta, após um breve e agradável encontro com o patrão, poderíamos chamá-la de intuitiva.

Finalmente, voltemos para o argumento de intuição ou inferência, que parece ser a distinção mais provocativa. Aqui está um exemplo da minha própria experiência. Um dia, entrei em meu escritório e encontrei um recado de um velho amigo chamado Jerry. No momento em que vi o bilhete, um pensamento saltou em minha mente: "Jerry casou-se." Uma vez que eu estava pesquisando este livro na época, observei o acontecido e concluí que se Jerry *tivesse* se casado, o fato de eu sabê-lo seria claramente intuitivo. O recado continha apenas seu nome e um número de telefone, e eu não ouvia falar dele fazia três anos. A última vez que o vira estava levando uma feliz vida de solteiro em Nova York, e não tinha nem namorada fixa.

Então percebi que o número do telefone poderia ter dado uma pista suficiente. O código de área era 914, que eu sabia ser de Westchester, subúrbio bem ao norte de Nova York. Assim, a linha de raciocínio poderia ter sido esta: a maioria das pessoas que mudam para Westchester são casadas e estão criando famílias; Jerry, que gosta da vida noturna das cidades, mudou-se para Westchester; portanto, Jerry deve estar casado e criando família. Quando contei a história para outros, houve uma divergência quanto a chamá-la de intuição ou razão.

Mas, para mim, o ponto importante é este: não desenvolvi essas etapas conscientemente. A mensagem entrou em minha cabeça da mesma maneira como um pássaro entra por uma janela aberta. Eu não havia nem mesmo aberto a janela pensando sobre o estado civil de Jerry. Poder-se-ia argumentar que eu executei a seqüência lógica na velocidade de um computador, ou que eu simplesmente não me lembro de ter executado essas etapas. E por tudo que eu sei, tal análise é correta. Mas eu argumentaria que aquele fato de ficar sabendo merece a denominação de intuitivo, simplesmente porque as etapas, se elas tivessem realmente sido executadas, não foram nem conscientes nem deliberadas. Essa é uma distinção crucial. O fato de uma seqüência lógica poder ser construída depois não significa que a seqüência foi realmente empregada.

Por isso, em muitas situações, a percepção subjetiva do conhecedor deve ser avaliada junto com os outros critérios. E mesmo então haverá discordância, pois os indivíduos terão diferentes padrões dependendo do que a intuição significa para eles. Você pode dar uma parada agora, pensar sobre suas próprias experiências e os exemplos usados aqui e determinar seus próprios critérios. Fazer isso irá ajudá-lo a reconhecer e entender sua própria intuição. Mas antes de determinar sua posição, considere o que aconteceu quando liguei de volta a Jerry.

"Você está casado, não está?", eu disse após trocarmos os cumprimentos.

Jerry disse que sim e quis saber como eu havia descoberto. Para simplificar, disse que deduzira pelo código de área.

"Foi muito inteligente", Jerry disse, "exceto por uma coisa. Mudei-me para cá dois anos atrás porque minha empresa se transferiu para este lado da cidade. Mas só encontrei minha esposa um ano depois."

Capítulo 3

As Diversas Faces da Intuição

Dentre uma série de incidentes relatados em uma autobiografia muito citada do matemático francês Henri Poincaré, segue-se uma história que exemplifica a intuição da descoberta: o súbito salto para o entendimento, a faísca da compreensão, a penetração abrupta na verdade.

> As mudanças da viagem fizeram-me esquecer meu trabalho matemático. Chegando a Coutances, tomamos uma condução para ir a um certo lugar. No momento em que coloquei o pé no degrau, sem que qualquer coisa em meus pensamentos anteriores houvesse preparado caminho para ela, veio-me a idéia de que as transformações que eu usara para definir as funções fuchsianas eram idênticas às da geometria não-euclidiana. Não verifiquei a idéia; não tive tempo, pois, ao tomar meu assento, continuei uma conversa já iniciada, mas tive uma plena certeza. Ao voltar a Caen, por questão de consciência, verifiquei o resultado com calma.

Esse tipo de experiência é o que a maioria das pessoas imagina quando elas pensam em intuição, e é um dos seis tipos funcionais que iremos discutir neste capítulo. As cinco primeiras categorias interagem entre si e ocorrem em diversas combinações para formar toda a amplitude da experiência intuitiva comum. O sexto tipo pertence ao que geralmente é conhecido como experiência mística, e tem intrigantes implicações para os outros cinco.

DESCOBERTA

A história do pensamento contém inúmeros exemplos de intuição da descoberta, ou detecção. O casual banho de Arquimedes, onde ele descobriu o princípio do deslocamento da água e nos deu o termo *Heureca!* ("Encontrei!"), provavelmente é o mais famoso. Um exemplo contemporâneo é o de Melvin Calvin, ganhador do Prêmio Nobel, que estava no carro esperando pela esposa quando lhe surgiu a resposta para uma intrigante inconsistência em sua pesquisa da fotossíntese. Calvin escreveu sobre a descoberta: "Ela ocorreu bem assim, de repente, e também de repente, em uma questão de segundos, o caminho do carbono ficou evidente para mim."

Embora a descoberta intuitiva pareça geralmente ocorrer quando a mente está ocupada com algo diverso do objeto da descoberta, não é sempre esse o caso. A ruptura principal na busca da estrutura da molécula do DNA ocorreu quando o descobridor estava trabalhando no problema. Do mesmo modo que outros pesquisadores, James Watson e Francis Crick haviam trabalhado arduamente sobre o problema durante algum tempo. Um dia, após uma interrupção, Watson estava mexendo na posição dos componentes de um modelo da molécula, tentando diferentes maneiras de arranjá-los. Sempre tinha sido presumido que cada segmento devia ser emparelhado com seu gêmeo.

Então, nas palavras de Watson: "Subitamente compreendi... que os dois pares poderiam ser invertidos e ainda ter seus... elos virados para a mesma direção. Isso sugeria enfaticamente que as colunas dorsais das duas correntes correm em direções opostas." Assim foi descoberta a famosa hélice dupla.

A descoberta intuitiva aplica-se a todas as dimensões do que for passível de ser conhecido, incluindo questões de importância pessoal ou social e enigmas conceituais abstratos. O que a separa das outras funções de intuição é sua qualidade detectiva. Ela revela fatos verificáveis. Ela poderia dizer a um comerciante que seu competidor tentou interferir com um cliente; poderia revelar ao médico a causa real da dor do paciente; poderia dizer ao progenitor o que está perturbando o filho que nem mesmo admite que está com problemas; poderia indicar ao inventor que a solução do impasse é colocar certa peça em uma posição diferente.

Em resumo, este aspecto da intuição pode fornecer respostas para um problema específico ou para uma necessidade mais geral. Nós programamos nossas mentes intuitivas com nossas questões e desejos. Às vezes, a resposta não é tanto a solução como um vislumbre da natureza real do problema, como no caso de um proprietário de butique: "As vendas estavam baixas e presumi que era por causa da recessão. Mas me ocorriam sensações de suspeita contra uma das vendedoras. Pensei que estava maluco, mas investiguei de qualquer modo e, com certeza, ela estava passando a mão nas vendas à vista."

Deve ser observado que muitos estudiosos da descoberta científica opõem-se a conceder à intuição um papel principal no processo. Howard Gruber, diretor do Instituto de Estudos Cognitivos da Universidade de Rutgers, diz que, segundo sua pesquisa, os vislumbres emergem de uma "ponderação longa e complexa" e do desenvolvimento de idéias por um longo período de tempo, não de um "momento mágico". De modo semelhante, D. N. Perkins de Harvard, autor de *The Mind's Best Work*, argumenta que experiências do tipo das de Poincaré são raras e que a descoberta é o resultado de trabalho racional árduo e consciente. "Nunca ouvi falar de uma descoberta completamente inesperada", escreve Perkins.

Isso é verdade. A intuição não surge do nada. Trabalho racional intenso na fase preparatória é de extrema importância, particularmente em um campo especializado. Ele abastece a mente intuitiva com o incentivo e a matéria-prima de que ela precisa. Como já observamos, a intuição não é necessariamente um relâmpago instantâneo. Os lampejos registrados para a posteridade são os protótipos dramáticos. O vislumbre principal pode vir todo de uma vez ou em etapas, como Perkins e Gruber assinalam, mas parte desse processo gradual pode ser uma série de intuições em crescendo, talvez apenas com a intensidade de uma vela, que fornece fragmentos do produto total.

Outros que rejeitam a noção da inspiração sustentam que o processo da descoberta é consciente e racional. O psiquiatra Albert Rothenberg de Yale, por exemplo, replica que quando James Watson fez sua descoberta sobre o DNA estava "inteiramente consciente, lúcido e lógico naquele momento". Mas Rothenberg também chama a descoberta de Watson de um "salto criativo" que de algum modo foi capaz de "transcender a lógica normal". Não sei como você pode transcender a lógica e ainda ser lógico. Parece óbvio que o salto foi uma função da intuição. Talvez o que Rothenberg queira dizer é que tais saltos não seriam normalmente feitos pelo pensamento lógico formal, mas que eles possuem uma lógica própria que se torna óbvia na seqüência. É como um daqueles desenhos onde você tem que encontrar a face oculta; depois de encontrá-la, é quase impossível *não* vê-la. É o mesmo caso com a lógica ilógica de muitas intuições.

Rothenberg usa o termo *pensamento janusiano* para caracterizar um elemento central nos lampejos criativos, quando componentes aparentemente opostos são vistos como igualmente válidos ou complementares. Ele alega que o pensamento janusiano é inteiramente intencional e plenamente consciente, discordando assim de Arthur Koestler que, em *The Act of Creation*, usou o termo *bissociação* para o mesmo fenômeno essencialmente e disse que as conexões eram feitas fora da esfera da consciência. Eu acho que a fusão dos opostos é característica da intuição, não o tipo de coisa que o pensamento racional iria realizar com facilidade. O próprio Rothenberg apóia essa conclusão usando a palavra *surpreendente* para descrever os produtos do pensamento janusiano. Watson usou o termo *subitamente*. Pelo que entendo, tal terminologia indica que o evento foi espontâneo, imprevisto e repentino. O descobridor poderia estar consciente no sentido de estar desperto, mas se estivesse ciente das etapas através das quais a relação crucial foi feita, então não teria sido nem repentino nem uma surpresa.

Quanto à palavra *intencional*, não duvido que alguns pensadores procurem encontrar relações incomuns. Eles certamente procuram encontrar respostas. Propósito definido e intensidade de desejo podem muito bem ser pré-requisitos importantes para a intuição, como o é uma certa atitude de abertura mental que espere o inesperado. Mas, uma vez mais, os descobridores poderiam não ter *tencionado* fazer as relações particulares que fizeram, e depois terem ficado surpresos quando o fizeram. Se você vai tirar um coelho de uma cartola, dificilmente ficaria surpreso ao realizar o truque. Por todas essas razões, parece seguro dizer que as súbitas relações lógico-transcendentais que tipicamente acompanham as descobertas são uma função da intuição.

Talvez aqueles que negam a importância da intuição repentina temam, com certa justificativa, que aceitar tal teoria possa degradar o valor da preparação consciente e racional que precede os lampejos no trabalho formal. Talvez queiram confrontar a visão excessivamente romântica de que as descobertas ocorrem sempre num lampejo. Mas o perigo é que, indo longe demais na outra direção, eles erroneamente neguem o componente intuitivo.

O poeta A.E. Housman deu-nos a descrição de uma outra função da intuição: "Enquanto eu caminhava, não pensando em coisa alguma em particular, apenas olhando à volta e observando o progresso das estações, fluía à minha mente, com súbita e inexplicável emoção, às vezes uma linha ou duas de versos, às vezes toda uma estrofe."

Como sugerem as observações de Housman, a intuição criativa ou fecunda é bastante semelhante à intuição da descoberta. A dinâmica é mais ou menos idêntica, a experiência em si talvez indistinguível. Eu as separo devido a uma distinção bem clara: em vez de verdades singulares, fatos ou informações verificáveis, a função criativa da intuição trata de alternativas, opções ou possibilidades. Essa função gera idéias que podem não ser certas ou erradas no sentido factual, mas são mais ou menos apropriadas para uma situação. Ela poderia oferecer alternativas em quantidade, algumas das quais serão mais adequadas que outras.

A intuição criativa pode ser comparada à imaginação. A distinção tem a ver com a destinação. Uma pessoa simplesmente imaginativa poderia não ser intuitiva, mas sim um fecundo gerador de fantasias lunáticas ou efusões vazias que não são satisfatórias nem no nível prático nem no nível estético. A pessoa criativamente intuitiva, por outro lado, seria imaginativa de maneira relevante e apta. Se ele fosse um solucionador de problemas, geraria uma quantidade de soluções incomuns, uma grande percentagem das quais atingiria os resultados desejados. Se fosse um artista, suas concepções "funcionariam" na tela, no papel ou no palco, e os produtos teriam o halo da "verdade" que permite que algumas artes permaneçam. Se fosse um cientista ou matemático, geraria hipóteses e teorias, ou maneiras incomuns de testá-las, e uma boa proporção delas contribuiria para o corpo de conhecimento de sua disciplina.

A intuição criativa trabalha de mãos dadas com a intuição da descoberta. Você poderia, por exemplo, detectar a resposta de um problema e daí intuir maneiras alternativas de testá-la ou executá-la. Ou poderia intuitivamente apreender o que é o problema em si e então gerar soluções possíveis. Às vezes, as duas funções se sobrepõem. Em resposta a uma questão desorientadora, sua intuição poderá gerar uma série de hipóteses, uma das quais depois se mostra verdadeira. Falando de maneira estrita, quando ela é verificada passa a ser chamada de descoberta.

A distinção é dependente da situação. A intuição da descoberta se aplicaria quando houvesse uma única resposta para perguntas como: "Qual é a estrutura da molécula do DNA?" ou "Quem matou a vítima?" A intuição criativa se aplicaria onde houvesse uma série de soluções possíveis, umas melhores que outras. Trabalhos de arte seriam um exemplo óbvio, embora muitos artistas digam que existe uma e apenas uma maneira de concluir esse romance ou pintar aquele girassol. Giacometti, por exemplo, poderia ter usado o termo *descoberta* para este processo: "Em 1949 eu vi a escultura à minha frente como se estivesse acabada, e em 1950 tornou-se-me impossível não fazê-la."

Com grande arte, a distinção entre criatividade e descoberta geralmente é irrelevante. A arte, escreveu a romancista Shirley Hazzard, é "um infindável acesso a estados de espírito reveladores". Esse estado de espírito é o que dá surgimento à intuição criativa e torna a grande arte uma epifania, não apenas um divertimento. É por isso que aprendemos coisas sobre o ciúme com Shakespeare ou sobre o crime com Dostoiévski que não podemos aprender em estudos científicos. O que o psicólogo Morris Parloff escreveu de Lewis Carroll poderia estender-se a um grande número de artistas: "Suas contribuições para o campo da psicologia, se fôssemos enumerá-las todas, sem dúvida o qualificariam para uma imediata condição de membro em pelo menos duas dúzias das 41 divisões da Associação Norte-Americana de Psicologia." Poderíamos dizer o mesmo de associações de história, de sociologia, e até mesmo de ciências físicas.

A intuição da criatividade é também importante na resolução de problemas práticos e na tomada de decisões. A capacidade de gerar maneiras alternativas de observar situações, ou uma variedade de soluções potenciais, é um componente importante de inovação. A intuição criativa também aproveita oportunidades para satisfazer objetivos. Sempre alerta para novas maneiras de gerar negócios, o executivo de uma empresa de bebidas Marshall Berkowitz estava em um bar certo dia quando observou que o coquetel Alexanders era extremamente popular. Ele se perguntou por que ninguém nunca os servia em casa, e veio a resposta: eles eram difíceis demais de preparar. Atrás disso surgiu então a revolucionária idéia de coquetéis em pacote.

Provavelmente existem diferenças de personalidade entre descobridores intuitivos e criadores intuitivos. Alguns podem ser do tipo detetive; eles surgem com um pequeno número de idéias, a maioria das quais são precisamente corretas. São atraídos por problemas de resposta única. Outros podem gerar idéias da mesma maneira como as flores produzem pólen, e ter uma pequena percentagem de criações saudáveis. Eles são atraídos por problemas maldefinidos e em aberto. Pessoalmente, gostaria de ter os dois tipos em meu time.

AVALIAÇÃO

"Por deferência dos Deuses, desde minha infância tenho sido atendido por um ser semidivino cuja voz de tempos em tempos me dissuade de certos atos, mas nunca me dirige no que devo fazer." Assim Sócrates, em *Teages* de Platão, referiu-se a uma voz divina, e talvez ela o fosse. Em terminologia mais secular, chamo-a de função avaliativa da intuição.

Freqüentemente se ouve dizer que a intuição não avalia nem decide; a análise racional o faz, enquanto a intuição oferece as possibilidades. Essa divisão de trabalho curta muda tanto a intuição como a racionalidade. Geralmente ocorre o oposto dessa descrição costumeira. Por exemplo, o planejador financeiro Tom Duffy diz: "Eu posso fazer planos de contingência com base em uma análise formal de dados técnicos, mas a decisão real – comprometer-me ou aguardar ou abandonar – é uma questão de momento, e para isso eu observo meus sentimentos."

O que a maioria das pessoas quer dizer quando falam que a intuição não faz avaliações é que ela não examina nem investiga. Essas funções são em grande parte analíticas, embora a intuição ajude a conduzir o processo. Mas as avaliações racionais e quantitativas geralmente nos deixam com incertezas ou ambigüidades, não com uma única decisão óbvia. Elas podem limitar as alternativas e oferecer fatos e números concretos para considerar, mas na maioria das vezes voltamo-nos à intuição para a escolha final.

A avaliação intuitiva é um tipo de função binária que nos diz: vá ou não vá, sim ou não. Assim como outros tipos de intuição, ela pode ser clara ou obscura, resoluta ou hesitante, convincente ou dúbia. Todos nós já tivemos esses incentivos e estímulos, embora geralmente os ignoremos. Quantas vezes você se meteu em problemas e depois se xingou: "Eu *sabia* que não devia ter feito aquilo. Alguma coisa me dizia para não fazê-lo. Na próxima vez, vou prestar mais atenção." Às vezes sentimos com intensidade em relação a alguma coisa, mas a natureza inarticulada da intuição não deixa que convençamos os outros. Isso aconteceu com Sócrates, como sugere Platão: "Você conhece Charmides, o filho de

Glaucon. Um dia ele me disse que pretendia competir nos jogos de Neméia... Tentei desviar Charmides de seu propósito, dizendo-lhe: 'Enquanto você falava ouvi a voz divina... 'Não vá a Neméia'.' Ele não me ouviu. Bem, você sabe que ele morreu nas competições."

A intuição avaliativa pode trabalhar diretamente em possibilidades que se apresentam do exterior. Você deveria chamar aquele homem que conheceu no trem? Deveria aceitar aquela oferta de emprego? Muitas vezes não temos nem mesmo que fazer a pergunta; nossa intuição é programada pelos nossos desejos, necessidades e objetivos. Aqui está um exemplo da minha própria experiência, quando entrevistava candidatos a agentes literários. Geralmente eu saía dessas reuniões com um sentimento de ambivalência, indeciso entre rejeitar e aceitar o agente. Em um caso, porém, soube no primeiro minuto que a pessoa do outro lado da mesa não era meu futuro agente. Eu não a havia avaliado conscientemente, e não havia nenhuma característica marcante que aparecesse como *a* razão, mas quando ela estava descrevendo os livros de um de seus clientes, uma sensação forte e inegável me dominou, gritando sem palavras: "Não!"

A função avaliativa da intuição também opera nos outros produtos da intuição, acrescentando o elemento da discriminação. As idéias parecem mais ou menos verdadeiras; as soluções transitórias mais ou menos corretas. Marshall Berkowitz, por exemplo, teve de decidir se valia ou não a pena levar adiante sua idéia de empacotar coquetéis, e mais tarde teve de decidir se ia em frente ou não com a produção. Certamente, ele reuniu os fatos e os números, consultou colegas e analisou cuidadosamente. Mas em algum ponto surgiu a questão de ir ou não ir, e ele teve de consultar seu barômetro interno. Watson e Crick tiveram de reconhecer que valia a pena ir atrás de sua relação janusiana; algo lhes disse que fossem em frente e tentassem verificá-la.

Os escritores e artistas precisam avaliar intuitivamente o tempo todo, pois não existe maneira objetiva e racional de poderem avaliar seu trabalho além de considerações técnicas como sintaxe e gramática. Saul Bellow fala de um comentarista interior que orienta o seu trabalho: "Eu acho que um escritor está no caminho quando a porta das suas intuições naturais e mais profundas está aberta. Você escreve uma frase que não vem dessa fonte e não consegue construir em torno dela; ela faz a página parecer de certa forma falsa. Você tem um giroscópio interno que lhe diz se o que está fazendo é certo ou errado." E no seu estudo sobre a obra de Beethoven, Roger Sessions escreve que a inspiração do compositor era um impulso que o levava a um objetivo: "Quando essa compreensão perfeita era conseguida, no entanto, não poderia haver nenhuma hesitação; mas sim um lampejo de reconhecimento de que isso era exatamente o que ele queria."

É essa função discriminatória da intuição que produz uma sensação de certeza ou de auto-evidência quanto às proposições, quer elas venham de dentro ou de fora. É importante, porém, e geralmente difícil não confundir esses sentimentos com emoções normais. Podemos gostar ou não de alguma coisa, sentir-nos fortemente atraídos ou repelidos, mas isso pode ser a esperança ou o medo se manifestando, não a intuição. Existe uma distinção sutil, e ela pode ser discernida apenas prestando-se atenção às nossas próprias experiências. O potencial de confusão poderá ser maior em algumas áreas da vida que em outras. Como disse um executivo de propaganda chamado Karen: "No que se refere às pessoas, freqüentemente tenho impulsos de envolver-me com alguém ou de ficar longe, quer seja um encontro social ou profissional. Essas sensações sempre me perseguem depois; elas se enredam com minhas necessidades e desejos. Mas no que toca a um *slogan*, a um *jingle* ou a um roteiro, quando tenho uma sensação forte ela quase sempre é correta."

Einstein deve ter tido a intuição avaliativa ao trabalhar na sua teoria da relatividade geral, porque parecia estar exageradamente confiante de que ela passaria em uma prova empírica. Durante dois anos, o mundo científico se preparou para o eclipse solar de 29 de maio de 1919, quando as condições iriam permitir que observassem se a luz das estrelas seria afetada pelo campo gravitacional do Sol, conforme a teoria previa. Segundo o biógrafo de Einstein, Jeremy Bernstein, o grande homem estava em Princeton quando os resultados foram computados. Uma aluna contou que estava conversando com Einstein quando ele casualmente lhe passou um telegrama que estava no peitoril da janela. Era de *sir* Arthur Eddington, confirmando a teoria revolucionária. Emocionadíssima com a notícia, a aluna ficou meio surpresa com a aparente indiferença do mestre. "E se a teoria não tivesse sido confirmada?", ela perguntou. Einstein respondeu: "Então eu sentiria pena do Senhor. A teoria é correta."

Nunca consegui saber ao certo se Einstein estava se referindo ao Senhor (*Lord*) Eddington ou ao Todo-Poderoso. De qualquer modo, ele parecia tremendamente seguro da sua teoria.

OPERAÇÃO

No outono de 1941, quando Londres estava sob sítio, Winston Churchill saía regularmente à noite em um carro oficial para visitar baterias anti-aéreas. Uma noite, quando o primeiro-ministro se preparava para encerrar uma visita, um auxiliar abriu-lhe a porta costumeira, mas Churchill deu a volta no carro e entrou pela porta oposta. Não muito depois, uma bomba explodiu, quase virando o carro. "Deve ter sido o meu peso que o manteve no chão", riu Churchill. Quando sua esposa, Lady Clementine, perguntou-lhe por que ele sentara no lado oposto do banco, Churchill disse: "Alguma coisa me disse, 'Pare!', antes de eu chegar à porta do carro que estava aberta para mim. Pareceu-me então que eu devia abrir a porta do outro lado, entrar por ali e sentar lá; e foi o que eu fiz."

Churchill teve o que eu chamaria de intuição operativa (ele, evidentemente, tinha uma série delas). Essa forma mais sutil de intuição, quase transcendental, é a que nos orienta nesta ou naquela direção, às vezes com força declarada, às vezes com graça gentil. Ela nos instiga sem dizer-nos por quê, e às vezes sem ao menos sabermos que estamos sendo induzidos. Mais um senso de direção do que um mapa, ela pode ser mal-definida ou bastante explícita. Ela pode operar em situações menores e localizadas, direcionando-nos para isto ou desviando-nos daquilo. Ou pode manifestar-se em grandes questões, como uma noção de "chamamento", por exemplo, aquela certeza irreprimível de que somos destinados a uma vocação particular ou a alguma missão. Tais atrações impositivas muitas vezes podem ser justificadas logicamente, mas nunca são derivadas da lógica. Pelo contrário, sentimo-nos como uma limalha de ferro sendo irresistivelmente atraída por um magneto.

Em alguns aspectos, a intuição operativa é semelhante à função avaliativa, pois pode haver nela uma qualidade do tipo "faça/não faça" ou "vá/não vá". Mas, com a intuição avaliativa, é preciso haver primeiro alguma coisa para avaliar. Por exemplo, quando os consultores de Ray Kroc aconselharam-no a não comprar a McDonald's, ele conta: "Fechei a porta do escritório, praguejei, joguei coisas pela janela, chamei meu advogado de volta e disse, 'Compre!' Senti bem lá no íntimo que era um negócio certo." Esta foi uma intuição avaliativa, operando numa questão específica do tipo sim-ou-não. Não foi exatamente este o caso com o fabricante de brinquedos que, em junho de 1971, sentiu uma inexplicável urgência de aumentar a produção de bonequinhos panda. Em fevereiro do ano seguinte, Richard Nixon fez sua histórica viagem à China, onde ganhou dois pandas, dando início a uma mania.

A intuição operativa pode ser responsável pelo que muitas vezes parece ser sorte. Aquelas pessoas que parecem estar no lugar certo na hora certa são talvez dotadas de uma espécie de radar e do bom senso de obedecê-lo. Ela também poderia ser responsável pelo fenômeno que Carl Jung chamou de "sincronicidade", aquelas estranhas coincidências de eventos externos e internos que não têm nenhuma relação aparente, mas possuem significado de grande impacto. Um artista conta: "Conheci numa exposição uma pessoa que se interessou em me encomendar um quadro. No dia seguinte, quando fui lhe telefonar, não consegui encontrar o seu cartão. Numa viagem de trem para o subúrbio para visitar alguns amigos, pensei tê-lo visto, mas era apenas alguém parecido. Quando cheguei à estação, senti-me irresistivelmente atraído para uma floricultura que havia ali, e rendi-me à atração apesar de já estar trazendo um presente para meus amigos e não ter nenhuma intenção de comprar flores. Na floricultura estava o homem que pensei haver perdido para sempre."

Tem sido observada com muita freqüência a participação do acaso nas descobertas científicas. Talvez seja a intuição operativa o que diga aos descobridores aparentemente sortudos que há alguma coisa que vale a pena investigar. O bacteriologista Alexander Fleming, por exemplo, observou que algumas das lâminas onde estava cultivando colônias de bactérias haviam sido contaminadas por poeira, e que as bactérias que lá estavam haviam morrido. A maioria dos pesquisadores teria jogado as lâminas fora, pois eram apenas transtornos no contexto da pesquisa. Fleming, porém, sentiu algo importante e perguntou: "Por que as bactérias morreram?" O resultado final daquela pergunta foi a descoberta da penicilina.

As descobertas e as idéias criativas muitas vezes são precedidas pelo que Graham Wallas, em *The Art of Thought*, chamou de "pressentimentos", aquelas sensações vagas e imprecisas que indicam que alguma coisa está para acontecer. Jung também observou uma espécie de aura emocional que acompanha os eventos sincrônicos. Talvez seja uma forma de intuição operativa, dirigindo a atenção para a direção correta, ou alertando a mente para um pensamento pendente ou para algo que esteja para ocorrer em seu meio ambiente. Wallas recorda uma grande mudança em sua própria atitude política que foi precedida por uma "sensação vaga, quase física, como se minhas roupas não estivessem me servindo". Talvez esses pressentimentos sejam como que o primeiro brilho, quase imperceptível, que chama nossa atenção para o nascer do sol.

A intuição operativa talvez seja desconcertante, pois pode nos impelir a nos dirigirmos para o que parece ser uma direção estranha. Se a seguirmos, nos encontraremos fazendo coisas sem qualquer razão aparente, talvez sentindo-nos um tanto tolos, imaginando o que está se passando em nossa própria cabeça. Às vezes, é fácil resistir a esses sussurros, pois parecem ir contra nossos mais fortes interesses.

Voltando àquela história da agente literária que mencionei na seção anterior, quando eu estava para sair de seu escritório, alguma coisa me disse para deixar com ela um esboço deste livro, que na época não tinha editor. Não havia nenhuma razão para fazer isso, pois eu sabia que a agente não iria me representar. Além do que, havia muitas razões para *não* fazê-lo. Eu teria de atravessar a rua para tirar uma cópia do resumo, e já estava atrasado para meu compromisso seguinte, que era bastante importante. Mesmo assim eu o fiz. No elevador, no xerox, no táxi, e durante o resto do dia fiquei dizendo a mim mesmo como havia sido idiota em seguir aquele impulso.

No dia seguinte, me telefonou uma amiga editora. Ela sugeriu que eu procurasse Jeremy Tarcher, que ela havia encontrado a noite anterior e que por acaso mencionara o esboço de um livro sobre intuição que havia visto naquela tarde na mesa de uma agente.

Coincidência? Quem sabe? Só posso dizer que o que senti no escritório daquela agente foi tão forte e impulsivo como um vendaval. Já senti, naturalmente, outros puxões e empurrões não racionais; alguns me levaram a lugar nenhum, ou até mesmo a problemas, ou pelo menos assim *pareceram*. Quem pode dizer o que aconteceria se eu não os tivesse seguido? E quem pode dizer o que poderia ter acontecido se eu *tivesse* seguido aqueles aos quais consegui resistir? Nós geralmente resistimos àquelas urgências intuitivas quando elas parecem não fazer sentido. Talvez não devêssemos lutar tão teimosamente.

PREDIÇÃO

"Se puderes olhar nas sementes do tempo", escreveu Shakespeare em *Macbeth*, "E dizer qual semente irá germinar e qual não irá, fala então comigo." Na maioria das experiências intuitivas – na verdade, em uma grande percentagem de todas as atividades mentais –, existe um elemento de profecia. Quando um cientista intui uma hipótese, ele está, pelo menos em parte, predizendo o que irá acontecer a certos fenômenos sob determinadas condições. Se a sua intuição lhe disser para aceitar um convite para jantar por parte de uma pessoa que lhe é praticamente estranha, você está predizendo que aquela noite será agradável. Quando você obedece a uma sensação para empregar alguém, você está predizendo que ele ou ela irá produzir resultados desejáveis. Quando um artista se inspira para usar um toque de vermelho ou um arpejo se sugere a um compositor, eles estão predizendo qual será o impacto no restante da obra e no observador ou ouvinte.

As decisões são, por natureza, proféticas: você está apostando num certo resultado. Por essa razão, a capacidade de prever é uma qualidade louvada em executivos e planejadores políticos. Realmente, um estudo de John Mihalasky e Douglas Dean, autores de *Executive ESP*, constatou uma significativa correlação entre a capacidade precognitiva de presidentes de empresas e os índices de lucro dessas empresas.

Por certo, as predições são rotineiramente feitas analisando-se dados quantitativos, e geralmente é necessário um conhecimento especializado. Sem um entendimento da teoria das probabilidades, por exemplo, um julgamento intuitivo poderia estar bem longe do alvo. Para usar uma ilustração bastante trivial, suponha que em cinco jogadas consecutivas de moeda desse cara todas as vezes. Qual seria o resultado mais provável da sexta jogada, cara ou coroa? A maioria das pessoas escolheria coroa. Porém, as probabilidades reais seriam os mesmos 50/50.

Mas os métodos racionais-analíticos raramente podem ser usados exclusivamente; pela sua própria natureza, a predição relaciona-se com o desconhecido, e podemos calcular ou medir apenas o que é conhecido. Podemos analisar tendências passadas e determinar probabilidades, mas nunca podemos ter certeza de que o futuro será algo parecido ao passado, particularmente em situações humanas numa era conturbada como a nossa. No mínimo, a pessoa encarregada de fazer prognósticos precisa usar de intuição para reunir e interpretar dados e para decidir que eventos futuros incomuns poderão influenciar o resultado. Portanto, em praticamente toda predição existe sempre algum componente intuitivo.

A função premonitora pode ser explícita ou implícita. Quando segui meu impulso de tirar uma fotocópia daquele esboço e deixá-la com a agente, não tinha a mínima idéia do por quê. Mas a intuição à qual dou o crédito devia estar mesclada a alguma qualidade profética implícita. A intuição teria sido mais premonitora que operativa se eu tivesse sentido que alguma coisa de bom resultaria daquele comportamento, ou se tivesse tido uma premonição do que realmente aconteceria.

Esta outra história, relatada por Juliet Faithfull, estudante de Harvard, é um exemplo da intuição premonitora em operação. Quando era garota, Juliet foi de férias para Barcelona com os pais. Durante vários dias implorou-lhes que a levassem a um certo clube noturno, e em sua última noite na cidade eles cederam. Ela se arrumou ansiosamente para a ocasião. Logo antes de saírem, porém, uma nuvem de terror se apossou dela, e ela se recusou a ir, apesar dos protestos de seus incrédulos pais. O clube foi destruído por um incêndio naquela noite. A diferença entre esta história e o impulso fortuito de Winston Churchill em trocar de lugar no carro é que Juliet sabia que alguma coisa de ruim iria acontecer no clube, embora não pudesse especificar a natureza do perigo.

Como esses incidentes bastante dramáticos sugerem, a intuição é um excelente instrumento de advertência. Mas nem todas as intuições premonitoras são advertências. Você pode ter uma forte sensação de que a pessoa que acabou de conhecer irá ter uma influência positiva na sua vida, ou pode ter um pressentimento de que deve esperar uma semana antes de fazer um investimento porque o preço vai cair. Quanto melhor a sua intuição puder predizer, tanto mais suas ações estarão em ressonância com seus desejos.

Uma predição para ser chamada de intuitiva depende da sua precisão e da probabilidade de ter sido feita pela maioria das pessoas. Vejamos um exemplo. Henry Kissinger uma vez disse: "O dilema de qualquer estadista é que ele nunca pode ter certeza quanto ao curso provável dos acontecimentos. Ao chegar a uma decisão, ele terá inevitavelmente de agir com base numa intuição que inerentemente não é passível de comprovação. Se ele insistir em certezas, corre o risco de tornar-se um prisioneiro dos acontecimentos." Suponha que você estivesse trabalhando no Departamento de Estado no início de 1977. Se tivesse dito: "Tenho o pressentimento de que alguma coisa importante irá acontecer no Oriente Médio este ano", você teria sido saudado com polida indulgência, no máximo, se tivesse feito alarde sobre isso no final do ano. Se tivesse dito: "Vai haver uma abertura diplomática entre Israel e uma nação árabe, possivelmente o Egito", você poderia ter sido chamado de intuitivo, e seus colegas depois poderiam procurá-lo para predições. Mas se tivesse dito: "Anwar Sadat vai fazer um apelo pela paz ante o parlamento israelense em novembro", você poderia ter sido nomeado para o antigo emprego de Kissinger.

Nós brincamos de adivinhar com a vida. Aqueles que adivinham bem são chamados de intuitivos; os intuitivos, porém, não acham que estejam adivinhando.

ILUMINAÇÃO

"Quando todos os sentidos estão imobilizados," dizem os *Upanishads*, "quando a mente está em repouso, quando o intelecto não hesita, então, diz o sábio, atinge-se o estado mais elevado. Aquele que o atinge está livre da desilusão." O que estou chamando de iluminação recebeu outros nomes de acordo com o lugar: *samadhi*, *satori*, nirvana, consciência cósmica, auto-realização, união com Deus. Certos leitores podem estar curiosos por saber por que estou incluindo este assunto. Alguns podem considerá-lo elevado e sublime demais para ser abordado na mesma conversa sobre intuir que ações comprar; alguns podem estar interessados unicamente em como usar sua intuição no "mundo real", e por isso consideram esta classificação irrelevante.

Esta categoria transcende as outras cinco funções. De fato, ela transcende as categorias. Ela transcende palavras, conceitos, pensamentos, percepções, e tudo que consideramos como experiência. É, de fato, *transcendência*, um dos termos utilizados para ela neste livro. Mas ela é realmente muito importante. Entendê-la ajuda-nos a entender todas as formas de intuição e cultivá-la, a cultivar simultaneamente todas as outras. Acima de tudo, a iluminação representa a forma mais elevada de saber, a compreensão pela qual todos estamos sedentos, quer o saibamos quer não.

A iluminação ou transcendência é diferente da experiência comum de saber, que tem sempre dois componentes: um sujeito (o experimentador) e o objeto da experiência, o que pode ser alguma coisa que pensamos. No estado em que estamos descrevendo, essa dualidade sujeito/objeto se dissolve. Não existe separação entre conhecedor e conhecido. Não existe objeto da experiência, nenhuma sensação ou percepção, nem sequer um pensamento.

Na transcendência, o experimentador é consciente, mas não consciente *de* alguma coisa; existe apenas a consciência. O conhecedor conhece, mas não existe o objeto do conhecimento; existe apenas o conhecimento. É como se o filme tivesse acabado, mas a luz do projetor continuasse acesa, iluminando a tela. Anteriormente, a atenção do espectador estivera nas formas e cores em transformação que para ele constituíam a realidade. Agora, ele está consciente da tela em si, o fundo silencioso e informe do qual dependem as experiências variadas. Na transcendência, a silenciosa cortina de fundo da experiência é iluminada. Isso é consciência pura.

É também o Eu, em letra maiúscula para distingui-lo do eu individual, o ego ou personalidade em transformação com o qual normalmente nos identificamos. Então, no estado de transcendência, o que é iluminado é a identidade suprema da pessoa. Conhecemos aquilo que somos. "Mudo, informe, intangível, imortal, insípido, inodoro, sem começo, sem fim, eterno, imutável, além da natureza é o Eu", dizem os *Upanishads*.

Existem graus de iluminação, e os textos orientais tradicionais deixam claro os estágios do desenvolvimento: de um rápido, talvez obscuro relance do transcendente, como pode ocorrer espontaneamente ou na meditação, para uma auto-realização permanente, quando o transcendente é um silêncio contínuo por trás de toda experiência; para a iluminação suprema, quando se tem uma visão verdadeiramente una do Eu com a criação. Com o tempo, o devoto vem a saber que sua verdadeira natureza é o Absoluto sem fronteiras, o constituinte derradeiro de todos os objetos e padrões em transformação que percebemos à nossa volta. O Almirante Richard Byrd, para usarmos um exemplo contemporâneo e secular, teve um relance dessa união: "Naquela ocorrência, não pude sentir nenhuma dúvida da unidade do homem com o universo... Foi uma sensação que transcendeu a razão; ela chegou ao âmago do desespero do homem e viu que ele era desprovido de fundamento. O universo como um cosmos, não como Caos; e o homem fazia tão legitimamente parte desse cosmos como o dia e a noite."

A ciência ocidental ainda não atingiu esse entendimento, e nunca o atingirá se se agarrar à ideologia repressora do cientificismo. A picareta da racionalidade não consegue penetrar o Eu, e a régua do empirismo não consegue medi-lo. "Você quer saber como conhecemos o infinito?", perguntou o filósofo egípcio Plotino, do século III d.C. "Respondo, não pela razão. É a função da razão distinguir e definir. O infinito, portanto, não pode ser relacionado entre seus objetos. Só podemos apreender o infinito com uma faculdade superior à razão, entrando em um estado onde você não é mais o seu eu finito, no qual a essência divina lhe é comunicada. Isto é êxtase. É a libertação da mente em relação à sua consciência finita."

O pensamento racional usa símbolos como palavras e números, e os símbolos só têm significado em relação a entidades particulares. Uma vez que não tem atributos, o Absoluto não pode ser comparado a nada; uma vez que ele é todo-penetrante, não pode ser separado de nada. Immanuel Kant prestou um grande serviço ao mundo ao demonstrar que todas as árduas tentativas dos filósofos e teólogos para provar ou refutar a existência de Deus ou do Absoluto eram sem sentido; com igual plausibilidade, podemos construir um argumento para cada uma dessas posições. O que Kant não entendeu foi que o Absoluto, não obstante, era passível de ser conhecido. Pode ser conhecido, não através da razão – embora possa ser comentado e elucidado com a razão –, mas por experiência direta. Não é, porém, a experiência sensorial e objetiva com a qual estamos familiarizados, mas uma união intuitiva direta.

Como o filósofo empiricista David Hume descobriu, é ainda mais fútil tentar conhecer o Eu através da experiência objetiva do que tentar deduzi-lo. "Quando entro mais intimamente naquilo que chamo de *eu mesmo*", escreveu Hume, "sempre tropeço em uma ou outra percepção particular, de calor ou frio, de luz ou sombra, de amor ou ódio, de dor ou prazer. Nunca *me* pego em nenhum momento sem uma percepção, e nunca posso observar nada que não seja uma percepção."

E desse modo Hume, como a maioria de nós, concluiu que ele não passava "de um amontoado de diferentes percepções, que se sucediam a uma incrível velocidade, em perpétuo fluxo e movimento". O problema, naturalmente, é que o Eu não é um objeto e, desse modo, não pode ser conhecido da maneira como conhecemos objetos. Não existe nada a separá-lo do conhecedor. Tentar conhecer o Eu objetivamente seria como o olho tentando ver o olho.

A iluminação pode ser considerada a forma mais elevada de conhecer porque ela nos diz o que somos e o que o cosmos é, e estabelece uma genuína união entre os dois. É também a forma de conhecer que mais satisfação traz; esse estado de consciência tem sido chamado de bem-aventurança, ou *ananda*. Por essas razões, a iluminação suprema sempre tem sido representada como o fim da ignorância, da alienação, do sofrimento. Mesmo para o leitor mais pragmático, deve estar claro que a iluminação contém suas próprias recompensas. Mas ela também possui uma relevância prática em relação às nossas outras categorias. Ela é citada por todo este livro porque é um modelo para o entendimento do como e do porquê da intuição comum. A transcendência pode ser considerada como o exemplar ao qual todas as outras formas de intuição estão relacionadas.

Além do mais, a transcendência em si tem um impacto transformador sobre a consciência; os que a experimentam dizem que ela supera todas as outras faculdades cognitivas. É como estar no teto de um prédio e, uma vez familiarizado com o panorama, descobrir que a vista dos andares inferiores é de certo modo diferente. A perspectiva expandida torna-se um ponto de referência. E o processo real de ir para o teto torna mais fácil o acesso aos outros andares devido a uma familiaridade maior com o terreno. De certo modo, a iluminação abre outros canais intuitivos, razão pela qual a ioga e as disciplinas espirituais tradicionais fazem dela o primeiro objetivo a perseguir.

A maior parte deste livro trata das cinco primeiras funções da intuição, mas de tempos em tempos voltaremos à transcendência. No Capítulo 6, iremos especular sobre por que cultivar o estado mais elevado pode ser a melhor maneira de cultivar os outros. E, no capítulo seguinte, iremos ver como a iluminação abrange as características mais significativas de todas as experiências intuitivas, levando-nos a pensar se a intuição cotidiana não é de algum modo um microcosmo ou um arremedo de iluminação.

Capítulo 4

A Experiência Intuitiva

> *Quando estou, como direi, completamente eu mesmo, inteiramente só e de bom humor, digamos, viajando em uma carruagem, ou dando uma caminhada depois de uma boa refeição, ou durante a noite quando não consigo dormir – é nessas ocasiões que as idéias fluem melhor e com maior abundância. De onde e como elas vêm, eu não sei; nem posso forçá-las.*
>
> Wolfgang Amadeus Mozart

A citação acima, de uma carta escrita por Mozart, elucida algumas das características centrais da intuição. Do mesmo modo que outros grandes artistas, Mozart não apenas tinha uma intuição incomumente aguda, como era sensível aos acontecimentos em si. Quando discutirmos o quando e o quê da experiência intuitiva, boa parte do material será tirado de criadores.

Embora variem com as circunstâncias e os indivíduos, há elementos comuns nas experiências intuitivas. A sua própria poderá não ser tão dramática quanto algumas das relatadas aqui, mas as características básicas provavelmente se aplicam. Entender os temas básicos e suas próprias variações particulares irá ajudá-lo a tornar-se mais sensível à sua intuição e a dar os passos para desenvolvê-la.

INCUBAÇÃO: A PAUSA QUE ILUMINA

Como a carta de Mozart sugere, os rompantes intuitivos tendem a ocorrer quando o criador está distante do trabalho em si. Graham Wallas, em seu livro de 1929, *The Art of Thought*, onde esclarece os estágios do processo criativo, chamou esse período aparentemente fértil de "incubação". Ele segue tipicamente um trabalho preliminar contínuo, que Wallas chamou de estágio "preparatório", que é por sua vez seguido por estágios de "iluminação" (o lampejo intuitivo) e "verificação". Mozart mencionou três incubadores comuns: meios de transporte, caminhadas solitárias e cama. A descoberta de Poincaré mencionada no capítulo anterior ocorreu em um ônibus. Hermann Helmholtz, físico alemão do século XIX, dizia que suas inspirações lhe vinham durante "as longas caminhadas pelas encostas arborizadas em um dia de sol". A filosofia de Jean-Jacques Rousseau lhe apareceu como uma multidão de "verdades" num relâmpago durante uma caminhada de Paris a Vincennes em 1754. E numerosos relatos de pensadores e realizadores inovadores dão a impressão de que grandes idéias nascem tão bem em uma cama quanto crianças.

É longa a lista de pessoas que acordaram para um novo conhecimento, tiveram-no entregue em um sonho, ou foram apanhadas por ele enquanto repousavam ociosamente. Linus Pauling, por exemplo, percebeu a forma da molécula da proteína quando, repousando na cama, uma fita de bonecas de papel pendeu de sua mão no formato de uma hélice. Quando Conrad Hilton quis comprar a Stevens Corporation, que seria vendida ao licitante que fizesse a maior proposta em um leilão fechado, ele enviou uma proposta selada de US$ 165.000. Mas quando despertou na manhã seguinte, o número 180.000 estava em sua cabeça; por isso ele prontamente mudou a proposta. Com isso, assegurou a posse da propriedade, que depois lhe trouxe um lucro de US$ 2 milhões, porque a maior proposta seguinte foi US$ 179.800.

Os rituais de cozinha também parecem ter certa fecundidade. Um executivo de uma empresa petrolífera lava a louça da família toda noite, embora tenha uma lavadora automática, porque suas melhores idéias lhe ocorrem nessa hora. Abluções no banheiro também parecem funcionar. Tantas inspirações já surgiram durante o barbear (Einstein, por exemplo, era célebre nisso), que é surpreendente tantos artistas e eruditos deixarem a barba crescer. O poeta A.E. Housman escreveu: "A experiência me ensinou que, ao barbear-me pela manhã, devo ficar atento aos meus pensamentos, porque se uma linha de poesia penetrar na minha memória, minha pele arrepia tanto que a lâmina pára de funcionar."

Os psicólogos propuseram diversas teorias para explicar a incubação:

Eliminação de fadiga. Como outros organismos, somos sistemas auto-regenerantes; nós nos normalizamos quando temos a oportunidade. Distanciar-se do trabalho sufocante pode reavivar uma mente cansada do mesmo modo como rejuvenesce músculos fatigados, tornando-a assim mais receptiva aos impulsos intuitivos.

Redução de tensão. A tensão do trabalho duro e a frustração de não ter encontrado uma resposta podem causar ansiedade. Isso seria antagônico à intuição, que funciona mais eficazmente quando estamos descontraídos. Tem-se observado que altos níveis de estimulação do sistema nervoso inibem a criatividade, e pelo menos um estudo sobre solução intuitiva de problemas descobriu que indivíduos colocados em estado de ansiedade não têm um desempenho tão bom quanto os de um grupo de baixa estimulação.

Quebra da tendência. Em *The Art of Creation*, Arthur Koestler especulou que a incubação permite que a mente afaste a "tirania" dos hábitos discursivos de pensamento: "Essa rebelião contra coerções que são necessárias para manter a ordem e a disciplina do pensamento convencional, mas que constituem um obstáculo ao salto criativo, é sintomática tanto do gênio como do excêntrico; o que os distingue é a orientação intuitiva que só o primeiro possui." O pensamento inovador pode ser bloqueado pelas maneiras habituais de encarar um problema. Nós tendemos a seguir rotinas mentais. Um período de incubação pode quebrar esse padrão, liberando a mente para avaliar novas possibilidades.

Esquecimento seletivo. O psicólogo Herbert Simon sugere que nos estágios iniciais da solução de problemas nós elaboramos um plano, que fica guardado na memória de curto prazo. Enquanto trabalhamos, adquirimos novas informações pertinentes que poderemos desconsiderar porque nossas mentes estão dominadas pelo plano original. Mas as novas informações ficam guardadas na memória de *longo prazo*, Simon acredita, podendo ser ativadas durante um período de incubação quando velhas idéias ineficazes são seletivamente esquecidas.

Síntese não consciente. Diferentemente dos computadores, nossa mente é capaz de fazer muitas coisas de cada vez. Enquanto dormimos, caminhamos pelos bosques, lavamos louça ou nos barbeamos, um trabalho importante está sendo feito fora da nossa percepção. A fábrica da mente continua a trabalhar enquanto o gerente está fora, reunindo diversas matérias-primas e ordenando-as de maneiras incomuns para criar novos produtos. É isso o que William James quis dizer quando falou que aprendemos a nadar no inverno e a patinar no verão.

Informações casuais. A síntese não consciente – alguns psicólogos acreditam – pode ser auxiliada durante a incubação pela percepção de objetos ou eventos análogos ao problema em consideração. Um cientista que observa semelhanças entre objetos ou processos amplamente diferentes poderá perseguir a metáfora até relações que produzam hipóteses gratificantes. Novos produtos são inventados quando alguém percebe uma ligação funcional entre fenômenos não relacionados; a mente de Gutenberg fundiu três elementos díspares: a prensa de vinho, o processo de cunhar moedas e a estampagem de cartas de baralho, para chegar ao conceito de tipos móveis. E dizem que Mozart pensou em uma cantata para *Don Giovanni* quando viu uma laranja, que o lembrou de uma canção popular napolitana que ouvira cinco anos antes.

Cada uma dessas teorias parece ter validade, e talvez cada processo ocorra simultaneamente durante a incubação.

Devido à falta de evidências experimentais, porém, nem todos os psicólogos aceitam a incubação como um prelúdio necessário à inspiração. Muitos estudos não observaram qualquer efeito de incubação, e a maioria dos estudos que a demonstraram não foram repetidos.

Uma razão para isso é a natureza irrealista dos procedimentos de ensaio. Tipicamente, os participantes do teste são solicitados a resolver um problema que requer introspecção. Um grupo faz um intervalo enquanto o outro trabalha direto. Os resultados dos dois grupos são então comparados. Os indivíduos geralmente têm apenas um curto período para trabalhar no problema antes da incubação, e o próprio período de incubação é breve, talvez apenas de dez ou quinze minutos. Os indivíduos são orientados a quando incubar, e o tipo de atividade a que se dedicam durante o intervalo é determinado pelos pesquisadores. Essas atividades variam de teste para teste (esperar em uma sala vazia, fazer outra tarefa absorvente, revisar ativamente o problema, etc.), mas são todas artificiais e impostas. Depois há a questão dos próprios participantes do ensaio: geralmente são universitários cumprindo algum requisito do curso ou recebendo uma pequena remuneração.

Como afirmam Robert Olton e David Johnson, cujo estudo não mostrou nenhum efeito da incubação: "Relatos da 'vida real' sobre o fenômeno descrevem uma pessoa profundamente motivada, um período que geralmente dura dias ou meses, e uma tarefa que envolve o uso de um *repertório altamente desenvolvido e bem-orquestrado de habilidades e capacidades cognitivas* apropriado para um corpo específico de conhecimento."

As evidências dos relatos, não apenas dos grandes criadores como também de pessoas comuns em todas as posições que vieram a conhecer o valor de "dormir sobre o problema", são bastante estimuladoras. Sem exceção, as pessoas que entrevistei disseram que suas experiências intuitivas mais significativas ocorreram quando estavam longe do trabalho. Apesar da falta de provas experimentais, um período bem-programado de incubação parece ser uma boa isca para a intuição, tema a cujas implicações práticas retornaremos em capítulos subseqüentes.

Eu, no entanto, tenho uma objeção diferente a fazer ao modelo de incubação como normalmente é definido: ele não explica todas aquelas intuições que *não* surgem durante a interrupção de atividades. As funções intuitivas que chamamos de avaliativa e operativa provavelmente caem nessa categoria. E às vezes uma descoberta fértil ou uma solução criativa vêm à mente quando estamos ocupados trabalhando no próprio problema. O executivo que surge com decisões incomuns em meio ao caos, o músico que toma rumos não previstos durante uma execução, o matemático que subitamente decifra um problema enquanto rabisca símbolos na lousa, o amante que sabe o que sua parceira *realmente* quer dizer com aquilo que está falando, o pai que sabe por que uma criança está chorando enquanto enxuga suas lágrimas, são todos exemplos de como a intuição pode surgir durante a atividade a que ela se refere.

A maneira como agora entendemos a incubação – um período prolongado distante da atividade relevante –, provavelmente será modificada. O que quer que ocorra durante esses longos intervalos de tempo também pode ocorrer instantaneamente durante minúsculos desvios da atenção. Numa reunião, por exemplo, enquanto alguém está falando, você pode perder uma ou duas palavras. Enquanto trabalha intensivamente em uma tarefa, sua mente pode vagar também rapidamente. Tais lapsos, que geralmente deploramos, podem na verdade representar incubações momentâneas, um interlúdio suficiente para estabelecer as condições corretas para a intuição.

Essa idéia pode ser levada um passo à frente. A mente pode trabalhar em diversos níveis simultaneamente, embora, estritamente falando, a atenção esteja em apenas um lugar de cada vez. Muito possivelmente, enquanto atende a um aspecto do problema, uma outra parte da mente está incubando. Por exemplo, o matemático à lousa poderia estar escrevendo material pensado um momento antes; enquanto engajado naquela atividade sensorial-motora (que é praticamente automática para ele), ele poderia estar conversando com um colega ou com a classe. Enquanto escreve ou fala, segmentos da sua mente podem estar atarefados com outras coisas. Um instante depois, uma solução pode explodir em seu cérebro. Essa não é exatamente a intuição que Poincaré teve quando resolveu seguir a vida militar, mas talvez funcione da mesma maneira.

Isso não deveria parecer de modo algum exagerado, dado o fato de que estamos sempre fazendo muitas coisas de uma vez. E, em meio a isso tudo, podemos ter um pressentimento inspirado sobre um problema de trabalho ou um relacionamento. Se isso pode acontecer, por que não poderíamos estar inteiramente envolvidos numa tarefa e ter uma intuição sobre um outro aspecto da mesma tarefa? O pensamento sempre precede a ação, e alguma atividade não consciente deve preceder o pensamento, de modo que, num certo sentido, algum componente da mente está sempre um passo adiante do que estamos pensando e fazendo em qualquer momento. Em alguns casos, o equivalente de um fértil período de incubação pode estar ocorrendo, muito embora não haja incubação no sentido comum.

Talvez as características realmente de destaque da incubação estejam no nível psicofisiológico. A incubação provavelmente deveria ser considerada um estado mental ou uma qualidade específica da consciência, cujos detalhes futuros pesquisadores poderão ser capazes de discernir. Relatos de casos sugerem que uma condição interior de calma, com pouca estimulação e uma baixa relação sinal-para-ruído (significando que a mente está relativamente quieta e livre de "estática" desnecessária), poderia constituir o terreno mais favorável para a experiência intuitiva. Talvez algumas formas de incubação, no sentido tradicional, produzam essas condições fisiológicas. Além disso, as mesmas condições ou condições semelhantes poderiam coexistir com outros estados em certos momentos, permitindo que a intuição ocorra durante períodos ativos ou de maior estimulação.

Se uma condição semelhante à incubação for um prelúdio necessário a todos os tipos de intuição, como acredito que seja, então saber o que acontece no sistema nervoso central nesse momento poderá ajudar-nos a libertar nossas faculdades intuitivas. Voltaremos a essa questão num capítulo posterior. Aqui, vamos examinar a experiência intuitiva em si.

OS PARADOXOS DA INTUIÇÃO

"*Quando* e *como* elas vêm, eu não sei", escreveu Mozart, "nem posso forçá-las." Repetida por pessoas intuitivas em todas as áreas, essa observação sugere a espontaneidade e a gratuidade da intuição. A intuição vem por si mesma. Seja um pressentimento trivial, uma decisão comercial pragmática ou uma descoberta de laboratório, ela possui a mesma qualidade a que Keats se referiu quando escreveu: "Se a poesia não vier tão naturalmente como as folhas em uma árvore, então é melhor que nem venha." Bach expressou bem a mesma idéia em resposta a uma pergunta sobre onde ele encontrava suas melodias: "O problema não é encontrá-las e, sim, ao sair da cama pela manhã, não pisar nelas."

Não podemos forçar a intuição, assim como não podemos forçar alguém a amar-nos. Podemos nos preparar para ela, convidá-la e criar condições propícias para atraí-la, mas não podemos dizer: "Agora vou ter uma intuição", do mesmo modo que, nas palavras de Shelley, "Uma pessoa não pode dizer: 'Vou compor poesia.' Nem mesmo o maior dos poetas pode dizê-lo, pois a mente é como uma brasa dormente, que alguma influência invisível, como um vento inconstante, desperta para um brilho transitório."

Existe uma qualidade de supresa na experiência, como se a pessoa que intui fosse um mágico tirando conhecimento da sua cartola, chocando a si mesmo. Isso talvez explique por que uma intuição fortuita geralmente traz consigo uma sensação de alegria: como as crianças, adoramos truques. Também gostamos de uma boa piada, e a intuição muitas vezes tem as qualidades do epílogo de uma história. Rimos quando o comediante nos surpreende com uma conclusão ilógica para uma história. A intuição pode desafiar as expectativas ao se desviar subitamente para uma nova direção, reordenando o material com que estávamos trabalhando, ou trazendo alguma coisa que parece inteiramente fora de propósito.

Não que toda intuição implique uma reviravolta inesperada. Ela poderá sugerir um curso de ação predizível ou confirmar a escolha de uma alternativa bastante comum. O que pode ser surpreendente nessas situações é que nós sentimos com muito mais certeza do que teríamos razão para sentir – ou a própria ocorrência da intuição. A intuição pode ser como um daqueles amigos que aparecem nas horas mais estranhas, embora todas as tentativas de fazer com que ele avise com antecedência sejam em vão. Quer seja o seu conteúdo, o seu grau de segurança ou o momento da sua ocorrência, alguma coisa com relação à intuição é sempre surpreendente.

Ao mesmo tempo, assim como um final absurdo de algum modo se "encaixa" na piada, o conteúdo de uma intuição pode deflagrar o que o psicólogo Jerome Bruner chama de "o choque do reconhecimento". Uma certa obviedade que, assim que passa a surpresa, faz-nos pensar: "Mas claro, como não percebi isso antes?" Desse ponto em diante, poderia parecer absurdo *não* sabermos ainda o que sabemos agora.

Matemáticos que lutam com equações durante longo tempo dizem que, uma vez resolvido o problema, eles não conseguem lembrar-se de como era não saber a resposta.

Uma jovem chamada Terri relatou uma experiência semelhante com uma mudança de carreira: "Estava insatisfeita no meu trabalho há três anos e sentia um forte impulso de fazer alguma coisa mais significativa. Mas a única coisa que eu conseguia ver como alternativa era 'ajudar as pessoas'. Isso e dançar, o que era ridículo, pois meu treinamento de dança fora interrompido dez anos antes, e não estava disposta a recomeçar aos trinta e dois anos de idade. Então, de repente, veio-me a idéia: trabalhar em terapia com dança! Foi um choque total. Mas desse momento em diante pareceu-me absurdo ter chegado a considerar qualquer outra coisa."

Numa experiência tipicamente intuitiva, tem-se a sensação de ser o recipiente e não o iniciador do processo. As pessoas criativas geralmente se descrevem como "agentes" ou "canais" para alguma outra fonte. Num contexto religioso, isso é conhecido como ser instrumento do Divino, ou fazer com que a vontade de Deus atue através da pessoa. Milton escreveu que a Musa lhe "ditou" toda a "canção não premeditada" que conhecemos como *Paraíso Perdido*, e Bach afirmou: "Eu toco as notas em ordem, como estão escritas. É Deus quem faz a música." Os criadores com orientação mais secular, como Joseph Heller, apenas dizem: "Sinto que essas idéias estão flutuando no ar e escolhem a mim para pousar. As idéias vêm a mim; eu não as produzo quando quero."

Quando a mente intuitiva está trabalhando com particular fluência, as atividades das mãos, dos pés e da língua parecem ocorrer sem deliberação ou pensamento consciente. Muitos atletas e músicos dizem que quase podem se ver representando, como se estivessem na platéia. O grande jogador de futebol americano, Hershel Walker, disse: "Eu surpreendo a mim mesmo. Eu nem mesmo sei o que vou fazer. Eu não tenho o controle real da situação. Começo a correr e não sei o que vem depois." Tente convencer os adversários de Walker de que ele não sabe o que está fazendo.

Os escritores experimentam com freqüência a sensação que um deles descreveu como ser "parte da máquina de escrever, tentando acompanhar quem quer que esteja dando as ordens". Comumente ouvimos romancistas e dramaturgos dizer que os personagens "assumem o comando", agindo por conta própria, criando diálogos, mudando a trama de maneira irreversível. Henry James descreve como chegou aos componentes da trama de *Os Embaixadores*: "As coisas continuaram a se juntar, como que pela simples ação de seu próprio peso e forma, mesmo enquanto seu comentarista [James] coçava a cabeça; agora ele vê como elas estavam bem à sua frente. À medida que o caso se completava, ele tinha de correr o mais que podia para acompanhá-lo, sem fôlego e meio afobado, na verdade, bem lá atrás."

Essa qualidade autopropulsora da intuição não deve ser confundida com a automaticidade do hábito ou do instinto físico. Rotineiramente, nas etapas, agimos sem pensar, reagindo mecanicamente, com padrões bem-ensaiados postos em movimento por um estímulo externo. O motorista se desvia automaticamente quando um carro lhe dá uma fechada; o preparador de textos corrige automaticamente um erro de ortografia; o mecânico aperta automaticamente o parafuso certo; o dentista diagnostica automaticamente uma dor de dente. Esses atos não são o mesmo que o súbito aparecimento de algo novo: o motorista tem um impulso de fazer um contorno e encontra um atalho; o preparador tem uma grande idéia para reorganizar o livro; o mecânico descobre por que o carro não quer pegar depois de todos já terem desistido; o dentista percebe complicações além do diagnóstico óbvio.

Portanto, um fato pode parecer uma mensagem, uma decisão pode parecer um comando, uma idéia pode parecer uma dádiva. Com a intuição você, o mágico, é surpreendido pelo coelho, que parece estar a serviço de um mago superior.

No entanto, outro paradoxo, é a sua mão puxando o coelho para fora, e você se sente profundamente envolvido no processo. Outra vez, os artistas representam o exemplo dramático. Eles relatam tipicamente que, além de serem um "canal", estão de tal modo absorvidos com o objeto de sua imaginação ou com os instrumentos do seu ofício a ponto de se sentirem um com eles. Como William Butler Yeats expressou, eles são "senhores de si na auto-renúncia", no momento da revelação.

O lado de apego e envolvimento da equação faz lembrar a "intimidade" discutida no Capítulo 2, aquela sensação de fundir-se com o objeto do conhecimento. O filosófo francês Henri Bergson chamou a intuição de "uma espécie de harmonia intelectual através da qual a pessoa se coloca dentro de um objeto de modo a coincidir com aquilo que é único nele e, conseqüentemente, inseparável". Ao "entrar" assim no objeto, podemos conhecê-lo com perfeição e profundidade, continua Bergson. Ele contrastou isso com a análise intelectual, à qual chamou de uma "tradução", de uma "representação" em símbolos.

Desse modo, a experiência intuitiva contém contradições: ela é inesperada, mas de algum modo se encaixa; ela vem de dentro, mas ao mesmo tempo de algum inominável *outro*; nós a produzimos, mas ela também parece acontecer *a* nós; estamos envolvidos mas não envolvidos, absorvidos mas desapegados.

A NATUREZA HOLÍSTICA DA INTUIÇÃO

O termo *holístico* muitas vezes é atribuído à intuição. Ele significaria que a intuição dá o conhecimento do todo em oposição às partes. Mas isso pode confundir porque se concentra no que é conhecido. É difícil determinar se uma coisa que sabemos é um todo ou uma parte, pois, como ensina a teoria dos sistemas, toda parte é um todo composto de partes menores, e um todo é uma parte de um todo maior (a célula é um todo que é parte de um órgão, que é parte de um organismo, e assim por diante). O único objeto do conhecimento verdadeiramente passível de ser chamado de holístico não pode realmente ser chamado de objeto: o Absoluto é a própria unidade; ele contém tudo e está contido em tudo.

A verdadeira qualidade holística da intuição tem a ver com duas coisas. Constitui um axioma dizer que o todo é maior que a soma de suas partes. As partes e sua soma podem ser discernidas através da análise racional, mas o maior só pode ser apreendido por meio da intuição. É algo experimental, não conceitual, uma compreensão e uma sensação; uma íntima identificação com a unidade, não uma inferência ou um fato para ser transmitido verbalmente.

O segundo aspecto do holismo intuitivo tem a ver com a experiência a que Mozart parecia estar se referindo quando escreveu: "Não ouço na minha imaginação as partes sucessivamente, mas ouço-as todas de uma vez, por assim dizer." Nós pensamos na intuição como um relâmpago que vem e vai instantaneamente. Nesse instante pode estar contida uma quantidade extraordinária de informações. Se uma imagem vale mil palavras, então uma intuição pode valer mil imagens. É como um trem passando pelo seu campo de visão: você não vê nenhum detalhe, apenas uma mancha acompanhada por sons; mesmo assim, naquele instante você sabe, pelo menos, que era um trem. O tempo parece ser comprimido, e o mesmo ocorre, de alguma maneira misteriosa, com o significado.

Normalmente, experimentamos e concebemos o significado como algo linear, uma seqüência de símbolos e conceitos encadeados. Uma experiência intuitiva, no entanto, pode não conter limites muito claros, nenhuma demarcação óbvia, nenhum arranjo seqüencial. Ela pode conter a essência do conhecimento, da maneira como uma semente contém a essência de uma árvore, ou pode conter alguns detalhes; pode ser um fragmento do todo, ou o todo quase completo. Geralmente contém uma riqueza de significado que levaria séculos para articular, em comparação com o tempo que levou para ser apreendido.

LAMPEJO NA MENTE

A intuição muitas vezes é tão concentrada que se desvanece antes que possamos agarrá-la. Todos nós já passamos pela frustrante experiência de ter uma solução atravessando como um raio a nossa percepção e deixando-nos a lamentar: "O que foi isso? Eu tinha a resposta!" É como tentar capturar um floco de neve: assim que ele toca sua mão quente, deixa de ser um floco de neve. Essa sensação de perda é o que faz os artistas sentirem que o que eles produziram é apenas uma gota d'água, não um floco de neve. Como disse Shelley: "Quando a composição começa, a inspiração já está em declínio, e a poesia mais gloriosa que já foi comunicada ao mundo provavelmente é uma tênue sombra da concepção original do poeta."

Mas nem sempre é esse o caso. "A transposição para o papel é bastante rápida", continua Mozart na sua carta, "pois tudo já está completo; e raramente difere no papel do que fora na minha imaginação." Talvez a diferença esteja na capacidade de quem intui em prolongar o momento da intuição de modo que suas características e sua mensagem essencial possam ser claramente apreendidas. O impacto de uma intuição pode estar de alguma maneira relacionado com a lucidez com que ela é percebida, e a lucidez pode ter algo a ver com a extensão no tempo, ou com uma espécie de *suspensão* do tempo. Veja este trecho da carta de Mozart: "Meu objeto se expande, torna-se metodizado e definido, e o todo, embora seja longo, fica lá quase completo e acabado na minha mente, de modo que posso avaliá-lo, como um belo quadro ou uma linda estátua, apenas com um olhar."

Inicialmente, Mozart não parece estar descrevendo nada mais do que uma boa imaginação. Mas o uso de frases como "se expande" e "torna-se metodizado" sugere que ele ainda é uma testemunha sem envolvimento. Às vezes, o momento da intuição pode ser mantido vivo, sem diluir-se, como se o trem que passa desacelerasse (ou o tempo parasse) apenas o suficiente para distinguirmos um rosto numa janela ou uma marca no lado da locomotiva. Isso não seria sempre necessário, naturalmente, mas às vezes a intuição pode conter a semente de um conhecimento mais profundo ou detalhes mais ricos.

É sempre uma grande vantagem prolongar a intuição ou mantê-la imóvel um instante a mais. É também uma vantagem recuperar livremente a experiência da intuição, não apenas relembrar suas características essenciais mas realmente entrar de novo no estado em que ela foi apreendida. Muitos de nós precisam entrar no clima de trabalho do dia anterior para conseguir dar uma continuidade. Essa capacidade deveria crescer à medida que nossas habilidades intuitivas se desenvolvem.

A LINGUAGEM DA INTUIÇÃO

Tal como o pensamento em geral, a intuição pode tomar diferentes formas. Toda modalidade de sentido possui propriedades mentais correlatas. De fato, a filosofia hindu prega que todo pensamento contém qualidades associadas com cada um dos sentidos, do mesmo modo como qualquer objeto material, se nossos sentidos fossem suficientemente aguçados, poderia ser visto, ouvido, provado, cheirado e tocado.

Que a mente pode operar em cada um dos modos sensoriais é óbvio a partir da experiência comum da memória. Ao relembrar um acontecimento particular podemos, em nossa mente, ouvir uma pessoa falar ou uma melodia tocando; ver um rosto ou uma cena; sentir um cheiro de jasmim; saborear uma torta de maçãs como se ela estivesse na boca; sentir o sopro do vento ou um toque de mão na pele. Da mesma maneira, algumas pessoas podem imaginar objetos que elas nunca experimentaram realmente.

A mente muda de uma modalidade para outra da mesma forma como podemos mudar nosso foco de atenção de um órgão de percepção para outro. A direção do foco depende tanto da situação como das tendências do experimentador. Nós parecemos dar mais preferência a uma maneira de expressão do que a outra. Um pintor, por exemplo, pode ver numa cena coisas que um músico não veria, enquanto que este poderá estar ligado nos sons à sua volta. Numa clareira, num bosque, uma pessoa pode pôr sua atenção na sensação da grama debaixo dos pés, outra no aroma do ar, e outra ainda no sabor de uma frutinha silvestre.

O mesmo tipo de propensão parece ocorrer no pensamento, e a forma que nossa intuição toma geralmente corresponderá a essas preferências. Algumas pessoas tendem a pensar em palavras, outras mais visualmente (esses parecem ser os modos predominantes). Há variações relacionadas com as situações, naturalmente. Por maior que seja a capacidade de visualização, de uma pessoa, ela irá pensar em palavras ao decidir como se dirigirá ao patrão. Uma pessoa com maior capacidade de verbalização irá pensar em imagens visuais ao decidir como decorar um aposento.

Geralmente se diz que o pensamento racional é verbal e que a intuição é não-verbal. A exemplo de muitas declarações sobre a intuição, esta tem uma certa validade mas está exagerada. Eu, no caso, tenho freqüentemente intuições em forma lingüística; ao escrever, a palavra ou frase certa parece brotar espontaneamente na minha mente. Em casos rotineiros, isso poderia ser atribuído à memória, como se minha mente tivesse vasculhado alguma lista de vocabulário. Mas quando o produto é uma frase incomum ou uma combinação imaginosa de palavras, ele é tão intuitivo como um pressentimento comercial ou uma descoberta científica.

Quando Samuel Taylor Coleridge despertou com a "distinta lembrança do todo" de "Kubla Khan", o famoso poema inacabado que compôs a si mesmo durante um sonho, "todas as imagens emergiram à sua frente como *coisas*", disse ele, falando de si mesmo na terceira pessoa. Mas as palavras também estavam lá. Coleridge disse que houve "uma produção paralela das expressões correspondentes sem qualquer sensação ou consciência de esforço".

Contudo, não é apenas aos escritores que a intuição vem em forma verbal. Outros se referem a mensagens interiores vindo a eles em linguagem explícita. Por exemplo, uma psicoterapeuta disse que enquanto trabalhava com uma certa paciente, a palavra "pai" ficava pipocando em sua mente, embora na época a paciente estivesse discutindo um problema no seu trabalho. Finalmente, a psicóloga se rendeu à voz persistente e disse: "Fale-me do seu pai." Revelou-se então que o patrão da paciente a fazia lembrar-se do pai, que a estuprara quando adolescente, uma informação vital até então suprimida.

Assim, embora seja freqüentemente não verbal, a intuição pode falar a nossa língua sem perder seu caráter essencial. De modo semelhante, embora normalmente raciocinemos de forma verbal, esse nem sempre é o caso. Os instrumentos psicológicos que testam a capacidade de raciocínio geralmente usam seqüências de figuras, não de palavras. Por exemplo, um desenhista de histórias em quadrinhos ou um cineasta trabalham com seqüências lógicas de imagens. Um compositor raciocina com som puro. Quando manipulamos objetos no espaço, incluindo o nosso próprio corpo, podemos estar raciocinando espacialmente sem construir verbalmente cada proposição.

Por outro lado, a intuição virá muitas vezes em imagens visuais, particularmente quando o assunto o exigir, como em arte ou arquitetura. Um técnico em eletrônica disse: "No metrô para casa ou no meio da noite, posso de repente ver à minha frente, em minúsculos detalhes, um diagrama da fiação na qual trabalhara aquele dia. Às vezes conexões básicas são mudadas, resolvendo um problema que estava me deixando louco." Seu relato lembra as experiências de Nikola Tesla, o inventor, entre outras coisas, do gerador de corrente alternada e da iluminação fluorescente. Tesla dizia que era capaz de visões tão detalhadas que podia realmente realizar "testes" operando as máquinas mentalmente durante semanas e depois investigando sinais de desgaste.

A intuição dos cientistas às vezes pode ser tão visual como a dos poetas e pintores. Um dos mais importantes cientistas do século XIX foi o físico britânico Michael Faraday, dotado de uma rara intuição visual. Entre outras coisas, Faraday desenvolveu o primeiro dínamo e motor elétrico, idéias que se originaram de sua visão mental do universo como um composto de tubos curvos através dos quais a energia se irradiava. Faraday lançou também os alicerces da moderna teoria dos campos magnéticos com idéias que desenvolveu a partir de suas imagens de "linhas de força" circundando os magnetos e as correntes elétricas.

Outros exemplos de intuições predominantemente visuais incluem a de Mendeleev acordando com a imagem, praticamente completa, da

Tabela Periódica dos Elementos que hoje adorna todas as salas de química do mundo. E, naturalmente, há o famoso sonho de Friedrich August von Kekulé:

> Voltei minha cadeira para a lareira e cochilei... Mais uma vez os átomos estavam dançando à minha frente. Desta vez os grupos menores se mantiveram modestamente atrás. Minha imaginação, tornada mais precisa pelas repetidas visões desse tipo, podia agora distinguir estruturas maiores, de múltiplas conformações; longas fileiras, às vezes mais compactadas, todas se revirando e contorcendo como serpentes. Mas olhe! O que foi isso? Uma das serpentes havia pego a própria cauda, e a forma se retorcia zombeteiramente para mim. Como que com um relâmpago, acordei... Aprendamos a sonhar, cavalheiros.

Dessa maneira Kekulé descobriu uma idéia revolucionária que iria tornar-se uma coluna da química moderna: as moléculas de certos compostos orgânicos não são estruturas abertas, mas anéis fechados.

A visão de Kekulé levanta um ponto interessante: a intuição é muitas vezes simbólica. Carl Jung conta-nos que uma serpente engolindo a própria cauda é um símbolo universal que tem assumido diferentes significados em diferentes culturas. Não ficou claro o modo como Kekulé soube que a serpente se referia ao seu trabalho de laboratório e não a outra coisa. Às vezes o significado é óbvio, mas outras vezes precisa ser descoberto, o que pode exigir mais intuição, além de análise. Isso vale não só para imagens visuais como para qualquer mensagem intuitiva. Num teste de visão a distância realizado em Stanford, as pessoas que estavam no laboratório foram solicitadas a descrever a localização de uma outra pessoa. Seus pressentimentos foram extraordinariamente precisos, mas muitas vezes mal-interpretados. Por exemplo, elas poderiam sentir a presença de um edifício "augusto" ou "solene" e dizer que era uma biblioteca quando na realidade era uma igreja.

Às vezes as modalidades verbal e visual são combinadas. Coleridge viu as imagens *e* ouviu as palavras de "Kubla Khan". Quando tive a idéia de escrever este livro, o que me veio foi a imagem de uma pasta de arquivo recheada com um eclético sortimento de anotações e recortes. Eu estivera acumulando material para um livro, mas não tinha a menor idéia sobre o que ele haveria de ser. Quando descobri, vi aquela pasta, acompanhada por uma sensação sutil da palavra *intuição*. Não tenho bem certeza se foi um som, mas o sentido foi claro.

Numa pesquisa com matemáticos, Jacques Hadamard descobriu que a maioria deles pensa visualmente, embora não necessariamente em símbolos matemáticos, além de cineticamente. A resposta de Einstein foi: "As palavras ou a língua, como elas são escritas ou faladas, não parecem desempenhar nenhum papel no meu mecanismo de pensamento; as entidades físicas que parecem servir como elementos no pensamento são certos sinais e imagens mais ou menos claras que podem ser 'espontaneamente' reproduzidas e combinadas... Os elementos mencionados acima são, no meu caso, do tipo visual, e alguns do tipo muscular. As palavras convencionais ou outros sinais precisam ser buscados laboriosamente apenas num estágio posterior."

A palavra *muscular* é claramente uma indicação do envolvimento de um elemento cinestésico, o qual é provavelmente mediado pelo sentido do tato. Einstein acrescentou que um vago "jogo combinatório" com esses elementos é a "característica essencial do pensamento produtivo, antes de haver qualquer relação com construções lógicas em palavras ou com outros tipos de sinais que podem ser comunicados a outrem".

Como expressões do tipo "Senti na carne" e "Tive uma sensação na barriga" indicam, as sensações físicas estão com muita freqüência associadas com a intuição. Muitas vezes são sensações genéricas que parecem irradiar-se por toda parte. As pessoas as descrevem como um "brilho", uma "sensação de calor", um "calafrio", um "arrepio", ou "eletricidade passando por mim". Às vezes essas sensações são localizadas e podem ser apontadas com precisão. Descrevendo o que acontece quando um verso lhe é revelado, A.E. Housman escreveu que sua pele arrepiava. E acrescentou: "Esse sintoma particular é acompanhado por um calafrio na espinha: há um outro que consiste numa constrição na garganta e numa precipitação de água aos olhos; e há um terceiro que só posso descrever tomando emprestada uma frase de uma das últimas cartas de Keats, na qual ele diz, falando de Fanny Brawne: 'tudo o que me recorda dela passa através de mim como uma lança'. O centro dessa sensação é a boca do estômago."

Eugene Gendlin, um psicólogo/filósofo cuja pesquisa com pessoas submetidas à psicoterapia resultou na técnica e no livro chamado *Focusing*, descobriu que os pacientes bem-sucedidos eram aqueles capazes de extrair significado do que ele denomina de "a sensação sentida", o que o corpo conhece de uma situação ou problema particular. Essa sensação "obscura e indistinta", Gendlin descobriu, parece ocorrer na altura do meio do corpo, ao longo do eixo central, em algum lugar entre o umbigo e a garganta, geralmente no estômago. Isso, possivelmente, teria algo que ver com os centros de energia sutil chamados *chakras*, que a filosofia hindu situa em sete pontos ao longo da coluna. De qualquer modo, a experiência de saber não parece estar confinada à cabeça. Lembro-me de uma história zen na qual perguntam a um monge "onde" ele pensava; e ele aponta o estômago.

As sensações físicas podem interagir com a intuição de diversas maneiras. Elas poderiam, por exemplo, ser dados puros que fornecem informações sobre o próprio corpo. Alguém sensível aos sinais do corpo poderia intuir a presença de uma doença antes de ela poder ser diagnosticada por métodos comuns, ou poderia saber exatamente que alimentos ingerir. Aqui está um exemplo de um bom pressentimento conduzido pelo corpo: Um vendedor estava incomodado fazia algum tempo por uma dor aguda na perna esquerda, principalmente quando sentava. No caminho para o médico, a perna doendo, ele teve uma súbita percepção e soube qual era o problema: sentar em cima de uma carteira recheada de cartões de crédito. O médico cético examinou tudo e não encontrou nada. Uma mudança de bolsos foi a cura.

Como um intermediário entre o meio ambiente e a mente intuitiva, o corpo poderia transmitir instruções comportamentais. Uma súbita tensão muscular, um pulso acelerado ou uma sensação de agitação no estômago poderia alertá-lo de um perigo real, o equivalente a "Não acredite numa palavra do que esse cara está dizendo" ou "Saia daqui rápido". Muitas vezes não há uma mensagem discernível, mas apenas um forte impulso físico a que é difícil resistir. Uma executiva contou-me esta história: "Passei pelo saguão de um edifício e entrei no elevador. Um homem entrou logo atrás de mim. Pouco antes de as portas se fecharem, senti-me impelida a sair, como se estivesse sendo jogada de volta para o saguão por uma força exterior. Fui para uma cabina telefônica e, enquanto discava, vi o homem também sair do elevador. Essa foi a primeira vez que fiquei desconfiada. Sem dúvida, o cara esperou no saguão até uma outra mulher entrar sozinha no elevador. Foi preso e verificou-se que já era fichado."

As sensações físicas nem sempre são advertências, naturalmente. Elas também acompanham sensações positivas, como bem-estar na presença de uma pessoa em particular. Elas podem também alertar-nos para uma experiência intuitiva iminente. Geralmente há uma espécie de halo, uma insinuação que precede a intuição. Diferente de um arauto com trombetas, essa insinuação pode ser apenas uma leve sensação no corpo, uma mudança malperceptível na maneira como você sente, como uma criança puxando a sua manga. Uma pessoa sensível prestará atenção em vez de voltar-se para outro assunto e perder inteiramente a intuição. Pense como numa caçada: quando você sente o cheiro da presa, ou ouve ruídos nos arbustos, fique imóvel, tomando cuidado para não assustá-la.

As sensações físicas também podem ser parte da resposta biológica que nos ajuda a avaliar uma intuição particular. Uma decisão, uma solução ou uma disposição para agir poderia ser acompanhada de uma mudança fisiológica perceptível. A força, persistência e qualidade da sensação poderia ser uma indicação de que devemos considerar com seriedade o conteúdo mental. Frances Vaughan cita o físico Carson Jeffries, que observou que quando uma faísca de percepção é verdadeira ela lhe dá "um prazer físico tépico e sensual". Ele dizia que podia saber se uma idéia era boa porque "ela me estimulava e me fazia feliz".

Pode parecer que parte do processo para tornar-se mais intuitivo seria uma capacidade de reconhecer e decifrar as mensagens do corpo. Isso requer certa sensibilidade e muita percepção de si mesmo. Não há regras para se interpretar as sensações do corpo nesse sentido; são questões estritamente individuais que podem ser classificadas com a repetição das experiências. Os sinais geralmente são bastante sutis, atingindo a percepção apenas quando ultrapassam um certo limite de intensidade. Ademais, é fácil dar a eles um significado cognitivo exagerado. Muito já se tem explorado a relação entre a intuição e o corpo, e precisamos tomar cuidado para não exagerar. Algumas pessoas chegam ao ponto de sugerir que a intuição *é* a consciência do corpo, e que *a* maneira de ser mais intuitivo é "entrar em contato com o corpo", como se a carne e o sangue fossem os repositórios exclusivos da sabedoria. É importante reconhecer que o corpo contém informações e transmite mensagens, mas não deveríamos elevar todo impulso físico ao nível de uma epifania.

As formas verbal, visual e cinestésica que analisamos são as maneiras mais comuns de expressar a intuição *quando ela é vívida*. Na maioria das vezes, porém, é difícil categorizar a forma. As pessoas ficam sem jeito quando pressionadas por uma descrição e acabam dizendo: "Foi só um pensamento" ou "Foi uma sensação". Tipicamente, essas respostas parecem insatisfatórias; sentimos que deveríamos ser capazes de descrever a experiência mais objetivamente. Mas o fato é que a intuição *é* pensamento, e o pensamento freqüentemente é uma abstração fugidia, efêmera e vaga que só pode ser descrita como uma sensação.

Existe uma boa razão para se acreditar que o pensamento se origina de uma forma mais abstrata e sensitiva e assume qualidades concretas e simbólicas num estágio subseqüente de desenvolvimento, particularmente quando a comunicação é necessária. O nível de sensação é, na realidade, mais profundo e mais próximo da fonte que as manifestações mais palpáveis do som, da visão e do tato. Isso é o que aconteceria na fala normal: primeiro você sabe alguma coisa, depois encontra palavras para transmitir esse significado e às vezes não há maneira de apreendê-lo adequadamente. Um personagem de TV todo embaraçado disse uma vez sobre uma piada sem graça: "Vocês deviam tê-la ouvido antes de eu contá-la." Podemos especular que muitas intuições que aparecem de forma específica, particularmente numa forma verbal, são na realidade versões adulteradas do original, e talvez alguma profundidade de significado ou de emoção tenha sido desse modo sacrificada.

É importante que se tenha isso em mente: em geral, quando temos um pressentimento de intuição, ou alguma leve sensação de intuição, tentamos forçá-la em uma estrutura palpável, normalmente uma mensagem verbal, muito embora fazê-lo possa criar distorções ao filtrá-la por camadas de outro conteúdo psíquico. Essas sensações vagas são na verdade um nível mais profundo e mais puro de mente que os modos verbal, visual ou cinético. O cultivo da intuição, portanto, poderia em parte incluir aprender a sintonizar os estágios iniciais de desenvolvimento dos impulsos, uma noção à qual retornaremos em capítulos subseqüentes.

AS EMOÇÕES DO CONHECER

Como sugere o uso da palavra *feeling* (sensação/sentimento) para indicar tanto uma emoção como um evento físico, existe uma forte relação entre os dois campos de experiência. Talvez ambos sejam mediados pelo sentido do tato. Como os sinais do corpo, as emoções podem ser a matéria constituinte da intuição (ou da análise racional, também), como quando você descobre por que esteve sentindo-se triste, impaciente, ou sentimental. Podem também ser pistas que alimentam dados sobre o meio ambiente para a intuição; você tem uma sensação positiva e de alegria sobre um candidato e o contrata, embora seja menos qualificado que um outro que o fez sentir-se hostil. Você não consegue entender por que não se sente à vontade quando está com certa pessoa, e de repente percebe que ela está lhe escondendo alguma coisa. Ou uma emoção poderia ser uma expressão simultânea de uma intuição, uma pista para seu significado ou veracidade. É nesse contexto que a discutiremos aqui.

Saber nos faz sentir bem. Existe uma certa tensão criada pela ignorância, um vazio em um problema não resolvido. Quando a resposta vem, há uma sensação de restauração nos níveis psíquico e emocional. A unidade é restabelecida, e isso nos faz sentir bem, como preencher um círculo que tinha uma parte faltando. Isso poderia precipitar uma sensação arrebatadora de contentamento, alegria ou êxtase, muitas vezes acompanhada de uma explosão de alegria ou de um sentido de percepção intensificado.

Em *The Courage to Create*, o psicólogo Rollo May discute uma percepção súbita: "No momento em que a percepção ocorreu, houve uma translucidez especial que envolveu o mundo, e minha visão adquiriu uma limpidez toda especial... O mundo, tanto interna como externamente, atinge uma intensidade que pode ser momentaneamente avassaladora." Ele também escreve: "Senti uma estranha leveza em meus passos, como se um grande peso me fosse tirado dos ombros, uma sensação de alegria em um nível mais profundo que subsiste sem qualquer relação que seja com as tarefas mundanas que eu possa estar realizando no momento."

Elas nem sempre são tão poderosas, claro, mas os correspondentes emocionais das intuições precisas e importantes parecem centrar-se em volta da alegria, da harmonia e da beleza. Geralmente se diz que o sofrimento é necessário para a criação. Os célebres casos de artistas sofredores, no entanto, revelam que a angústia e a miséria vieram quando por uma razão ou outra *não* puderam criar. É uma dramática expressão da tensão, frustração e sensação de deficiência que acompanham a ignorância. Quando realmente criando, aqueles artistas estavam em estado de arrebatamento, uma versão mais profunda da sensação de êxtase que você ou eu podemos sentir quando chegamos a uma compreensão sobre uma pessoa ou um problema. Mozart, que sofreu intensamente, escreveu a respeito da inspiração intuitiva: "Tudo isso incendeia minha alma", e no mesmo parágrafo, "A delícia que isso é não posso descrever! Toda essa invenção, essa produção, se realiza em um sonho ativo e agradável."

Uma das emoções centrais da intuição, e uma das grandes pistas para a qualidade da revelação, é um senso de prazer estético. Como escreveu Keats: "A beleza é verdade; a verdade, beleza." Esse senso de beleza e harmonia informa o artista, o cientista, o comerciante e o amante igualmente. Alguma coisa numa intuição verdadeira produz a mesma reação que uma pintura, uma canção ou a conclusão de uma história bem-contada. Ela tem uma certa simetria e coerência, um senso de equilíbrio e de inevitabilidade. Quando uma idéia não encaixa bem, é como uma pincelada com a cor errada em um quadro, ou a linha errada de diálogo em uma peça: projeta dissonância.

Quando se pergunta às pessoas como elas podem distinguir a intuição excepcional da medíocre, a resposta unânime é: beleza. Paul Dirac, que previu a existência da antimatéria dois anos antes de sua comprovação, escreveu: "Parece-me que se estivermos trabalhando com o intuito de introduzir beleza em uma equação, e se tivermos uma percepção firme, estaremos em uma linha de progresso segura." Escrevendo em *Newsweek*, Horace Freeland Judson lembra ter perguntado a Dirac como ele reconhece a beleza em uma teoria. "Bem, você a sente", Dirac respondeu. "Do mesmo modo que a beleza numa pintura ou numa música. Não se pode descrevê-la, é alguma coisa; e, se não senti-la, simplesmente tem de aceitar que não é suscetível a ela. Ninguém pode explicá-la a você."

Henri Poincaré sentia que os matemáticos excepcionais, aqueles que se tornam criadores, são capazes de uma "intuição de ordem matemática que nos faz adivinhar harmonias e relações ocultas". Como outros matemáticos, falou da elegância criada pelas entidades matemáticas, "cujos elementos estão harmoniosamente dispostos de modo que a mente pode sem esforço captar sua totalidade".

Apesar da enorme oposição enfrentada, Johannes Keppler manteve-se firme em sua astronomia revolucionária porque, como escreveu: "Atestei sua verdade no mais fundo da minha alma, e contemplo sua beleza com encantadora e indizível delícia." Como na arte, a simplicidade parece ser uma chave para a estética da verdade. Segundo o físico contemporâneo Richard Feynman, somos capazes de reconhecer a verdade científica pela sua simplicidade e beleza: "Qual é esse aspecto da natureza que deixa isso acontecer, que permite que uma das partes conjecture o que o restante vai fazer?... Acho que é porque a natureza tem uma simplicidade e, portanto, uma grande beleza." Por essa razão, os cientistas são treinados a procurar as hipóteses mais simples consistentes com os fatos.

O mais intrigante nessa relação entre beleza e conhecimento, e sua relação com a realidade cotidiana de tomadas de decisão e soluções de problemas, é que as mesmas qualidades estão associadas com o aspecto prático. Rollo May disse da psicoterapia: "Os lampejos emergem, não porque em primeiro lugar eles são 'racionalmente verdadeiros' ou mesmo úteis, mas porque possuem uma certa forma, a forma que é bela porque completa um Gestalt incompleto." Talvez a expressão "Lin-do!" dita por um executivo ao ouvir uma boa idéia tenha algo que ver com a observação mais reveladora de Poincaré sobre a matemática: "As combinações úteis são precisamente as mais lindas."

O EXEMPLAR TRANSCENDENTAL

No capítulo anterior, sugeri que a iluminação, ou transcendência, é um protótipo das variedades mais familiares da intuição, e que pode servir como um modelo explanatório. Vamos abordá-la em termos das características que discutimos neste capítulo.

As disciplinas espirituais fizeram um modo de vida daquilo que chamamos de incubação. Os devotos que adotam o caminho da reclusão renunciam aos assuntos mundanos por um caminho monástico, que pode ser considerado como uma longa incubação. Aqueles que seguem o caminho do pai (ou da mãe) de família incorporam períodos de incubação em suas rotinas: meditações diárias, rituais ou retiros isolados. A fase de trabalho consciente que antecede a incubação clássica pode ser comparada à parte da busca do devoto em que ele estuda textos sagrados, pondera sobre enigmas eternos, realiza serviço devocional, ouve palestras eruditas, etc. Mas é durante as fases de incubação que a iluminação ocorre. Realmente, poderíamos dizer que a própria transcendência é a incubação derradeira, pois deixa para trás até mesmo a atividade mental.

Pelo que sabemos da fisiologia da meditação, a transcendência é um estado de mínima estimulação, de profundo silêncio interior, junto com uma atenção intensificada. Isso corresponde à fisiologia da incubação postulada. E, à medida que o devoto progride, o núcleo do silêncio interior é mantido junto com o pensamento e a ação; isso lembra o estado incubatório proposto que pode coexistir com a atividade mental concentrada. Talvez alguma configuração fisiológica seja responsável pela capacidade de prolongar o momento intuitivo assim como a amplitude da iluminação, que pode ser experimentada como qualquer coisa desde uma rápida olhadela de pura percepção até um despertar permanente de iluminação.

Apesar da árdua disciplina associada com o misticismo, a iluminação em si é simples e espontânea. Como acontece com os artistas, o desespero é muitas vezes o destino dos devotos, mas essa é a agonia apaixonada da frustração e da antecipação impaciente. A iluminação em si simplesmente ocorre, quando ocorre, e é descrita como graça, como uma dádiva divina. Ela chega como um botão na primavera, mas sem ser predizível, quando o devoto está adequadamente preparado. De fato, como acontece com a inspiração artística e os pressentimentos cotidianos, a transcendência é na realidade inibida por excesso de empenho, e os devotos são exortados a "tentar sem tentar".

Como a intuição comum, a iluminação possui uma qualidade contraditória. Ela é uma ocorrência "interna", e não obstante parece descer como uma oferenda de uma fonte externa. À medida que progride, tendo uma compreensão cada vez maior do Eu puro e indiferenciado, o devoto pode experimentar a dupla sensação de estar separado de seus pensamentos e ações, como que silenciosamente os testemunhando, e ao mesmo tempo com pleno controle deles. Ele irá apreender o eu localizado e mutável e o Eu universal e sem limites; irá perceber o mundo como parte dele e à parte dele; verá a realidade como o Um e os Muitos. Esses paradoxos não podem ser resolvidos racionalmente, mas são reconciliados pela experiência intuitiva da iluminação.

A qualidade holística da intuição – a concentração de vasto conhecimento num único instante – e a união íntima com aquilo que se conhece são ambas exemplificadas na iluminação. Não existe *objeto* do conhecimento como tal, mas nesse estado o conhecedor é um com tudo o que existe. Há relatos de místicos que afirmam que quando a experiência é vívida, eles sentem que "sabem tudo", e isso é acompanhado de uma sensação de perfeita simplicidade (nada poderia ser mais simples do que aquilo que não possui dualidade) junto com completa certeza. No *Paraíso*, Dante descreveu-o desta maneira: "Dentro do seu infinito profundo vi recolhidas, e transformadas pelo amor em um volume, as folhas dispersas de todo o universo."

Não há muito a dizer sobre a linguagem da iluminação, pois a transcendência está além da forma, da sensação e do símbolo. Ao emergir da experiência, porém, irrompe um caudal de imagens e palavras, que nos deram poemas imortais, hinos, textos sagrados e outras expressões da revelação divina. Essa seqüência do conhecer puro e isento de conteúdo até a expressão individualizada é paralela à intuição comum, na qual sensações mudas e sem imagens podem rapidamente traduzir-se em forma e substância. A iluminação está além também dos estados emocionais. Mas os rasgos de êxtase, de felicidade, de calma e de energia associados com as inspirações intuitivas de todos os tipos são relatados em forma estelar pelo iluminado. Isso pode ser atribuído a certas propriedades do Absoluto, variadamente descritas como energia pura e não manifesta, amor universal concentrado, paz absoluta e *ananda*, ou bem-aventurança.

Uma atenção especial é dedicada a esses paralelos para dar suporte à afirmação de que todas as experiências intuitivas podem ser consideradas como um microcosmo da intuição mais elevada, a da união mística. A intuição comum é, de alguma maneira, um caso particular de transcendência. As implicações práticas disso serão discutidas nos Capítulos 7 e 8.

REFLEXÃO PESSOAL

Para ajudar a tornar o material deste livro mais pessoalmente significativo, seria interessante que você refletisse sobre os aspectos principais da intuição à luz da sua própria experiência. Rememore suas intuições mais marcantes:

Elas vieram quando você estava envolvido com o objeto da intuição ou quando estava ocupado com alguma outra coisa?

Elas ocorreram durante momentos de repouso e relaxamento?

Vieram espontaneamente, como que se lhe tivessem sido entregues?

Foram surpreendentes em conteúdo, forma ou momento de ocorrência?

Você já *tentou* ser intuitivo? Funcionou?

Suas intuições geralmente são lampejos ou se prolongam, como um devaneio?

São detalhadas ou dão a sensação padronizada de um todo?

Você normalmente pensa em palavras ou em imagens? A maioria das suas intuições são assim também?

Consegue lembrar-se de sensações físicas e emoções associadas com as intuições?

Capítulo 5

Quem é Intuitivo?

A resposta óbvia a essa pergunta é: "Todo o mundo." Todos nós somos intuitivos. Mesmo assim, algumas pessoas parecem ser mais intuitivas que outras. Elas estão certas o tempo todo; tomam as decisões mais inteligentes e resolvem os problemas mais intrincados sem grande dificuldade. Se todos são intuitivos, é tentador classificá-las como "muito intuitivas" ou "excepcionalmente intuitivas".

"Quem é intuitivo?" é uma pergunta interessante, tão fácil de iniciar uma discussão quanto "Aquela experiência foi intuição?" Além disso, trata-se de uma pergunta importante. Pessoas intuitivas são valiosas, particularmente em algumas situações, nas quais os problemas não estão claramente definidos e o método de abordagem não pode ser estruturado com antecedência, e noutras situações nas quais a base de informações for pequena e a incerteza grande. Weston Agor, professor de administração pública na Universidade do Texas, El Paso, acredita que as pessoas que tomam decisões com base na intuição são particularmente eficientes quando novas tendências estão emergindo, quando o julgamento interpessoal é valorizado, e quando for necessário desafiar concepções estabelecidas. Agor gostaria de ver as organizações isolar as pessoas intuitivas para certas atividades e agrupá-las com colegas cujos talentos analíticos fossem complementares.

A questão tem relevância pessoal, também. Não há dúvida que você já determinou se é intuitivo, e provavelmente está esperando confirmação neste capítulo. Você deverá estar mais perto de uma resposta no final do capítulo, mas algumas das informações poderão surpreendê-lo e, ao longo do caminho, você poderá descobrir que essa não é uma questão fácil de responder. Além do que, auto-avaliações e aparências podem ser enganadoras, como as histórias a seguir ilustram.

George tem sido um bom empresário desde quando engraxava os sapatos de soldados durante a Segunda Guerra. Sem nenhum treinamento formal, apenas o colegial e a experiência das ruas, administrou uma série de empresas bem-sucedidas durante os últimos trinta anos. Amigos comuns contaram-me que George era fantástico com os pressentimentos, por isso fui entrevistá-lo no suntuoso escritório do seu empreendimento mais recente. Começou dizendo-me que não era uma pessoa muito intuitiva. Discutimos sua atividade atual, que agora estava sendo franqueada. Uma das funções de George é decidir quem recebe uma franquia. Perguntei-lhe como ele tomava essas decisões.

"O candidato precisa ter uma situação financeira sólida e alguma experiência empresarial", ele disse.

"Isso é tudo?"

"Não, ele precisa ter... bem, a coisa certa."

"Como você determina isso?" perguntei.

"Posso lhe dizer em menos de um minuto se o cara tem o que precisa." George fez uma pausa, olhou-me zombeteiramente e perguntou: "Isso é intuição?"

Contraste isso com John, o filósofo. Treinado em matemática, é conhecido pelos seus argumentos ordenados, sistemáticos e impecavelmente lógicos. Os colegas dizem que se John estiver do outro lado de uma discussão, você vai ter bastante trabalho. Ele era a última pessoa que eu pensaria ser intuitivo. No entanto, ele me disse: "Sempre fui extremamente intuitivo. Minha mente está sempre dando saltos descontrolados que acabam dando certo."

Quando citei sua reputação como a quinta-essência do pensador racional, ele disse: "Aprendi a construir argumentos. Mas eles vêm depois."

A INTUIÇÃO PODE SER CIRCUNSTANCIAL

Um fator que pode estragar o quadro é a ideologia. Jack pode acreditar na intuição e aceitá-la como um meio legítimo e válido de conhecimento. Ele brinca com sua própria intuição e até se exibe com ela. Por outro lado, Jill tem uma forte ideologia racional-empírica e despreza o valor da intuição. As duas mentes operam praticamente da mesma maneira, mas ao descrever seu método de operação Jack enfatiza suas agudas habilidades intuitivas, enquanto Jill ressalta sua lógica superior, sua habilidade de organizar e analisar dados, o que Jack considera sem valor. Jill diz que calculou; Jack diz que "captou".

Daí temos a questão relacionada ao ambiente social. Em certos círculos não nos gabaríamos de ser intuitivos; em outros, a intuição é um símbolo de honra. Diversos cientistas e executivos confidenciaram que dão grande valor à sua intuição, mas que nunca mencionam o fato a seus colegas. "Antes de me comprometer", disse-me um deles, "coleto todos os dados possíveis e descrevo a minha proposta de modo a fazer com que ela pareça ser logicamente deduzida." Em muitas comunidades espirituais e artísticas, as pessoas expressam observações e deduções mundanas para fazer parecer que têm poderes esotéricos.

Precisamos considerar também o contexto. Alguém que é particularmente intuitivo numa área pode não o ser em outras. O médico intuitivo pode arruinar suas finanças pessoais ao seguir pressentimentos invariavelmente errados sobre investimentos. O diretor de pessoal intuitivo que nunca emprega a pessoa errada pode criar catástrofes ao julgar erradamente amantes e amigos. O matemático intuitivo que maravilha seus colegas acadêmicos pode não ter muito contato com suas motivações e necessidades interiores. Até mesmo os paranormais que se orgulham de suas capacidades intuitivas possuem suas especialidades: diagnóstico de doenças, predição do futuro, investigação do passado, etc.

As diferenças individuais e de situação podem ser explicadas em parte pela experiência. Adquirimos fluência numa área ao internalizar certas atividades e torná-las automáticas. Os novatos precisam prestar atenção em cada pequeno detalhe, do mesmo modo como precisamos concentrar-nos em cada passo quando aprendemos uma nova dança. Os veteranos não precisam se ater às minúcias, de modo que suas mentes ficam livres para sair dando saltos intuitivos.

Paul E. Johnson, psicólogo da Universidade do Minnesota, estudou médicos, engenheiros, advogados e comerciantes experientes. Ele descobriu que eles são mais rápidos e melhores do que os iniciantes na solução de problemas em suas áreas, e que geralmente não sabem explicar como o fazem. "Simplesmente me vem", é uma resposta típica. Johnson descobriu que, ao longo do tempo, os especialistas fazem sutis aprimoramentos em seu treinamento formal. Eles adquirem uma "visão de alta altitude" que lhes indica quais informações reunir e quais ignorar, junto com "truques especialmente desenvolvidos" que unem informações de maneiras não óbvias. Johnson acredita que esses fatores criam o tipo de automatismo que impulsiona a criatividade.

O fator experiência muitas vezes é usado para acobertar a intuição. De fato, George, o empreendedor, atribuía sua própria percepção a "aprender com a experiência". Mas isso não explica por que duas pessoas com experiência igual e o mesmo grau de treinamento profissional irão diferir radicalmente na qualidade de intuição e em sua inclinação para usá-la.

A especialidade, na realidade, pode trabalhar contra a intuição, porque pode tornar-nos por demais dependentes de uma estrutura particular de referência ou de uma abordagem estilizada e ortodoxa. Funcionários antigos geralmente sofrem do que os psicólogos chamam "configuração do problema", tratando habitualmente dos problemas de maneiras que funcionaram no passado. Assim, as operações internalizadas que podem liberar uma pessoa experiente para queimar etapas e fazer relações rápidas também podem inibir o tipo de intuição necessária para lidar com novidades e ambigüidades. Mentes novas e não habituadas são geralmente as mais inovadoras porque se atrevem a questionar suposições aceitas e a fazer perguntas ridículas.

Outras circunstâncias podem fazer-nos parecer mais ou menos intuitivos. A intuição parece funcionar melhor quando estamos altamente motivados, confiantes e profundamente envolvidos com o assunto em questão. É mais provável termos uma percepção intuitiva em relação à nossa esposa do que a um conhecido, ou sobre um grande compromisso profissional em oposição a um passatempo ocasional. Isso é porque estamos constantemente nos interrogando sobre pessoas e situações que são importantes para nós, e a mente intuitiva é programada pelos desejos e objetivos que comunicamos a ela.

As circunstâncias também afetam a maneira como reagimos à intuição. A maioria das pessoas observa que há épocas em que acolhem suas intuições e estão dispostas a considerá-las. Em outros momentos elas se forçam a serem racionais e se mostram circunspectas em relação a seus impulsos intuitivos. Há muitas razões para isso. Uma delas é confiança; tendemos a ter fé em nossas vozes interiores em certas situações, mais do que em outras, dependendo talvez do nosso nível de experiência e de familiaridade. Talvez um fator mais importante seja o risco. Confiar em nossa intuição implica uma disposição de assumir riscos com os produtos não comprovados da nossa própria mente. Quando há muito em jogo, alguém que normalmente agiria intuitivamente poderá adotar uma estratégia mais conservadora e hesitante, procurando fatos e razões antes de agir. Infelizmente, levada ao extremo, essa atitude pode ter o efeito oposto, reprimindo a intuição quando ela é mais necessária, e levando-nos a rejeitar intuições que deveriam ser consideradas.

Executivos têm observado que sua disposição de seguir a intuição depende de diversas variáveis: quanto dinheiro está em jogo, se uma decisão errada irá afetar seu emprego ou sua reputação pessoal, bem como o impacto da decisão em outras pessoas. O mais interessante é que o dinheiro não parece ser tão importante como os outros dois fatores. Segundo Ralph Keyes, autor de um livro a ser publicado sobre a tomada de riscos, parecer tolo ou ser humilhado é, para a maioria das pessoas, o maior de todos os riscos. Keyes sente que muitos executivos reúnem dados de peso não tanto para ajudá-los a tomar decisões, mas para terem respaldo para uma idéia intuitiva e para se defenderem em caso de não dar certo. Nesse mesmo sentido, um estudo do psicólogo social George Cvetkovich descobriu que, nas palavras do pesquisador, "os tomadores de decisão mudam para uma forma de pensar que é analítica e facilmente descrita a uma outra pessoa quando acreditam que são pessoalmente responsáveis por seus julgamentos. Em contraste, pessoas que fazem julgamentos para si mesmos ou para alguém que não tenha razão legítima para questionar seu modo de pensar... evidentemente mudam para uma forma de pensar que é rápida, 'intuitiva', e difícil de descrever".

Mas o impacto potencial da intuição em outros pode ser o fator mais importante de todos. A maioria dos tomadores de decisão que entrevistei disseram que, quando um colega ou alguém de quem gostem corre o risco de ser prejudicado por uma decisão errada ou uma resolução inadequada para um problema, tendem a tornar-se muito cautelosos e excessivamente analíticos.

QUESTÕES DE ESTILO E SUBSTÂNCIA

Quando perguntamos "Quem é intuitivo?", estamos nos referindo a alguém que funciona intuitivamente ou cuja intuição é melhor? A distinção entre estilo e substância é crucial.

Como mencionamos antes, os estudos de solução de problemas geralmente distinguem entre dois modos de operação: um relativamente solto e flexível, e o outro mais ordenado e geralmente rotulado de racional ou analítico. Os psicólogos James McKenney e Peter Keen, de Harvard e Stanford, respectivamente, acham que pessoas a quem chamam de pensadores sistemáticos tendem a começar definindo explicitamente o problema e decidindo exatamente como ele deveria ser resolvido. Elas estão conscientes do planejamento, conduzem uma busca ordenada de informações e refinam cada vez mais sua análise à medida que se lançam à busca do previsível e de um mínimo de incerteza.

Os solucionadores de problemas intuitivos, em contrapartida, evitam comprometer-se com uma estratégia particular. Eles agem sem articular suas premissas ou procedimentos, e deliciam-se em brincar com incógnitas de modo a conseguir sentir o que é requerido. Enquanto estão considerando uma série de alternativas e opções simultaneamente, os pensadores intuitivos mantêm o problema geral o tempo todo na mente. Eles tendem a pular e tentar alguma coisa, e depois mudar para um outro método ou uma nova definição do problema se não funcionar.

Mas *estilo* intuitivo e *qualidade* intuitiva são duas coisas diferentes. Alguém que funciona intuitivamente poderá ser simplesmente um "chutador" ou um pensador preguiçoso e desorganizado. Por outro lado, alguém como John, o filósofo descrito há pouco, poderá abordar o problema de uma maneira bastante sistemática e ordenada mas, mesmo assim, trazer uma aguda percepção intuitiva para dentro daquele contexto. Essa pessoa poderia parecer não intuitiva porque é treinada para comunicar-se de uma certa maneira, porque é conservadora ao avaliar as intuições quando elas surgem, ou porque a situação em particular exige precisão. Dois contabilistas ou estatísticos, por exemplo, poderiam fazer a mesma abordagem sistemática de uma tarefa particular mas, uma vez coletadas as informações, um deles pode intuir algo e o outro não. Como a executiva de propaganda Joan Rothberg diz: "Algumas pessoas sabem como fazer os números dançar."

Com uma pessoa de estilo intuitivo, precisamos levar em conta com que freqüência a abordagem compensa. Validade e precisão são as únicas maneiras de se avaliar a qualidade, embora a consistência também seja uma consideração crucial. Algumas pessoas são inconstantes, incrivelmente intuitivas às vezes e quilômetros longe do alvo em outras.

Apesar dessas observações, as pessoas de estilo intuitivo provavelmente têm intuição de melhor qualidade, em média, a exemplo das pessoas que acreditam e valorizam a própria intuição. Existe uma relação circular entre valores, estilo e capacidade intuitiva. Por exemplo, alguém poderia vir a valorizar a intuição por razões sociais ou ideológicas, e como resultado poderia começar a atuar de um modo mais intuitivo. Isso apenas melhoraria a qualidade da sua intuição, pois metade da batalha consiste em se tornar mais confiante nela e mais sensível às suas nuanças.

Os pesquisadores paranormais observaram que crença e disposição afetam definitivamente o desempenho. Russell Targ e Harold Puthoff, do Instituto de Pesquisa Stanford, estavam conduzindo experimentos de visão a distância com renomados paranormais quando decidiram ver como as pessoas comuns se comparavam a eles. Descobriram que os não paranormais podem tornar-se igualmente peritos em muito pouco tempo. "O que parecia ser importante", os pesquisadores observaram, "era uma disposição e uma abertura para explorar em maior profundidade algumas das imagens fugidias e pressentimentos que com freqüência nos saltam à mente, e que, comumente, rejeitamos como espúrios ou irrelevantes."

Por outro lado, o ciclo pode começar com uma tendência para agir de um modo intuitivo que é inato ou adquirido, talvez seguindo o exemplo de um mestre ou mentor. O sucesso poderá então levar a convicções mais fortes sobre a intuição, maior fé nela e maior percepção dela. Isso, por sua vez, melhoraria a qualidade da intuição, o que reforçaria a tendência de escolher uma abordagem intuitiva, e assim por diante.

Por essas razões, na ausência de um critério definitivo para julgar a qualidade da intuição, um certo estilo poderia ser um barômetro razoável, do mesmo modo que confiança e crença.

ESTEREÓTIPOS OU INTUITIVOS?

Certos tipos, ou categorias, de seres humanos são freqüentemente apontados como excepcionalmente intuitivos: as mulheres, os orientais e povos de culturas não industriais. Alguém poderia argumentar que há diferenças inatas nos estilos e capacidades mentais, uma posição que pode ser interpretada de duas maneiras, dependendo do ponto de vista: ou alguns grupos são inerentemente dotados de poder intuitivo, ou são inferiores no que se refere ao pensamento racional. A maioria das pessoas argumentaria em termos da interpretação cultural, o que realmente parece mais plausível. Chama-me a atenção, como significativo, o fato de que esses grupos supostamente intuitivos possuam certas coisas em comum. Eles são relativamente desprovidos de poder, ou poderíamos dizer até oprimidos, e muitas vezes são tratados como se fossem membros de um outro grupo ainda que é considerado como intuitivo: as crianças.

Certamente, isso tem algo que ver com o fato de que a estrutura de valores dominante dos ocidentais brancos, adultos, do sexo masculino, é o empirismo racional. Talvez, pelo fato de sua natural capacidade intuitiva não ser valorizada, alguns outros grupos são tratados como inferiores. Ou talvez, devido à sua condição social, alguns grupos não têm a oportunidade de desenvolver e usar suas habilidades objetivas e analíticas e, desse modo, *tornaram-se* mais intuitivos ou são *percebidos* como mais intuitivos. Essas questões e outras semelhantes (por exemplo, eles têm uma intuição melhor ou atuam com um estilo intuitivo?) tornam essa área difícil e instigante. Vamos explorá-la em maior profundidade.

A Intuição Feminina

Nick e Nora vão a uma festa onde conhecem gente nova. No caminho de volta, Nick diz: "Os Carters formam um belo casal, não?"

"Gostei deles", diz Nora, "mas acho que o casamento deles não vai lá muito bem."

"Qual é? Eles são ótimos! Pode até ser que eu faça algum negócio com o Carter."

"Eu não confiaria nele", diz Nora.

Mais tarde, ficou provado que Nora estava certa em todos os pontos. E assim, através dessas experiências comuns, o folclore da intuição feminina é reforçado.

Isso vem de longe. Vemos as palavras *feminino* e *intuitivo* sob o antigo símbolo taoísta do yin, que representa o lado suave, submisso, receptivo, passivo, interno da natureza. No yang, o lado rude, dinâmico, ativo, dominante, está associado com *masculino* e *lógico*. Isso parece emprestar autenticidade aos rótulos, dando-lhes a sanção da antigüidade e da ordem cósmica. E, realmente, *existe* alguma coisa de yin na intuição. Mas será verdade que as mulheres realmente são mais intuitivas que os homens? E, se forem, é um traço determinado biologicamente ou culturalmente adquirido?

As tentativas diretas de estudar essa questão não foram conclusivas, principalmente por ser tão difícil medir a intuição. Quanto ao estilo, alguns estudos constataram que as mulheres são mais intuitivas; outros concluíram o oposto. Verificar as diferenças de sexo nas medidas de desempenho e de comportamento poderá indiretamente lançar alguma luz à questão.

Pesquisas sugerem fortemente que os homens se saem melhor em testes de visualização espacial (lidar com mapas, labirintos e objetos tridimensionais) e em raciocínio matemático, particularmente quando envolve organização espacial, como na geometria. Ao solucionar problemas, os homens os encaram de maneira mais limitada e são menos dependentes de variáveis situacionais. As mulheres, em contraste, são mais sensíveis ao contexto: elas captam informações periféricas não diretamente relacionadas com a tarefa em questão. As mulheres processam informações mais rápido, são melhores para entender informações não verbais e ler expressões faciais, e mais sensíveis a ligeiras variações de som e odor.

Se, como as evidências sugerem, as mulheres são mais receptivas ao material periférico e subliminar, elas poderiam adquirir mais a matéria-prima que a mente processa em lampejos intuitivos. A orientação masculina para objetos concretos, que parece começar na infância, poderia predispô-los a um estilo de pensamento racional e quantitativo, uma vez que os objetos materiais podem ser manipulados dessa maneira. Isso poderia explicar a cena da festa; embora estivesse inconsciente delas, Nora captou indicações sutis que não foram registradas nem subliminarmente por Nick. Isso também poderia ajudar a explicar por que, ao passarem por uma cidade estranha, a mulher pode depois lembrar-se do atraente restaurante ou reagir aos estímulos do ambiente, enquanto o homem está planejando um roteiro melhor.

Essas conhecidas diferenças entre os sexos são relativamente pequenas, porém, constituem diferenças *médias*. Em média, o homem ou a mulher se saem melhor em certos testes: os homens em matemática, as mulheres em linguagem, para citar um outro exemplo. Naturalmente, isso não significa que todos os homens são melhores que todas as mulheres em matemática, ou vice-versa com linguagem, nem equivale a dizer que todos os homens são mais altos que todas as mulheres. Acrescente-se que a magnitude das diferenças *dentro* de cada sexo é maior do que *entre* os sexos. No todo, os testes comportamentais não indicam nenhuma predominância da intuição das mulheres; no máximo, eles constituem uma explicação parcial *se* é que o fenômeno existe.

Ninguém sabe se as diferenças comportamentais entre os sexos são uma questão de natureza ou de educação. A controvérsia é grande, e a objetividade muitas vezes remete à política, o que torna difícil aos cientistas entregar-se de bom grado ao debate público. Atualmente está na moda admitir que as diferenças dos sexos podem ser atribuídas ao condicionamento ambiental. Cientistas que simplesmente tropeçam em evidências contrárias, correm o risco de serem rotulados sexistas, independentemente de suas convicções políticas ou sociais.

As pequenas evidências existentes sugerem que o debate irá continuar por muito tempo e talvez não seja resolvido antes que se resolva o problema da galinha e do ovo. Alguns pesquisadores acreditam que existem diferenças estruturais e organizacionais entre os cérebros masculino e feminino, mas não existem provas conclusivas disso. O que nós sabemos é que existe uma relação entre comportamento e hormônios sexuais. Mulheres com excesso de hormônios masculinos no período pré-natal irão mostrar maior interesse por esportes e carreira, menos interesse em bonecas, roupas e maternidade; homens com excesso de hormônios femininos desenvolvem habilidade atlética abaixo da média, além de menos agressividade e afirmação. Mas a pesquisa neurológica está apenas começando, e se os dados se relacionam à intuição é algo que só o futuro dirá.

E quanto aos dois hemisférios do cérebro? Tentar dar sentido às noções populares sobre diferenças dos sexos e dos hemisférios pode deixar qualquer um maluco. Já li que os homens são orientados pelo hemisfério esquerdo e as mulheres pelo direito, porque raciocínio matemático é basicamente uma função do cérebro esquerdo e ler expressões faciais é mais uma função do cérebro direito. Mas também li o oposto: as mulheres são controladas pelo hemisfério esquerdo porque ganham nas habilidades verbais, uma responsabilidade do lado esquerdo, e os homens tendem para o lado direito devido à sua superior percepção espacial, que parece ocorrer no hemisfério direito. Quando apresentei a questão à biopsicóloga Jerre Levy, uma figura proeminente na pesquisa dos hemisférios cerebrais, ela compartilhou da minha consternação. "Toda essa idéia de que cada sexo opera com um lado oposto do cérebro", disse ela, "é uma noção idiota que não está apoiada em nenhuma evidência, nem mesmo em dados psicológicos."

Os dois sexos apresentam as diferenças usuais de função entre os dois hemisférios do cérebro, mas os homens tendem a se especializar mais. As mulheres parecem ter uma maior capacidade de mudar de um lado para o outro e mais probabilidade de terem qualquer dos hemisférios realizando a mesma tarefa. Se, conforme suspeito, a intuição envolve uma espécie de sincronia inter-hemisférica, isso pode corroborar a idéia de que as mulheres são mais intuitivas. Mas, também, não passa de conjectura, e se houver diferenças hemisféricas entre os sexos, a causa pode muito facilmente ser ambiental, ou seja, os padrões do uso hemisférico poderiam ser determinados por papéis sociais.

Talvez os homens e as mulheres sejam igualmente intuitivos, mas fatores culturais levaram-nos a pensar diferente. Dados seus papéis tradicionais de cuidar dos filhos, as mulheres precisam de uma boa capacidade de julgamento com relação às pessoas. Elas precisam saber quando alguém é sincero ou está escondendo alguma coisa. Elas precisam saber quando alguém está doente, amedrontado, preocupado, ou zangado. Como especialistas em outras áreas, elas podem desenvolver uma perspicácia nessa matéria e aprender a reagir apropriadamente sem deliberação racional. Os homens, por outro lado, aprendem a tratar com objetos mecânicos e símbolos matemáticos. Certamente eles precisam ler as pessoas também, mas geralmente no contexto de preocupações pragmáticas ou estratégicas que podem ser tratadas de uma maneira mais calculada. As preocupações tradicionais das mulheres são as emoções, e nessa área os julgamentos são geralmente definidos como intuitivos. Não é assim quando um comerciante diz, "Compre", ou um marceneiro intui uma maneira particular de aumentar o espaço de uma cozinha. Os homens podem ser igualmente intuitivos, mas grande parte de seu trabalho pode ser explicada como o produto da razão pura.

A situação é composta por conotações culturais que fazem a maioria dos homens querer parecerem lógicos; a intuição está de algum modo ligada a emocionalismo, fantasia e feminilidade. O orgulho masculino tem a ver com estar no comando, o que geralmente significa ser objetivo e não-emocional. Os homens ficam afiados na argumentação lógica porque esta se encaixa nos valores masculinos dominantes, é encorajada pelos pais e professores, e porque suas tarefas tradicionais se prestam à exposição racional.

Poder-se-ia argumentar que foram fatores culturais o que realmente tornou as mulheres mais intuitivas. A intuição vem com mais facilidade a uma mente paciente e receptiva, que se rende a ela. Talvez o condicionamento que torna as mulheres mais passivas também cultive maior abertura à intuição, para deixar as coisas acontecerem em vez de tentar fazê-las acontecer. Elas poderiam também desenvolver a intuição simplesmente porque é considerado aceitável que o façam. As mulheres não são desencorajadas de ter sentimentos, tanto de tipo emocional como cognitivo. Até entrarem nos domínios masculinos, elas têm menos motivação para serem analíticas e objetivas e menos necessidade de argumentar logicamente.

Ou se poderia dizer que as mulheres apenas *parecem* ser mais intuitivas porque não hesitam em expressar sua intuição e porque seus papéis sociais não exigem exatamente o mesmo grau de racionalidade. Talvez ambos os sexos sejam igualmente intuitivos, mas em diferentes áreas devido a interesses e preocupações contrastantes. O que temos chamado de intuição feminina na verdade tem a ver com situações interpessoais, e à medida que os papéis sexuais se tornam menos rígidos podemos verificar que as diferenças aparentes diminuem. Realmente, há evidências de que pode ser assim. Segundo Frances Vaughan, estudos da psicóloga Judith Hall revelaram que as mulheres interpretam indicações não verbais, como expressões e gestos, de uma maneira mais precisa que os homens, mas homens liberais fizeram mais pontos que homens tradicionais, e mulheres tradicionais fizeram mais pontos que mulheres liberais.

Curvando-se ao Oriente

Os povos do Oriente e das sociedades não industriais são mais intuitivos que os brancos europeus? Em muitos aspectos essa pergunta é tão enigmática como aquela sobre as mulheres, e igualmente volátil. Os argumentos também são paralelos. Se alguns grupos étnicos e raciais são mais intuitivos que outros isso se deve a fatores biológicos ou culturais? Eles são realmente mais intuitivos ou só parecem ser?

Ao explorar esse aspecto de "Quem é intuitivo?", temos de ter cuidado com os estereótipos culturais. Englobar a maior parte da população do mundo na categoria de não ocidental é absurdo. O termo cobre um amplo leque de diversidades raciais e de nacionalidades. Os hindus são mais intuitivos que os japoneses? Os africanos são mais intuitivos que os sul-americanos? Se não existe uma maneira confiável de medir a intuição em indivíduos, é bem mais difícil medi-la em relação a culturas ou nacionalidades inteiras.

Em alguns aspectos pareceria razoável supor que os povos não ocidentais são mais intuitivos. Suas culturas têm mais respeito pela dimensão interior, pelo não-físico, pela sabedoria dos símbolos, sonhos e rituais, e reverenciam os canais da sabedoria divina como sacerdotes, gurus e xamãs. Eles podem ser mais abertos ao conhecimento intuitivo, confiar mais nele e procurar mais por ele. Seus estilos de vida podem também contribuir mais para a intuição. Não é incomum, por exemplo, vermos um comerciante japonês ou hindu fazer uma pausa para meditar durante o expediente, ou fazer um retiro em um mosteiro. Eles atendem à vida interior. Também, por não estarem subordinados a uma ideologia que eleva o empirismo racional a *status* religioso, é mais provável que interfiram menos com sua intuição. As filosofias não ocidentais estão mais orientadas para deixar que as coisas aconteçam, para reconhecer a inter-relação entre o mundano e o divino e para respeitar as coisas que não podem ser vistas.

Também é verdade que, em geral, as filosofias não ocidentais louvam a intuição e a reconhecem como o único caminho para a realidade definitiva. Mas precisamos cuidar para não nos entusiasmarmos demais. Na verdade, algumas culturas orientais valorizam muito a racionalidade. Mesmo em questões espirituais profundas, a maioria dos textos orientais são exemplares pela sua exposição racional. Más interpretações levaram-nos a supor que eles advogam o abandono da razão. Contudo, tais injunções são feitas no contexto das atuais práticas espirituais como meditação, não como uma prescrição para a vida cotidiana. Além disso, os eruditos e cientistas orientais valorizam a inquirição lógica e a análise rigorosa tanto quanto seus colegas ocidentais; ramos da filosofia hindu como *nyaya* e *sankhya*, por exemplo, são expressões extraordinárias de disciplinada argumentação racional.

Finalmente, embora as culturas não ocidentais sejam ideologicamente mais receptivas à intuição, não se segue necessariamente que os povos não ocidentais sejam mais intuitivos, assim como não se deve considerar que uma pessoa abertamente religiosa seja intrinsecamente mais elevada moralmente, ou que alguém que goste de poesia seja por isso um bom poeta. Uma linha de investigação interessante seria comparar ocidentais e orientais nas mesmas ocupações para ver se, como grupo, um é mais intuitivo que o outro. Sugere-se, por exemplo, que uma das grandes vantagens do Japão, além de seus meticulosos valores de ordem, é a abertura de seus executivos à intuição. "O sucesso da nossa empresa", comenta Shigem Okada, gerente da Mitsukoshi, a maior loja de departamentos do Japão, "deveu-se à nossa adoção da administração pragmática ocidental em combinação com os aspectos espirituais intuitivos do Oriente."

Weston Agor, de quem recebi a citação, distribuiu questionários a membros da Sociedade Americana de Administração Pública. O teste foi elaborado para determinar o que Agor chama o "estilo cerebral" do entrevistado: intuitivo, racional ou integrativo. Em seus 1.679 questionários recebidos, Agor descobriu, entre outras coisas, que administradores de origem oriental marcavam pontos altos nas escalas intuitiva e integrativa. Sendo um instrumento autodescritivo, o teste de Agor não mede a qualidade da intuição, apenas determina a preferência por esse estilo. A percentagem de entrevistados orientais era reconhecidamente pequena, mas os resultados são interessantes de se observar, e esperamos que outros estudos se sigam.

Muito possivelmente, alguns aspectos genéticos ou culturais podem tornar um grupo de pessoas mais inclinado ao pensamento intuitivo que outras. Embora devamos estar abertos a tais possibilidades, devemos evitar pular para conclusões estereotipadas.

Intuição é Coisa de Criança?

Como os outros argumentos que estivemos examinando, a alegação de que as crianças são intuitivas tem sido enfatizada demais e examinada de menos. Mas também contém um grão de verdade.

Para os adultos cansados, existe um charme peculiar na curiosidade, no frescor da percepção, na admiração das crianças. Ficamos melancólicos, até com inveja, desejando poder reconquistar aquela alegria e inocência. Mas, no nosso saudosismo, muitas vezes romantizamos a infância, atribuindo-lhe poderes que na realidade podem não existir. Muitas pessoas acham que as crianças têm acesso a modos especiais ou incomuns de saber; até mesmo pensadores brilhantes caíram vítima desse exagero. O biólogo e filósofo Lyall Watson, por exemplo, escreve em *Lifetide*: "Toda criança de cinco anos sabe tudo o que há para saber; mas quando ela faz seis, nós a mandamos para a escola, e aí começa a se degradar." Qualquer pessoa sensível aos abusos da educação sabe qual o sentido dessa frase, mas tal celebração da "sabedoria da criança" é extrema e também generalizada.

Numa dicotomia simples entre intuição/racionalidade, teríamos de dizer que as crianças são mais intuitivas que os adultos, pelo menos em termos das proporções em que elas usam essas faculdades. As crianças, afinal, não adquirem a capacidade de raciocínio formal durante certo tempo. Igual ao caso das mulheres e dos não ocidentais, se entendermos que menos lógica significa mais intuição, o argumento está encerrado. Mas não é tão simples assim. Dizer que as crianças têm mais intuição que os adultos é absurdo.

Geralmente consideramos o desenvolvimento cognitivo como um processo em que a capacidade de raciocínio emerge gradualmente. Para alguns, essa aquisição é lamentável, pois se alega que ela destrói as capacidades intuitivas inatas e fecha as portas para o mundo encantado do mito e da magia. Para outros, é o ápice do desenvolvimento humano. Entre estes últimos, estava o celebrado psicólogo suíço Jean Piaget, cujos meticulosos estudos fizeram pelo desenvolvimento cognitivo o que os primeiros naturalistas fizeram pela flora e fauna: identificaram, classificaram e rotularam seus componentes e colocaram-nos em uma estrutura coerente.

Segundo o modelo de Piaget, nós passamos por quatro estágios de desenvolvimento cognitivo. No estágio *sensório-motor* (do nascimento até 1 1/2 ou 2 anos), as crianças vivem instintivamente, sem imagens nem símbolos, sem nenhuma percepção de passado ou futuro. Depois, no estágio *pré-operacional* (de 2 a 7), símbolos, conceitos e imagens passam a representar objetos e acontecimentos reais e podem ser usados para pensar em uma escala bastante primitiva. Piaget realmente usou a palavra *intuitivo* para descrever esses dois estágios pré-operacionais.

No estágio das *operações concretas* (7 a 12 anos), as crianças começam a manipular construções mentais. Elas sabem que a categoria "cavalos" é maior e mais abrangente que "cavalos brancos". Agora menos egocêntrica, a criança sabe que há causas externas ao eu para os eventos observados. Finalmente, no estágio das *operações formais* (mais ou menos entre 11 e 15), os que entram na fase da adolescência conseguem pensar sobre entidades e relacionamentos abstratos. Podem julgar a validade de uma proposição pela maneira como um argumento é estruturado. Conseguem também contemplar conceitos abstratos, formular hipóteses, pensar sobre a formação do pensamento e resolver problemas de maneira sistemática, fazendo planos antes de passar à ação.

A teoria de Piaget tem sofrido modificações em anos recentes, contestada em alguns pontos e confirmada em outros. Pesquisas indicam que as crianças pré-operacionais podem ser mais lógicas do que Piaget acreditava; apenas não são capazes de expressar seu raciocínio verbalmente. Inversamente, adolescentes e adultos podem ser menos lógicos do que o modelo de Piaget previa. E estudos interculturais indicam que as operações formais de Piaget podem não ser universais mas algo que aprendemos nas escolas ocidentais. Com todo o seu brilhantismo, Piaget pode ter sido amarrado demais ao modelo racional-empírico da mente; ele via as operações formais com o ponto final do desenvolvimento, o foco de luz ao qual todos nós somos impelidos. Como Freud, Piaget não foi longe o suficiente. Não há lugar para estados superiores de consciência em seu trabalho, nem para a possibilidade de desenvolver faculdades intuitivas.

Como em nossas discussões anteriores, parte do problema é o bicho-papão das dicotomias extremas. Vemos lógica formal e presumimos a ausência de intuição; vemos a ausência de lógica formal e presumimos a presença da intuição. Certamente os adultos usam mais o raciocínio que as crianças, mas a intuição não é inteiramente aniquilada pela transformação em adulto. Como apontamos repetidas vezes, a intuição é uma parte integral do pensamento racional. De fato, alguns dos talentos que Piaget e outros atribuíram às operações formais, como elaborar hipóteses e imaginar novas possibilidades, podem facilmente ser creditados à intuição.

A ênfase no pensamento formal numa certa etapa da vida pode obscurecer a mente intuitiva e até mesmo retardar seu desenvolvimento, mas não a elimina. Mais do que provável, a capacidade de intuição continua a crescer, embora não até o seu pleno potencial. O mesmo acontece com a racionalidade. As operações formais poderiam, de fato, ser consideradas como subsídios adicionais à intuição, fornecendo mais informações, novos símbolos e conceitos, aplicações mais amplas e uma rigorosa maneira de testar seus produtos. A intuição da criança é baseada em informações sensoriais não aprimoradas e em imagens e símbolos rudimentares. É verdade que elas freqüentemente nos surpreendem com sua sagacidade introspectiva, mas só porque são crianças. Elevar imaginação fértil e sagacidade impredizível a nível de sabedoria não faz justiça nem às crianças nem aos adultos. É como observar crianças sujando por aí com tintas e compará-las com Picasso.

Alguns autores sugeriram que o conhecimento intuitivo e as percepções não programadas das crianças são iguais às dos santos e às dos iogues. A infância, afinal, é um estado de união do eu com o meio ambiente e de ausência da consciência do ego. Isso soa como transcendência. Mas confundir consciência infantil com consciência cósmica é, na verdade, uma forma flagrante daquilo que Ken Wilber, autor de *The Atman Project* e editor do Jornal *Re-Vision*, chama de "a falácia do pré/trans". A infância, diz Wilber, é "uma diferenciação pré-sujeito/objeto, o que significa que a criança não pode distinguir sujeito de objeto. Mas a união mística... é trans-sujeito/objeto, pois ela transcende sujeito e objeto ao mesmo tempo que permanece perfeitamente consciente dessa dualidade convencional". Dizer que intuição infantil é o mesmo que intuição transcendental é como dizer que as crianças são exatamente iguais aos reis porque todos as servem.

A falácia do pré/trans pode funcionar de duas maneiras: ou elevar a infância à condição de consciência superior ou reduzir os estados superiores a uma condição de regressão infantil. As duas concepções errôneas falham em reconhecer a evolução da consciência. A iluminação não consiste apenas em recapturar a sabedoria da infância, mas é um objetivo superior em cuja direção todos evoluímos.

Mesmo assim, existe alguma verdade na afirmação de que a intuição se perde no adulto. As instituições educacionais, de fato, abafam nossas capacidades intuitivas naturais, como muitos educadores apontam. Não apenas são os padrões de pensamento lógico e sistemático exigidos em excesso, como a intuição é ignorada, até mesmo desencorajada. Dizemos às crianças de muitas maneiras que não vale a pena ouvir a voz interior. A intuição de uma criança não é mais desenvolvida que seus ossos ou músculos. O que as crianças têm é potencial intuitivo e, até pormos as mãos nelas, certas qualidades naturais que ajudam a intuição: curiosidade, receptividade, inocência e deslumbramento. As crianças têm uma maneira natural de render-se à experiência e não são tolhidas pela necessidade de estarem certas. Essas qualidades vale a pena recapturar, pois elas abrem a mente à intuição e à descoberta extra-racional. Nesse sentido, seria bom para todos nós sermos mais como crianças.

A PERSONALIDADE INTUITIVA

Dentre todos os teóricos influentes da psicologia moderna, Carl Jung parece ter levado a intuição mais a sério. Para ele, não se trata de "percepção dos sentidos, nem sentimento, nem inferência intelectual, embora pudesse também aparecer nessas formas. Na intuição, um conteúdo se apresenta todo e completo, sem sermos capazes de explicar ou descobrir como esse conteúdo veio à existência. A intuição é uma espécie de apreensão instintiva, não importa qual o conteúdo".

Segundo a teoria dos tipos psicológicos, de Jung, a personalidade e o comportamento podem ser entendidos em termos de quatro funções distintas: pensamento, sentimento, sensação e intuição. Essas funções são então divididas em pares de opostos polares, com pensamento e sentimento num eixo e sensação e intuição no outro. (Precisamos ser cuidadosos para não confundir a terminologia junguiana com nosso uso coloquial desses termos. Ordinariamente poderíamos pensar em intuição e "pensamento" como uma dicotomia, e associar "sensação" com qualquer um dos nossos sentidos – tato, por exemplo – ou com intuição, como na expressão "Tenho uma sensação". Para entender o modelo de Jung, é melhor não nos distanciarmos de suas definições.) Jung resumiu as quatro funções desta maneira: "Em sensação eu incluo todas as percepções feitas com os órgãos dos sentidos; por pensamento, entendo a função de cognição intelectual e a formação de conclusões lógicas; sentimento é uma função de avaliação subjetiva; como intuição considero a percepção por meio do inconsciente, ou a percepção de conteúdo inconsciente."

As quatro funções são raramente distribuídas de maneira uniforme; somos basicamente orientados numa direção ou noutra em cada dicotomia. A preferência de uma pessoa é mais ou menos determinada no nascimento e fortalecida através do uso, uma vez que o modo favorecido é exercitado e o menos favorecido é desprezado. Segundo a concepção junguiana, cada um de nós estaria localizado em um certo ponto em cada eixo, e cairia num dos quatro quadrantes (ver Fig. 1).

Os junguianos vêem sensação e intuição como *funções da percepção*, e pensamento e sentimento como *funções de julgamento*. A percepção determina o que sabemos; o julgamento determina o que

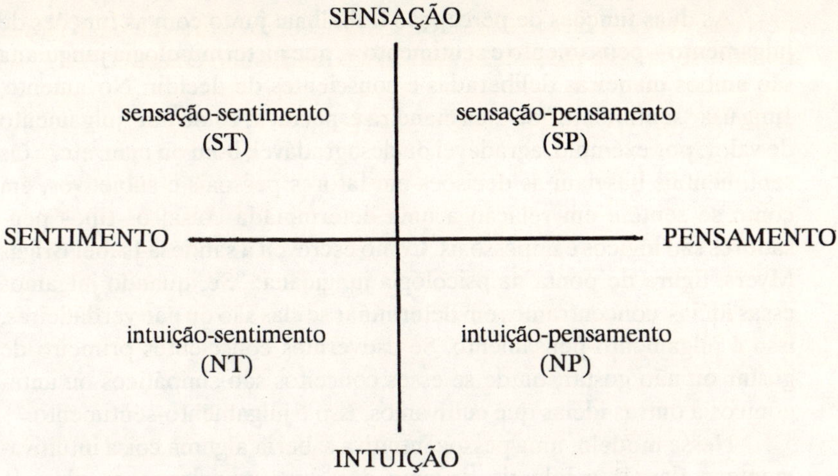

Figura 1. Os Tipos Psicológicos de Jung.

fazemos em relação ao que sabemos. No eixo da percepção, sentir faz-nos conscientes das coisas à medida que elas aparecem; é um coletor de dados, captando informações do mundo exterior. A intuição traz informações de dentro; ela olha além das aparências para relacionamentos, interpretações, possibilidades e significados interiores.

Segundo Robert Hanson, psicólogo junguiano, os que tendem para a sensação "ficam especialistas em observação, tendem a ser muito práticos, realistas, bons para lembrar e trabalhar com coisas e fatos, como ferramentas, maquinaria, datas, quantidades, resultados, locais e acontecimentos". O tipo sensitivo está interessado no aqui e agora. Em contraste, a pessoa intuitiva, diz Hanson, "tende a perceber as coisas em termos de possibilidades, significados e relacionamentos. O intuitivo tem uma imaginação ativa, está continuamente surgindo com novas idéias, geralmente está inspirado e gosta de abordar problemas novos e não resolvidos". Os tipos sensitivos colocam sua atenção em realidades práticas, concretas e tangíveis; inclinam-se para os procedimentos padronizados e não se sentem à vontade com complexidades e ambigüidades. Os intuitivos, em contraste, são estimulados por idéias abstratas e por implicações e relacionamentos entre conceitos; gostam de fazer as coisas de sua própria maneira; o desconhecido, o complexo e o novo os atraem.

As duas funções de percepção trabalham junto com as funções de julgamento – pensamento e sentimento –, que na terminologia junguiana são ambos maneiras deliberadas e conscientes de decidir. Novamente, Jung usa "sentimento" de uma maneira específica, como um "julgamento de valor, por exemplo, agradável ou desagradável, bom ou mau, etc.". Os sentimentais baseiam as decisões em fatores pessoais e subjetivos, em como se sentem em relação a uma determinada coisa; os tipos pensadores são lógicos e impessoais. Como escreveu a saudosa Isabel Briggs Myers, figura de ponta na psicologia junguiana: "Se, quando julgamos essas idéias, concentramos em determinar se elas são ou não verdadeiras, isso é julgamento-pensamento. Se estivermos conscientes primeiro de gostar ou não gostar, ou de se esses conceitos são simpáticos ou antagônicos a outras idéias que cultivamos, isso é julgamento-sentimento."

Nesse modelo, uma pessoa intuitiva saberia alguma coisa intuitivamente e depois a julgaria de uma das duas maneiras: organizando informações de maneira ordenada, procurando fatos e informações verificáveis e pensando-as objetivamente (o tipo *pensador*); ou agindo mais espontaneamente, subjetivamente, e talvez emocionalmente, segundo gostos e antipatias pessoais (o tipo *sentimental*). O primeiro seria um NP (os junguianos usam "N" para intuição porque uma outra categoria, introversão, usurpou o "I"; usaremos "T" para sentimento e "S" para sensação) e avaliaria com a cabeça; o segundo seria um NT e avaliaria com o coração. O NP pode ser um engenhoso solucionador de problemas, o NT um professor ou comunicador inspirado; o NP está interessado em idéias e verdades, o NT preocupa-se mais com pessoas e valores.

Os psicólogos junguianos têm usado essas classificações em uma variedade de colocações. Há mais de vinte anos, Isabel Briggs Myers projetou o Indicador de Tipos Myers-Briggs (ITMB), um instrumento empírico que serve para classificar pessoas segundo os tipos junguianos. O ITMB (que fica bastante complicado, pois às quatro funções são depois incorporadas outras dimensões) e derivados dele têm sido amplamente validados e aplicados em comércio, orientação e educação. Uma variação dele, o Inventário de Preferência de Aprendizado, delineado por Hanson, Silver & Associados, avalia o estilo de aprender preferido da pessoa. O instrumento, que tem sido usado em salas de aula para ajustar os procedimentos de ensino às diferenças individuais, contém trinta e seis itens. Aqui estão dois exemplos:

Prefiro perguntas que me

peçam para sair-me com idéias originais.

perguntem como as idéias estão relacionadas umas com as outras.

peçam para escolher a resposta correta.

perguntem como me sinto em relação às coisas.

Quando me defronto com uma obrigação difícil gosto

de falar com outros para ver o que precisa ser feito.

que me digam exatamente o que precisa ser feito.

de avaliar as coisas sozinho antes que alguém tente explicá-las para mim.

de encontrar maneiras novas ou diferentes de completar a tarefa.

Cada item está classificado em ordem de escolha, e o procedimento de atribuição de pontos coloca o indivíduo em um dos quatro quadrantes junguianos. Um intuitivo-sentimental (NT), por exemplo, segundo o manual da Hanson-Silver, é curioso, introspectivo, imaginativo e criativo; alguém que se atreve a sonhar, está comprometido com seus valores, aberto a alternativas, e constantemente à procura de maneiras incomuns de expressar-se. Também, os NTs são "ansiosos para explorar idéias, gerar novas soluções para problemas e discutir dilemas morais". São motivados por seus próprios interesses, sensíveis à beleza e independentes. Tolerantes quanto à ambigüidade, confiam em suas percepções, preferem não seguir procedimentos do tipo passo-a-passo e tomam caminhos circulares e inexplicáveis para chegar às soluções. Flexíveis, adaptáveis, aparentemente dispersos e caóticos, os NTs ficam à vontade trabalhando com um mínimo de diretivas. Suas respostas incomuns, únicas, inventivas, olham além dos fatos para o quadro geral. Mas os NTs são às vezes irrealistas e incapazes de planejar ou organizar; podem ficar tão entusiasmados que começam mais projetos do que podem completar.

Embora os intuitivos-pensadores (NPs) tenham muito em comum com os NTs, são mais teóricos, intelectuais e orientados para o conhecimento. Seu julgamento tende a ser mais analítico, lógico, crítico e, geralmente, impessoal. Mais organizados e sistemáticos que os NTs, eles tendem a planejar e pensar as coisas até o fim antes de começar a trabalhar. Os NPs adoram argumentar uma questão logicamente, são atraídos pela teoria e gostam de bancar o advogado do diabo. Sua preocupação primária é conceitualização, em vez de detalhes. Quanto às fraquezas, os NPs podem ser abertamente críticos, despreocupados com os sentimentos, intolerantes com as discordâncias, e podem monopolizar as conversações.

À primeira vista, o NP pode parecer muito não-intuitivo. Mas lembre-se que essas são preferências relativas. Um NP pode ser dominado pelo componente intuitivo, enquanto outro NP pode ser mais orientado pelo pensamento. Além disso, ambos diferem marcantemente do tipo sensitivo, que prospera em condições sistemáticas, concretas, programadas, e é atraído por números, detalhes e fatos. Ao acrescentar a dimensão sentimento-pensamento, o modelo junguiano permite-nos ampliar a visão e subdividir os tipos intuitivos. Ajuda, por exemplo, considerar John, o filósofo mencionado há pouco, um NP clássico. O NT é o tipo de pessoa que poderia assumir ser intuitivo, uma vez que avalia de maneira menos racional; o NP poderia dar a impressão oposta, mas mesmo assim ser igualmente intuitivo.

Como é o caso com todos os testes psicológicos, os instrumentos junguianos devem ser considerados com certa reserva. São auto-avaliações, indicando nossas preferências e observações declaradas sobre o nosso próprio comportamento. Muito possivelmente, alguém poderia responder como um tipo intuitivo ou sentimental porque há uma aura romântica e de sensibilidade em algumas questões; alguém poderia responder como um sensitivo ou pensador porque certas questões sugerem competência e qualidades de liderança. Devemos também observar que o modelo junguiano nos fala de estilo, não da *capacidade* intuitiva ou *qualidade* da intuição de uma pessoa, mas indica-nos que os tipos intuitivos tenderiam a usar, e portanto a desenvolver, sua intuição.

Utilizados com algum cuidado, os instrumentos de teste junguianos podem se constituir em ferramentas úteis para o auto-entendimento e ser aplicados a escolhas ocupacionais, designação de tarefas, seleção de pessoal e métodos de ensino e de treinamento. Eles podem ser pessoalmente reveladores. Muito freqüentemente, por exemplo, uma pessoa irá descobrir uma preferência por um estilo intuitivo de funcionamento e perceber ou que tem reprimido essa tendência de modo a projetar uma certa imagem, ou que suas atuais condições de trabalho forçam-no a sufocá-la.

Os instrumentos de teste foram delineados para uma variedade de situações, e os psicólogos correlacionaram o ITMB com outros dados. Desejando mais informações ou os próprios instrumentos, escreva para: The Center for Applications of Psychological Type, Inc., 414 SW 7th Terrace, Gainesville, FL 32601, um centro de informações sobre o ITMB; The Consulting Psychologists Press, 577 College Ave., Palo Alto, CA 94306, editores do ITMB; Hanson, Silver & Associates, Inc., Box 402, Moorestown, NJ 08057, consultores que projetam e aplicam instrumentos junguianos na Costa Leste. Weston Agor usou questões do ITMB no seu estudo, que está descrito em seu próximo livro, *Intuitive Management*.

A ESCALA INTUITIVA DE RESOLUÇÃO DE PROBLEMAS DE WESTCOTT

A pesquisa empírica mais extensa sobre a intuição foi feita por Malcolm Westcott em uma série de estudos que cobriram uma década terminando no final dos anos 60. Declaradamente predisposto ao modelo intuição-como-inferência, Westcott, atualmente na Universidade de York em Toronto, tentou definir pessoas intuitivas não apenas pelo estilo de comportamento como também pelo desempenho real. Depois, então, usou testes padrões de personalidade para determinar como são as pessoas intuitivas.

Westcott fazia as pessoas analisadas resolverem problemas envolvendo séries e analogias, tanto verbais como numéricas. Cada problema tinha uma única resposta, o que seria óbvio para qualquer um que tivesse todas as pistas. Por exemplo, o indivíduo devia preencher o número que falta na relação 16:____. As pistas, reveladas em ordem à medida que solicitadas, são 4:2, 9:3, 25:5, 100:10, 64:8. A resposta, naturalmente, é 4.

Westcott olhava em duas variáveis: primeiro, quantas pistas os indivíduos solicitavam antes de se disporem a fazer julgamentos; e, segundo, a correção das respostas. Ele concluiu que as duas medidas eram relevantes para os padrões segundo os quais normalmente julgamos as pessoas intuitivas: aqueles que pulam para conclusões precisas mais rapidamente que o esperado. Ele descobriu que as pessoas caíam em dois contínuos separados: um variava de muito preciso a impreciso, o outro de precisando de poucas pistas a precisando de muitas. Com base nos valores dos testes, Westcott dividiu cada um dos 1.097 indivíduos de seus onze estudos (197 homens, 900 mulheres, todos estudantes) em quatro grupos:

1. Pensadores intuitivos; poucas informações, muito bem sucedidos na descoberta de soluções.
2. "Chutadores"; poucas informações mas tipicamente malsucedidos.
3. Sucessos cuidadosos; informações excessivas e muito bem sucedidos.
4. Fracassos cuidadosos; malsucedidos apesar do excesso de informações.

Usando uma variedade de testes de personalidade e entrevistas, Westcott e seus colegas descobriram que as pessoas intuitivas tendem a ser:

não convencionais e à vontade nessa situação.
confiantes (eram mais seguras em suas respostas no teste que aquelas que esperavam mais pistas).
auto-suficientes (não baseavam suas identidades na participação em um grupo social).
emocionalmente envolvidas em questões abstratas, em termos intelectuais ou acadêmicos, ou em valores humanos (a distinção pode ser semelhante ao NP e NT junguiano).
dispostas a explorar incertezas e considerar dúvidas, e capazes de fazê-lo sem medo.
dispostas a se exporem a críticas e desafios.
capazes de aceitar ou rejeitar as críticas quando necessário.
dispostas a mudar de maneiras que consideram apropriadas.
resistentes a controle e direcionamento externo.
independentes.
previdentes.
espontâneas.

Houve claras diferenças de personalidade entre intuitivos e chutadores, ambos parecendo ter um estilo intuitivo na medida em que requeriam relativamente poucas pistas. Os chutadores, que não eram bons na solução de problemas, eram absorvidos consigo mesmos, cínicos, e tinham alto grau de problemas físicos e emocionais. Havia também uma clara distinção entre pessoas intuitivas e pessoas de sucessos cautelosos, que tinham respostas corretas mas que necessitavam de muita informação.

Esses últimos se destacaram na preferência pela ordem, certeza, controle e respeito pela autoridade. Mais conservadores, funcionam melhor em situações onde as expectativas são claramente estabelecidas. Essas diferenças correspondem à distinção comum entre estilos intuitivo e racional.

Precisamos ser circunspectos quanto tentamos generalizar a partir dos estudos de Westcott. Ele usou estudantes em situações altamente artificiais, onde havia pouca motivação intrínseca. E ele estava testando intuição de um tipo específico (se é que, de fato, *era* intuição) que pode não ser comparável à intuição associada com rompantes imaginativos, inspiração criativa, introspecções interpessoais penetrantes, ou revelação espiritual. E nem a estruturação lembrou a vida real: cada problema tinha apenas uma única resposta certa; os problemas e os ingredientes necessários para a solução eram claramente definidos; e as respostas podiam ser obtidas com pura dedução.

Não obstante, as estruturas de personalidade que emergem dos estudos de Westcott (documentados em seu livro de 1968, *Toward a Contemporary Psychology of Intuition*) correspondem muito de perto aos dados junguianos sobre o tipo intuitivo. E ambos se encaixam bem com os dados sobre estilos de solução de problemas e com medidas de qualidades associadas com pessoas intuitivas: criatividade, originalidade e independência de julgamento. As estruturas descrevem uma constelação de características: não-conformistas, autoconfiantes e altamente motivados que podem tolerar ambigüidade, mudança e incerteza, e dispostos a se arriscarem a parecer tolos ou estar errados.

Não há nenhuma resposta fácil para a pergunta "Quem é intuitivo?" Mas, usados com cautela, os testes e estruturas de personalidade existentes podem ajudar-nos a reconhecer pessoas intuitivas. Quando uma situação exige uma abordagem intuitiva, as pessoas que preenchem as características deverão, em média, ser mais adequadas. Embora não haja garantia, é provável que as pessoas independentes, confiantes e flexíveis aprendam a usar sua intuição melhor que a maioria. De fato, é provavelmente verdade que uma das razões de elas *terem* essas características é que em algum ponto aprenderam a confiar em suas vozes interiores.

Quando defrontadas com incerteza e ambigüidade, as pessoas sem esses aspectos poderão tentar restabelecer o equilíbrio impondo o máximo de previsibilidade que puderem, grudando-se como cola a regras e procedimentos rígidos, ou procurando a segurança geralmente falsa das estatísticas. Elas poderão definir problemas de maneira excessivamente simples, coletar informações somente em locais seguros, e considerar apenas alternativas seguras e predizíveis. Dessa maneira desencorajam suas mentes intuitivas de operar efetivamente. Aqueles que gostam, ou pelo menos toleram, condições de incerteza e que são adaptáveis e independentes, têm mais probabilidade de encorajar sua intuição e dar-lhe espaço para operar.

Poderia ser tentador para qualquer um que queira tornar-se mais intuitivo, tentar cultivar os atributos e estilos da personalidade intuitiva. Isso, porém, deveria ser feito com cuidado. É perigoso adotar certos comportamentos externos na esperança de ser transformado internamente. A tensão do indivíduo de tentar ser algo que não é pode representar uma barreira maior à intuição do que os traços de comportamento. Certos aspectos da personalidade intuitiva e do estilo intuitivo podem, no entanto, ser adotados sem artifícios demais e sem o sacrifício das nossas tendências naturais. Fazer isso pode ser um benefício definitivo à intuição. Voltaremos a esse assunto no Capítulo 8.

VOCÊ É INTUITIVO?

Se essa questão se referir à qualidade da intuição, só poderá ser respondida através de uma cuidadosa avaliação das suas experiências, o que pode ser realizado sistematicamente com o diário descrito no Capítulo 10. Enquanto isso, aqui está um questionário que irá ajudá-lo a avaliar seu estilo básico de abordar problemas e decisões. Na medida em que existe uma correlação entre estilo intuitivo e a qualidade da intuição, o resultado poderá refletir este último aspecto também. Para cada item, escolha a alternativa, A ou B, que melhor se aplique a você.

1. Quando não tenho uma resposta pronta, minha tendência é ficar
   - A. paciente.
   - B. impaciente.
2. Quando defrontado com incerteza, geralmente
   - A. fico desorientado.
   - B. permaneço à vontade.
3. Em situações de desafio, fico altamente motivado e profundamente comprometido

A. na maioria das vezes.
B. ocasionalmente.

4. Quando minha intuição difere dos fatos, minha tendência é
   A. confiar em meus sentimentos.
   B. seguir o curso lógico.
5. Ao trabalhar em um problema difícil, minha tendência é
   A. concentrar-me em encontrar a solução.
   B. jogar com possibilidades.
6. Quando discordo de outros, minha tendência é
   A. fazer com que saibam disso.
   B. conservar a discordância para mim.
7. Falando de maneira geral, eu
   A. prefiro a maneira segura.
   B. gosto de correr riscos.
8. Ao trabalhar com um problema, mudo de estratégia
   A. raramente.
   B. com freqüência.
9. Prefiro que me digam
   A. exatamente como fazer as coisas.
   B. apenas o que precisa ser feito.
10. Quando as coisas ficam muito complicadas, eu
    A. me divirto.
    B. fico inseguro.
11. Quando defrontado com um problema, geralmente
    A. crio um plano ou esboço antes de começar.
    B. mergulho diretamente.
12. Na maioria das vezes
    A. as mudanças me deixam nervoso.
    B. acolho as mudanças inesperadas.
13. Minha leitura consiste em
    A. uma variedade de assuntos, incluindo ficção.
    B. material factual relacionado principalmente com meu trabalho.
14. Quando minha opinião difere da de especialistas, geralmente
    A. fico com minhas crenças.
    B. submeto-me à autoridade.
15. Quando defrontado com uma série de tarefas, eu

A. tento resolvê-las simultaneamente.
B. termino uma antes de passar para a outra.

16. Ao aprender algo novo, eu
    A. procuro dominar as regras e procedimentos primeiro.
    B. começo e aprendo as regras no decorrer do processo.
17. No trabalho eu prefiro
    A. seguir um cronograma já pronto.
    B. fazer meu próprio cronograma.
18. Na escola eu era (sou) melhor em
    A. questões discursivas.
    B. questões de resposta curta.
19. Basicamente, eu sou
    A. um idealista.
    B. um realista.
20. Quando cometo um erro, minha tendência é
    A. reconsiderá-lo eu mesmo.
    B. esquecê-lo e ir em frente.
21. A seguinte afirmação melhor se aplica a mim:
    A. Geralmente consigo explicar exatamente por que eu sei alguma coisa.
    B. Normalmente não consigo descrever por que eu sei alguma coisa.
22. Ao oferecer uma descrição ou explanação, é mais provável eu me apoiar em
    A. analogia e relato.
    B. fatos e números.
23. Geralmente posso ser convencido por
    A. um apelo à razão.
    B. um apelo às minhas emoções.
24. Quando estou errado, eu
    A. admito prontamente.
    B. me defendo.
25. Eu seria melhor chamado de
    A. imaginativo
    B. prático.
26. Quando defrontado com um problema difícil, minha tendência é

A. pedir conselho.
B. tentar resolver eu mesmo.

27. Pessoas imprevisíveis são
   A. aborrecidas.
   B. interessantes.
28. Ao marcar um compromisso para a semana seguinte, é mais provável eu dizer
   A. "Vamos marcar a hora exata agora."
   B. "Ligue-me um dia antes."
29. Quando alguém atrapalha meus planos, eu
   A. fico aborrecido.
   B. faço calmamente novos planos.
30. Quando tenho um pressentimento, geralmente reajo com
   A. entusiasmo.
   B. desconfiança.
31. A maior parte de meus amigos e colegas
   A. acreditam no valor da intuição.
   B. são céticos sobre a intuição.
32. Sou melhor conhecido como
   A. uma pessoa de idéias.
   B. uma pessoa de detalhes.

Contagem de Pontos

Marque um ponto se respondeu A nos seguintes itens: 1, 3, 4, 6, 10, 13, 14, 15, 18, 19, 22, 24, 25, 30, 31, 32.

Marque um ponto se respondeu B nos seguintes itens: 2, 5, 7, 8, 9, 11, 12, 16, 17, 20, 21, 23, 26, 27, 28, 29.

Se o seu total de pontos foi 24 ou mais, você tem forte tendência para uma abordagem intuitiva das decisões e problemas. É mais do que provável que você confie na sua intuição, e deveria, pois ela provavelmente é muito precisa.

Se o seu total ficou entre 16 e 23, você tende a variar de estilo, mas é mais intuitivo do que analítico ou sistemático. Sua intuição provavelmente é correta a maior parte das vezes.

Se o seu total estiver entre 8 e 15, você tende a misturar estilos mas inclina-se mais para o analítico e racional do que para o intuitivo. Sua intuição pode ser inconstante.

Se seu total for menor que 8, você se inclina fortemente para uma abordagem sistemática e racional dos problemas e decisões. É possível que você não confie muito na sua intuição, devido talvez a experiências passadas onde ela falhou.

Ao avaliar esses resultados, não considere este teste como uma medida definitiva da sua capacidade intuitiva. Em primeiro lugar, não existem padrões universalmente aceitos para se fazer tais julgamentos; nenhuma tentativa sistemática de determinar tanto a capacidade como o estilo, incluindo esta aqui, foi comprovada com uso extenso. Ademais, mantenha em mente os pontos levantados neste capítulo: é provável que você seja mais intuitivo, e confie mais em sua intuição em algumas situações do que em outras. Um número alto de pontos no questionário é uma boa indicação de comportamento positivo, estimulador da intuição. Nesse aspecto, as questões também podem servir como um instrumento para introspecção e desenvolvimento.

Capítulo 6

Cérebro Direito, Teoria Errada

Embora ninguém saiba exatamente como a intuição trabalha, muita gente acha que sabe *onde* ela trabalha: no hemisfério direito do cérebro. Artigos em revistas populares nos últimos anos, e até mesmo em publicações científicas, fazem isso parecer um fato estabelecido. Não é. A pesquisa sobre a repartição do cérebro que deu um Prêmio Nobel a Roger Sperry, e que está sendo continuada por cientistas notáveis, abriu novas portas na busca do entendimento do cérebro. Em suas primeiras descobertas, estão talvez as sementes do que poderia algum dia tornar-se uma descrição neurológica de como a intuição funciona. Mas neste ponto não existe nenhuma justificativa para concluir que a intuição é propriedade do cérebro direito apenas.

Numa época, o cérebro direito era considerado o hemisfério "silencioso" ou "menor". Daí, quando se descobriu que o hemisfério direito fazia coisas que o hemisfério esquerdo "dominante" não fazia, iniciou-se uma pequena moda. Em 1977 Daniel Goleman escreveu uma sóbria avaliação em *Psychology Today* intitulada "Psicologia da Repartição Cerebral: A Coqueluche do Ano", onde ele observa que modas podem inspirar tanto pesquisas novas e importantes como popularização deturpada. No caso da repartição cerebral, as duas coisas aconteceram. O lado do modismo leva a se tomar dicotomias observáveis, como pessoas analíticas e pessoas intuitivas, e descuidadamente enfiá-las no modelo dos dois hemisférios. Por fim, a comunidade científica puxou as rédeas da ênfase exagerada, mas o público em geral continua a ser assediado por distorções e exageros simplistas. Em alguns círculos, a orientação do cérebro está ameaçando substituir os signos astrológicos como o rótulo de escolha da personalidade.

O LADO DIREITO E O LADO ESQUERDO

O que exatamente sabemos sobre os dois hemisférios do cérebro? No momento, segundo os especialistas, podemos dizer com confiança que o hemisfério esquerdo tem a distinta vantagem de tratar dos diversos aspectos da linguagem: falar, entender regras gramaticais e decifrar o significado das palavras. Ele parece ter o papel dominante na classificação de objetos em categorias lingüísticas padrão.

O hemisfério direito parece estar mais envolvido em atividades espaciais, como a manipulação mental de uma imagem ou encontrar a direção em um labirinto ou lugar desconhecido. Também parece ser mais sensível às emoções, permitindo-nos expressá-las e reconhecê-las em outros. E tem uma participação relativamente mais importante que o hemisfério esquerdo nas discriminações sensoriais mais precisas, como o reconhecimento de fisionomias.

Além disso, existem certas evidências de que, nas palavras de Sally Springer e George Deutsch, autores de *Left Brain, Right Brain*: "O hemisfério esquerdo tende a tratar de mudanças rápidas de tempo e a analisar os estímulos em termos de detalhes e características, enquanto o hemisfério direito trata dos relacionamentos simultâneos e das propriedades mais globais dos padrões." Essa distinção, que não é universalmente aceita, é geralmente interpretada como designando ao hemisfério esquerdo os rótulos "seqüencial" ou "linear" e ao hemisfério direito os termos "simultâneo", "holístico" ou "não linear".

Esse tanto está bem documentado. E o que dizer das outras polaridades que encontramos nos indefectíveis artigos de revista, como exemplificamos abaixo?

Hemisfério esquerdo	*Hemisfério direito*
ocidental	oriental
objetivo	subjetivo
intelecto	sentimentos
dedutivo	indutivo
convergente	divergente

ligado ao tempo	independente do tempo
rèalístico	imaginativo
científico	artístico
consciente	inconsciente
desperto	sonhador
mente	coração
lógica	intuição
racional	intuitivo

Essas são conjecturas, inferências feitas com base nas poucas diferenças não contestadas entre os hemisférios. Quando consultados, uma série de psicólogos e pesquisadores do cérebro familiarizados com a literatura sobre a repartição dos cérebros afirmaram sem exceção, alguns com grande desespero, que a maioria das dicotomias estão grosseiramente simplificadas e que algumas estão simplesmente incorretas. Richard Davidson, diretor do Laboratório para Psicologia Cognitiva da Universidade Estadual de Nova York em Purchase, disse que chamar a intuição de função do hemisfério direito é "extremamente simplista e impreciso, uma tentativa de encontrar uma resposta fácil para o que, com toda a probabilidade, é uma função fantasticamente complicada".

É fácil entender, no entanto, por que a intuição foi colocada no hemisfério direito. Algumas das qualidades associadas com ela soam muito bem como especialidades do cérebro direito. O conhecimento intuitivo pode ser difuso e sem conteúdo lingüístico, enquanto que o conhecimento adquirido através da razão geralmente está embalado em palavras e depende de categorização precisa de símbolos e conceitos. A intuição é uma experiência instantânea e global que reúne padrões de significado, e o cérebro direito parece processar informações de forma simultânea ou paralela. Pensamos na intuição como a faculdade que nos dá conhecimento das intenções ocultas e dos sentimentos reais das outras pessoas, e o cérebro direito parece estar mais apto a discernir e expressar emoções.

Mas tudo que podemos dizer com segurança neste ponto é que as experiências intuitivas envolvem qualidades cognitivas que agora parecem estar associadas com o hemisfério direito, o que não é exatamente a mesma coisa que dizer que é uma *função* do hemisfério direito ou que *reside* nele. No caso, usamos a intuição para tratar de atividades supostamente do cérebro esquerdo; por exemplo, captamos intuitivamente o significado de uma frase verbal ou um conceito lingüístico. De modo semelhante, como vimos no Capítulo 4, uma intuição pode ser percebida em palavras.

Também, embora o funcionamento seqüencial do hemisfério esquerdo seja representado como antitético à intuição, aquele lado do cérebro deve, no mínimo, desempenhar um papel importante no processamento das informações que depois se manifestam como pressentimento ou lampejo. Pensamos na intuição como uma cognição não linear e holística, mas essa é uma descrição da experiência real. Com certeza, o hemisfério esquerdo está envolvido na sintetização e nas atividades de processamento que a precedem, se não no momento intuitivo em si.

Além disso, o cérebro direito não pode ser inteiramente não lógico. As atividades espaciais onde ele se destaca (interpretar mapas e vencer labirintos, manipular mentalmente formas geométricas, reconhecimento de padrões) são muitas vezes utilizadas quando nos engajamos no ato, supostamente do cérebro esquerdo, de raciocinar. Os matemáticos fazem jogos visuais e espaciais na cabeça enquanto pensam um problema; os viajantes raciocinam suas rotas visualmente; os gerentes imaginam espacialmente a seqüência de produção de operários e máquinas. Mesmo os sonhos e fantasias, que algumas pessoas atribuíram ao hemisfério direito, demonstram possuir uma lógica e seqüencialidade próprias. E decifrar emoções, que tem sido chamado atividade do cérebro direito, pode incluir análise e lógica rigorosas, como qualquer psicólogo clínico pode confirmar.

Os estudos sobre a divisão do cérebro utilizam testes espaciais ou lingüísticos, e geralmente descobrem que essas tarefas são processadas nos hemisférios direito e esquerdo, respectivamente. Mas não se segue necessariamente que a tarefa visual será tratada intuitivamente e a tarefa verbal racionalmente. Se, por exemplo, um participante no teste receber uma figura com uma forma geométrica complexa e lhe pedirem que determine quantas bordas ela tem, ele poderá muito bem analisar o problema verbalmente ou manipulando formas mentalmente. Do mesmo modo, se um problema for apresentado verbalmente (por exemplo, "John é mais alto que Paul; John é menor que Sam; quem é o mais alto?"), o indivíduo poderá raciocinar em termos pictóricos reordenando mentalmente os três homens, ou poderá ter a resposta em um lampejo intuitivo.

ESTUDANDO OS ESTUDOS

Ao examinar a natureza da pesquisa de lateralização, temos de pensar quão justificável é se fazer generalizações. Muito do que sabemos sobre a divisão do cérebro vem de estudos com pacientes cirúrgicos cujos cérebros foram quase literalmente separados. Alguns eram vítimas de epilepsia que tiveram comissurotomias, nas quais as fibras que ligam os dois hemisférios são danificadas. Outros pacientes tiveram um hemisfério todo removido, e alguns cérebros foram danificados por tumores, ferimentos, ou derrames. Quando esses indivíduos são incapazes de realizar certas funções, presume-se que as regiões danificadas do cérebro são responsáveis pelo comportamento defeituoso. Inferimos então que as áreas danificadas realizariam as funções nos cérebros normais.

Mas indivíduos com cérebro danificado não são exemplos típicos encontrados por aí. Podemos, com segurança, extrapolar para a população como um todo? A maioria dos neurocientistas acha que não. Springer e Deutsch, cujo livro provavelmente é a melhor fonte sobre lateralização do cérebro para o leitor leigo, observam "a marcante adaptabilidade do cérebro" e concluem que "não é possível tirar conclusões seguras sobre as atividades do cérebro normal a partir unicamente do que aprendemos na clínica de cérebros danificados".

Estudos com pessoas normais têm empregado uma variedade de métodos engenhosos destinados a isolar o comportamento de cada hemisfério para ver qual deles tem um papel mais dominante em uma atividade particular. Informações são apresentadas seletivamente a cada um dos ouvidos, ou a um dos olhos, uma vez que cada um transmite para o lado oposto do cérebro apenas. Outros métodos incluem observar o movimento dos olhos ou a inclinação da cabeça quando um indivíduo se engaja em diferentes tarefas. Diversos eletroencefalogramas (EEG) e outros processos são usados para ver que partes do cérebro são mais ativas nos diversos momentos.

Em geral, esses estudos corroboram as distinções espaciais e de linguagem descobertas em estudos sobre indivíduos com cérebros danificados. Porém, como aponta Howard Gardner, psicólogo da Universidade de Harvard, alguns dos métodos "apresentam estímulos de maneiras não familiares, e as inferências feitas a partir deles sobre processos normais são muito possivelmente erradas". Como alguns de seus colegas, Gardner também está preocupado que muitos experimentos não foram duplicados. Springer e Deutsch escrevem que estudos comparando resultados dos mesmos indivíduos em diferentes testes que visavam estudar a mesma função, raramente mostram um alto grau de correlação. Isso sugere que os testes não medem a mesma coisa, afinal. Os autores também observam que "testes repetidos com os mesmos indivíduos nem sempre produzem os mesmos resultados".

Embora considerados potencialmente importantes, os estudos de EEG até o momento produziram resultados confusos e muitas vezes conflitantes. Como os estudos que medem o fluxo sangüíneo, eles analisam o nível de atividade do córtex cerebral. A idéia é que as regiões mais ativas do cérebro são as mais responsáveis pelo tipo de operação que estiver sendo realizada no momento. No entanto, as diferenças nos níveis de atividade hemisférica, quando observadas, são geralmente pequenas. Nenhum hemisfério está totalmente ligado ou totalmente desligado durante qualquer atividade particular. Todos esses estudos demonstram o envolvimento simultâneo de muitas áreas do cérebro, até mesmo em simples devaneios. Além disso, nas áreas menos ativas pode estar acontecendo muito mais do que agora compreendemos. Dada a complexidade do cérebro e a vasta área de regiões não mapeadas, a EEG provavelmente esteja apenas arranhando a superfície, tanto no sentido figurado como no literal.

Também precisamos pensar se é válido relacionarmos experiências intuitivas reais com o que acontece nos estudos de lateralização em laboratório. Na maioria dos experimentos é dado um estímulo ao sujeito do teste e pede-se que ele reaja. Geralmente, não se envolve nada mais complexo do que simples percepção, e a resposta é imediata. Os testes estudam como os hemisférios reagem às informações que chegam. Desnecessário dizer, muito mais está acontecendo quando você tem um pressentimento sobre um problema não resolvido, ou uma forte sensação para agir de certa maneira, ou a resposta para um problema pendente lhe vem à mente de surpresa. As informações processadas pela mente intuitiva são geralmente retiradas de uma história de experiências anteriores e talvez do extra-sensorial ou outros caminhos que serão discutidos no Capítulo 7. O que se reúne no momento intuitivo pode ter sido uma contribuição dos dois hemisférios corticais, e provavelmente também de áreas do cérebro fora do córtex.

De fato, pode ser incorreto atribuir qualquer divisão rígida de trabalho aos hemisférios. Nós nem sabemos com certeza com que exatidão podemos aplicar os rótulos verbal/não-verbal. Acontece que o hemisfério direito tem uma grande competência lingüística, embora não possa dirigir a fala. Evidentemente, pacientes com lesões no cérebro direito retêm o uso da linguagem porque o hemisfério esquerdo está intacto, mas eles perdem algo: a capacidade de entender metáforas, nuanças sutis de significado implícito, sugestões emocionais. Também sabemos que o hemisfério esquerdo está envolvido em certos comportamentos que são não-verbais e espaciais, como atividade motora. Alan Gevins, da Universidade da Califórnia em San Francisco, observou há não muito tempo as ondas cerebrais de indivíduos engajados no reconhecimento de padrões. Segundo um artigo de Gary Selden no *Science Digest* de outubro de 1981, Gevins descobriu que "julgamentos numéricos ou espaciais bastante simples envolvem realmente muitas áreas dos dois lados do cérebro. Complexos padrões de eletricidade cerebral associados com esses julgamentos mudaram bem rapidamente: a cada 1/6 de segundo, um conjunto totalmente diferente de padrões complexos era observado".

A dicotomia analítico/holístico, que foi provavelmente o ímpeto inicial para atribuir a intuição ao hemisfério direito, também está sendo contestada. Justine Sergent da Universidade McGill encontrou evidências de que as diferenças hemisféricas podem estar relacionadas com o tamanho e quantidade de detalhes dos estímulos, com o hemisfério direito favorecendo informações maiores e não detalhadas. Como citado no *Brain/Mind Bulletin*, Sergent disse que estudos anteriores que sugeriram uma divisão analítico/holístico "podem não ter colocado as questões certas, chegando a conclusões que não são garantidas". Ela descobriu que os dois hemisférios reconhecem fisionomias e que os dois podem ler; as diferenças estão relacionadas com o tamanho das letras e o grau de semelhança entre as fisionomias. O estudo de Sergent sugere que os dois hemisférios analisam e que os dois percebem o todo, mas que o direito interpreta impulsos vagos enquanto que o esquerdo processa informações bastante detalhadas. Isso é mais uma evidência de que as diferenças hemisféricas podem estar relacionadas mais com a maneira como cada hemisfério manipula as informações captadas do que com a complexa reestruturação que leva à intuição.

Finalmente, devemos enfatizar que todas as diferenças descobertas entre os hemisférios são uma questão de grau; elas são diferenças *médias*. Nenhum lado do córtex jamais funciona com a exclusão do outro. Jerre Levy, cujo trabalho com o pioneiro Roger Sperry é responsável por grande parte do que sabemos sobre os dois hemisférios, enfatiza que as distinções funcionais não são tão rígidas ou absolutas como somos muitas vezes levados a crer. "No indivíduo normal os dois hemisférios estão em constante integração ativa e íntima colaboração", disse o dr. Levy. "Não existe quase nada que uma pessoa normal possa fazer que dependa apenas de um hemisfério. Possivelmente, se usarmos uma tarefa tremendamente simples, repetitiva, habitual e maçante, um cérebro normal poderá mostrar processamento assimétrico, mas no instante em que aumentarmos a dificuldade da tarefa, isso instigaria a atuação hemisférica bilateral."

Embora muito ampliada em proporção no que concerne à intuição, a moda da repartição do cérebro legitimou modos de conhecer não-verbais e não-seqüenciais, e isso sem dúvida irá levar a um entendimento mais límpido da neurobiologia da intuição. Talvez pesquisas futuras aprofundem o atual trabalho com percepção até situações que lembrem mais de perto a intuição da vida real. Seria interessante usar testes como os delineados por Malcolm Westcott para ver que hemisfério é dominante em que pontos do processo, e se há diferenças cerebrais significantes entre indivíduos intuitivos e não-intuitivos. Também poderíamos estudar os padrões cerebrais dos estilos intuitivo e sistemático e de pessoas nas diversas categorias junguianas.

Para muitos cientistas, as semelhanças e duplicações de funções entre os hemisférios é mais surpreendente que as especializações. À medida que adquirimos mais dados, é muito provável descobrirmos que funções complexas como intuição e razão envolvem os dois hemisférios. Qualquer especialização pode vir a estar relacionada com o assunto em questão, o tipo de intuição envolvido e diferenças individuais em treinamento, estratégia e preferência. Estudos sobre a separação dos hemisférios já descobriram diferenças entre indivíduos, alguns dos quais são mais aptos a usar seus hemisférios em alternância. Apesar do exagero de retórica sobre as "duas personalidades" dos hemisférios, ainda temos um só cérebro.

Enquanto isso, devemos estar alertas com as observações sobre intuição que despreocupadamente a localizam no hemisfério direito. Um perigo é pensar que qualquer característica associada com esse lado do cérebro também se aplica à intuição. A maior preocupação são os questionáveis procedimentos de auto-ajuda. Pessoas bem-intencionadas presumiram que estimular o hemisfério direito irá melhorar todas as funções intuitivas, desde "entrar em contato com seu corpo" até compreender Deus. Mesmo que soubéssemos com certeza que a intuição era uma especialidade do hemisfério direito, seria forçar a mão prometer que "ligar-se no hemisfério direito", seja o que for que isso signifique, poderia melhorar nossa intuição.

Por exemplo, um assessor apresenta o seguinte procedimento para a tomada de decisões: acalmar o cérebro esquerdo através de meditação ou hipnose (qualquer método antigo funciona, é o que fica implícito); "pergunte à sua intuição da metade direita qual o caminho a seguir"; depois "pergunte ao seu cérebro esquerdo o que deveria ser feito". Se obtiver respostas conflitantes de cada um dos hemisférios (pelo raciocínio do autor, uma resposta obtida racionalmente e outra intuitivamente), adie a decisão e, quando pressionado, siga o hemisfério que tenha sido mais bem sucedido no passado. Como você deve determinar que a mensagem "O que devo fazer?" vá para um hemisfério e não para o outro eu não sei, e como ter certeza de qual hemisfério está respondendo também é um mistério.

No momento, a maioria das técnicas do "cérebro direito" são baseadas em extravagantes extrapolações da pesquisa cerebral; promovê-las em nome de melhorar a intuição parece irresponsável. Que eu saiba, nem mesmo sabemos se elas se relacionam com estudos sobre a função cerebral, quanto mais com a intuição.

EM DIREÇÃO A UMA VISÃO INTEGRADA

Uma teoria neurológica da intuição terá sem dúvida que levar em consideração a imensa complexidade organizacional do cérebro. Terá que buscar conselhos na teoria dos sistemas e procurar suas explicações não apenas em termos de especializações das regiões cerebrais, mas também das maneiras como elas interagem. (A Fig. 2 representa as regiões relevantes do cérebro.) Os pesquisadores estão agora conseguindo um quadro mais integrado do cérebro como um todo. Mesmo a tarefa relativamente simples de ver parece ativar células cerebrais em áreas do cérebro bem-distanciadas daquilo que tem sido considerado o centro visual. E neurônios no centro visual parecem ser igualmente afetados pelo som e pelo tato.

A integração dos dois hemisférios poderia ser mais significativa na intuição complexa do que cada especialidade tomada separadamente. Sendo a natureza econômica como é, o imenso aparato que ela criou para transmitir informações de um hemisfério para o outro sem dúvida está aí para ser usado. O *corpus callosum*, que une os hemisférios corticais, contém cerca de 200 milhões de fibras. Segundo o psicólogo Bernard Baars, cada fibra pode se excitar uma média de quarenta vezes por segundo e até quase mil vezes por segundo quando muito ativa. Um volume de até 2 bilhões de informações cruza o *corpus callosum* a cada segundo, Baars diz, o que sugere um grau de cooperação entre os hemisférios que ainda nem começamos a avaliar. Pesquisas sobre Meditação Transcendental, por exemplo, observaram um alto grau de coerência de ondas cerebrais (ondas registradas de diferentes áreas deslocando-se em padrões ordenados ao longo do tempo) entre os dois hemisférios. Discutiremos as implicações disso no próximo capítulo.

Ademais, o córtex cerebral, que recobre o restante do cérebro como uma capa e constitui um quarto do seu volume, tem diversas divisões funcionais, não apenas os hemisférios direito e esquerdo. No tipo de tarefas usadas nos estudos de lateralização cerebral, faria sentido procurar diferentes padrões de ativação em várias partes de cada hemisfério. Por exemplo, a área frontal do hemisfério esquerdo poderia ser ativada ao mesmo tempo que as regiões posteriores mostram ativação do hemisfério direito. Tais padrões estão, de fato, sendo descobertos. Possivelmente, a frente do cérebro seja lateralizada diferentemente da parte posterior. Isso faria sentido, pois sabe-se que frente e dorso possuem funções diferentes.

O lóbulo frontal, que cobre os dois hemisférios mais ou menos atrás da testa e das têmporas, é particularmente interessante, dada sua aparente participação na determinação do nosso senso de futuro. É nessa área, evidentemente, onde o planejamento é feito. As pessoas com lesão no lóbulo frontal estão, de certa maneira, atadas ao passado; suas ações restringem-se basicamente ao comportamento já aprendido. Não conseguem fazer projeções e realizar estratégias de longo prazo. Há também evidências de que quando uma pessoa se encontra num estado de expectativa, certas ondas cerebrais (chamadas de "ondas de expectativa") aumentam no lóbulo frontal. Talvez a região frontal contribua significativamente com a intuição, particularmente com sua função de predição.

Precisamos também considerar as áreas não corticais, como o sistema de ativação reticular (SAR) e o sistema límbico. O SAR é uma rede de nervos que se estende pela base do cérebro até o mesencéfalo, de onde suas fibras se espalham, conectando muitas áreas do cérebro. Também chamado de "despertador do cérebro", o SAR estimula o córtex para que ele possa receber as informações que chegam. Com a experiência, o SAR aprende a ser seletivo; ele se adapta às exigências individuais, alertando o córtex apenas para o que ele considera relevante. Uma vez acionado o alarme, o SAR continua a funcionar, mantendo o estado de alerta enquanto necessário. Na medida em que a intuição depende da captação de informações de natureza sutil

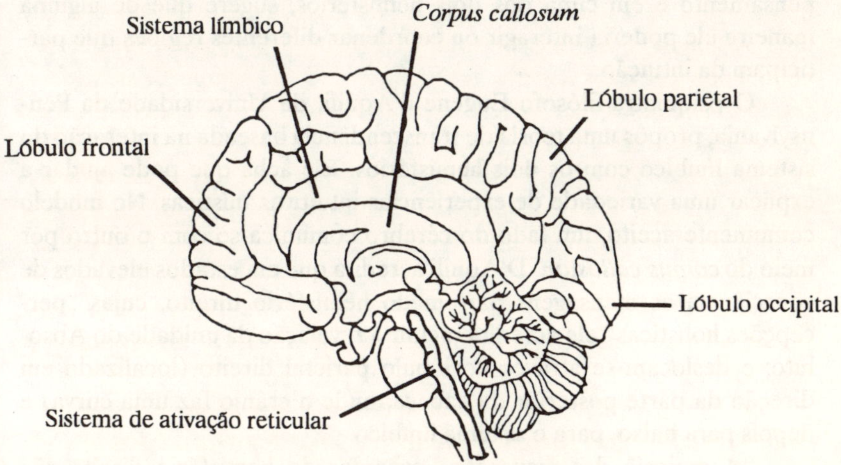

Figura 2. Seção Transversal do Hemisfério Direito

e talvez subliminar, o SAR poderia estar envolvido nos estágios iniciais. Poderia ter também uma participação na ativação das áreas apropriadas, quando confrontado com um estímulo ambiental que possa provocar relações intuitivas. Além disso, o SAR ajuda a determinar o nível de estimulação do sistema nervoso, o que é significativo na medida em que uma condição de baixa estimulação/alta vigilância é favorável à intuição.

Com o formato de um C rebuscado de um texto medieval, o sistema límbico envolve a parte superior da base do cérebro. Ele é chamado de cérebro antigo ou primitivo; consiste de um grupo de estruturas inter-relacionadas e parece ser o centro das emoções. Ele parece ter o que Charles Hampden-Turner, em *Maps of the Mind*, chamou de "inteligência do sentimento". Muito possivelmente, os componentes emocionais e estéticos da intuição (a alegria da descoberta, a sensação de prazer, a noção de beleza e de totalidade que acompanham o conhecimento) estão ligados com o sistema límbico. O sistema também pode ter participação nas mudanças de humor, motivação e atenção; uma vez que confiança, comprometimento e receptividade são variáveis importantes no pensamento intuitivo, essa função poderia ser significativa. Finalmente, a localização do sistema límbico, logo embaixo do córtex do pensamento e em cima dos dois hemisférios, sugere que de alguma maneira ele poderia interagir ou coordenar diferentes regiões que participam da intuição.

O psiquiatra/filósofo Eugene d'Aquili, da Universidade da Pensylvania, propôs uma teoria de transcendência baseada na interação do sistema límbico com os dois hemisférios. Ele acha que pode ajudar a explicar uma variedade de experiências intuitivas místicas. No modelo comumente aceito, um lado do cérebro comunica-se com o outro por meio do *corpus callosum*. D'Aquili acredita que em estados elevados de consciência as mensagens partem do hemisfério direito, cujas "percepções holísticas" ele acredita incluir a revelação da unidade do Absoluto, e deslocam-se através do lóbulo parietal direito (localizado em direção da parte posterior da cabeça, onde o crânio faz uma curva) e depois para baixo, para o sistema límbico.

"A maioria das mensagens oriundas do hemisfério direito são decompostas pelo esquerdo em sua própria linguagem verbal e analítica", d'Aquili relatou à *Science Digest*, em agosto de 1982. "Mas quando o sistema límbico está envolvido, o pensamento desloca-se do hemisfério direito para o esquerdo sem censuras, porque as emoções o conduzem. Com efeito, a percepção de gestalt e uma simultânea irrupção de emoções convencem o esquerdo de que a percepção é verdadeira." Daí a qualidade vívida e revelatória da consciência "cósmica" ou "oceânica" e a inabalável convicção que geralmente acompanha as experiências de relação com a Unidade.

Para mim, as conjecturas de d'Aquili são meio forçadas; elas dependem demais do tipo de divisão inflexível de trabalho que tem afligido outras interpretações das descobertas sobre a divisão do cérebro, representando os hemisférios como monarcas discutidores e ligeiramente competitivos. Ele parece cometer o engano tão comum de presumir que o holismo da transcendência deve ser um fenômeno do lado direito porque esse hemisfério processa informações de forma não seqüencial. Mas a transcendência não envolve processamento de informações no sentido normal. Ademais, parece absurdo querer localizar o que é essencialmente uma experiência de infinidade; a pesquisa de Meditação Transcendental que mencionamos antes indica que a coerência inter-hemisférica é maior durante a transcendência. Não obstante, ao abrir o modelo dos dois hemisférios para outras partes do cérebro, d'Aquili está provavelmente no caminho certo.

Os lóbulos frontais, o sistema de ativação reticular e o sistema límbico são apenas algumas das subseções do cérebro que poderiam interagir com os hemisférios cerebrais no complexo processo da intuição. Mencionei-os particularmente apenas como conjectura, na esperança de estimular pesquisadores interessados em intuição.

A IMPRESSIONANTE MICROESTRUTURA

Quando lhe perguntaram se havia alguma coisa diferente no cérebro de um gênio, o neurocirurgião Irving S. Cooper uma vez disse: "Estou certo que há... Estou usando o termo 'gênio' num sentido bastante restrito. Estou pensando em Newton ou Einstein, alguém que intuitivamente sabe a resposta de um problema muito antes de saber por quê. Seus cérebros trabalham mais depressa, de um lado. Há bilhões de conexões sendo feitas... e estão sendo feitas quimicamente, além de eletrofisiologicamente."

As pessoas intuitivas realmente parecem fazer conexões mais rápidas e melhores. Por essa razão, qualquer teoria satisfatória teria que cavar mais fundo do que a organização funcional normal das regiões cerebrais e tomar conhecimento da magnífica microestrutura onde as conexões são feitas. O cérebro contém cerca de 100 bilhões de células, um décimo das quais são os *neurônios*, que chamamos de células nervosas. Cada neurônio já foi comparado com um pequeno computador, e pode comunicar-se com milhares de outros através dos 200.000 km de ramificações chamadas *dendrites*, formando uma rede tão vasta que faz nosso sistema telefônico parecer uma série de sinais de fumaça. Quando as dendrites de uma célula aproximam-se das de outra, substâncias químicas chamadas *neurotransmissores* enviam mensagens pelas brechas, sendo essa relação de contato chamada *sinapse*. Os computadores podem fazer conexões com incrível velocidade, mas o fazem uma de cada vez. O cérebro pode manejar muitos processos independentes simultaneamente, e uma mudança dentro de uma célula pode, segundo John Eccles, laureado com o Prêmio Nobel, propagar-se para centenas de milhares de outras no espaço de vinte milissegundos.

Por muito tempo, os cientistas interessados nessa microestrutura labiríntica concentraram-se na estrutura das células do neurônio. Agora outros componentes estão assomando, muito mais importantes do que alguém já imaginara. Os neurotransmissores e diversos hormônios cerebrais, por exemplo, parecem ter uma importante participação no comportamento cognitivo, levando alguns pesquisadores a conjecturar se o cérebro não é mais parecido com uma glândula endócrina do que com um computador. Os neurotransmissores também parecem estar envolvidos nos sentimentos, pois experiências emocionais estimulam a liberação de algumas dessas substâncias químicas. Os cientistas que estão classificando essa descoberta dizem que ela é extremamente complexa. A mesma substância, por exemplo, passará mensagens diferentes dependendo da parte do cérebro onde vá.

Em cada dendrite há centenas ou mesmo milhares de projeções nodulosas chamadas *espinhas dendríticas*. Francis Crick, co-descobridor com James Watson do formato em hélice dupla do DNA, acredita que essas inumeráveis espinhas podem ter participação no aprendizado. Uma estrutura até há pouco negligenciada e que poderá um dia ajudar-nos a entender os eventos cognitivos como a intuição, é a *célula glial*, 100 bilhões das quais circundam e recobrem os neurônios. Até recentemente os pesquisadores achavam que essas células sem ramificações atuavam apenas como uma proteção para os neurônios condutores de informações. Agora os cientistas percebem que as células gliais são eletricamente sensíveis, e que estão mais integralmente envolvidas na atividade cognitiva do que se suspeitava anteriormente. A função precisa delas ainda não é conhecida. Alguns pesquisadores acham que as células gliais poderiam amplificar sinais elétricos fracos ou talvez estimular o intercâmbio químico nas junções sinápticas.

A velha imagem de um sistema de relês eletroquímico composto de neurônios pode estar pronta para modificações à medida que a real complexidade do cérebro é revelada. Tocamos em apenas alguns dos elementos da microestrutura que poderão um dia fazer grandes revelações sobre como a mente, com velocidade tão fantástica, pode reunir informações apenas remotamente relacionadas no tempo e em significado para formar o súbito pressentimento ou sensação que chamamos de intuição. Aqueles bilhões de células e miríades de substâncias químicas certamente têm bastante com que trabalhar: o cérebro poderia ser capaz de armazenar até um quatrilhão de *bits* de informação.

Uma vez que realmente não sabemos como o cérebro trabalha até mesmo nas mais rudimentares atividades sensórios-motoras, levará algum tempo antes de podermos saber o que acontece quando fazemos algo tão rotineiro como lembrar de um número de telefone, e muito mais tempo ainda até podermos determinar a neurofisiologia da intuição. A pesquisa do cérebro tem-se desenvolvido na suposição de que a mente pode ser entendida descobrindo-se que parte do cérebro faz o quê, como se ele fosse uma pequena fábrica com atividades especializadas alocadas em diferentes seções de uma linha de montagem protoplásmica. A visão mecanicista tem sido suplementada pela tradicional atitude reducionista, que defende a tese de que algum dia entenderemos o cérebro reduzindo tudo o que ele faz a eventos químicos e elétricos elementares.

Para algumas pessoas essa perspectiva representa triunfo, para outras derrota. Será que tudo isso que chamamos de mente, e tudo isso que chamamos de saber, está condenado ao mesmo destino de "nada além de" que, segundo algumas teorias, já reduziu a própria vida a fenômenos bioquímicos? Eu acho que tanto os materialistas como os românticos estão à beira de uma surpresa. Como concluiu Wilder Penfield após uma ilustre carreira de pesquisa cerebral, "Será sempre impossível explicar a mente com base na ação neurônica dentro do cérebro."

O reducionismo – a noção de que podemos entender as coisas descobrindo as propriedades de suas partes constituintes –, é baseado em uma monótona concepção mecanicista do universo e da matéria. Mas, por estranho que pareça, o reducionismo inevitavelmente atinge um ponto onde deixa o mecanicismo no desamparo. A ciência, na verdade, não reduziu a vida e a matéria a fenômenos bioquímicos: ela foi muito além desse conceito. Tão inesperadamente que, sem eles próprios ainda não entenderem bem seu significado, os cientistas foram reduzindo, reduzindo até que reduziram tanto que deixaram os domínios físicos e da matéria bem para trás. A matéria não é pequenas moléculas sólidas de pequenos átomos sólidos, mas sim uma intrincada trama de uma coisa abstrata, vibratória, não física, que até o momento chamamos de energia.

O mesmo curso será sem dúvida seguido pelos pesquisadores do cérebro. Quando a ciência estiver satisfeita por compreender a bioquímica básica do cérebro, mergulhará no mundo atômico, e depois no bizarro mundo subatômico da mecânica quântica, onde o que pensamos ser sólido é na maior parte espaço vazio ornado com partículas subatômicas, que na realidade não são partículas e sim ondas. Já existem teóricos postulando modelos de mecânica quântica da consciência. O físico Lawrence Domash, por exemplo, sugeriu que nos estados superiores de consciência o sistema nervoso pode se comportar de maneira análoga a um metal supercondutor, que tem fantásticas propriedades; por exemplo, uma corrente elétrica pode rodar perpetuamente sem resistência, devido à perfeita coerência de seus átomos. Domash acredita que uma coerência semelhante nos átomos das células nervosas poderia explicar a transcendência e a consciência superior.

No final, da mesma maneira como o universo, nas palavras de James Jean, parece mais com um pensamento do que com uma máquina, nosso aparato pensante irá assemelhar-se menos a uma máquina, menos a um computador, e mais a uma mente. Então estaremos um passo mais perto de entender a intuição.

O CÉREBRO HOLOGRÁFICO HERÉTICO

O estado do conhecimento sobre o cérebro é provocante e promissor, mas para explicar a intuição precisamos ir além do demonstrável e do provado até o especulativo. Vamos começar com um dos conjuntos mais estimulantes de conjecturas que a neurociência (e, por implicação, a física e a metafísica também) encontrou ultimamente: a teoria holográfica de Karl Pribram.

Durante muitos anos, os cientistas procuraram o lugar onde as informações são armazenadas no cérebro. A suposição era que cada pedacinho de informação deixaria um rastro na memória, uma trilha localizada e discernível à qual deram o nome de *engrama*. Acontece, porém, que talvez não existam engramas e a memória seja um evento difuso e não localizado. O pesquisador pioneiro Karl Lashley notou isso quando treinou ratos para percorrer um labirinto e depois destruiu sistematicamente partes de seus cérebros. O desempenho dos ratos foi afetado adversamente, claro, mas as mudanças se relacionavam com a quantidade de tecido removido, não sua localização. Como escreveu Lashley em 1950, "Não é possível demonstrar a localização isolada de um rastro de memória em nenhum lugar dentro do sistema nervoso. Regiões limitadas podem ser essenciais para o aprendizado ou retenção de uma atividade particular, mas dentro de tais regiões as partes são funcionalmente equivalentes."

Não podemos sair cortando cérebros humanos, claro, mas o mundo científico tem tido acesso a pessoas cujos cérebros foram atingidos em acidentes. Observa-se que embora o comportamento seja seletivamente alterado pela destruição de tecido cerebral, a memória não o é. Se o cérebro funcionasse exatamente como um computador, não esperaríamos tal descoberta; destrua uma conexão em um computador e sua memória é alterada, talvez perdida inteiramente. Memória não localizada é uma anomalia, o tipo de coisa que põe em questão suposições convencionais.

Fascinado pela distribuição da memória e por fenômenos relacionados (por exemplo, como conseguimos reconhecer objetos mesmo quando a distância ou a perspectiva altera suas imagens, ou como transferimos habilidades de um membro para outro), Karl Pribram, neuropsicologista de Stanford, propôs uma teoria que levantou muita especulação e que pode ter mudado de maneira permanente nossa imagem do cérebro. A faísca metafórica no pensamento de Pribram ocorreu quando ele relacionou o cérebro com o holograma, o processo inventado por Denis Gabor onde imagens tridimensionais são produzidas pela interação de ondas e de luz e uma chapa fotográfica. Da mesma maneira como vemos e ouvimos processando ondas de luz e de som, o nosso conhecimento, intuitivo ou de outro tipo, poderia vir como resultado da ressonância do cérebro com ondas de informação.

Para entender os hologramas e o cérebro holográfico, temos de entender algumas coisas sobre mecânica ondulatória, e a maneira mais simples de fazê-lo é como um exemplo bastante usado. Se três pedrinhas forem jogadas numa poça com água, três conjuntos de ondulações se espalham pela superfície. As ondas interagem umas com as outras. Alguns picos se alinham com outros picos e algumas partes baixas se alinham com outras partes baixas, umas amplificando as outras; isso é chamado *interferência construtiva*. A *interferência destrutiva* ocorre quando picos encontram partes baixas, e um cancela o outro. O total de todas as interferências construtivas e destrutivas é um *padrão de interferência*, essencialmente um registro de tudo que ocorre assim que as pedrinhas atingem a água.

Se pudéssemos congelar instantaneamente a água, a confusão das marcas aparentemente aleatórias no gelo nos permitiria reconstituir a formação de cada onda e determinar onde as pedrinhas foram jogadas na água. Também, se aquela camada de gelo se quebrasse, conseguiríamos analisar praticamente qualquer fragmento e reconstruir o padrão preciso das ondas. Em essência, cada pedacinho do padrão de interferência contém todas as informações necessárias para reconstruir o todo.

Com os hologramas os padrões das ondas são formados pela luz. O processo começa com a luz *laser*, que se propaga em ondas coerentes: todos os picos e vales estão alinhados uns com os outros como as colheres numa gaveta de talheres (ver Fig. 3). Isso é diferente da luz de uma lâmpada comum, onde as ondas de luz não são coerentes.

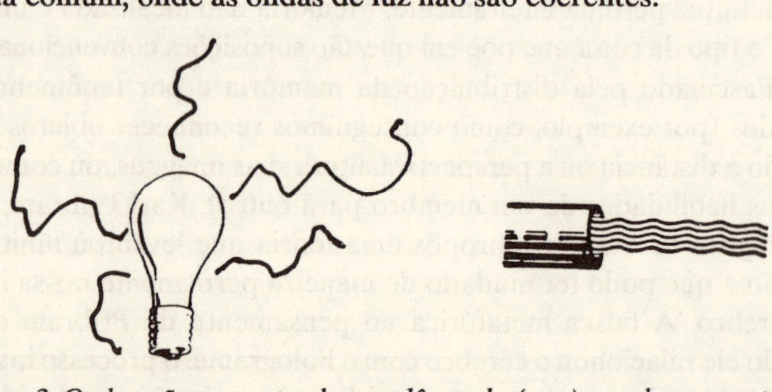

Figura 3. Ondas não coerentes de uma lâmpada (esq.) e ondas coerentes de um laser.

Na construção de um holograma, o raio *laser* é repartido em dois. Uma metade, chamada *raio de referência*, é dirigida diretamente à chapa fotográfica, enquanto a outra metade, o *raio de controle*, atinge a chapa após refletir um objeto. O que é imprimido na chapa é um padrão de interferência, um remoinho de ondulações que Peter Russell, em *The Brain Book*, comparou à pintura de uma zebra. O padrão é comparável às ondulações na placa de gelo na analogia anterior. Quando o padrão de interferência na chapa é iluminado por um raio *laser* cujas propriedades são idênticas ao original, uma imagem tridimensional do objeto aparece no espaço. Essa é uma recriação exata do campo de luz do objeto, e só é possível devido às ondas coerentes do *laser*. (Na luz comum, vemos apenas um caos de linhas.) E a imagem pode ser reconstruída a partir de apenas uma pequena seção da chapa, porque o todo está de algum modo contido em cada parte. A única perda é de detalhe e claridade, e somente se a parte for muito pequena.

O modelo holográfico está para a nossa concepção anterior do cérebro assim como um holograma está para uma fotografia. Não existe correspondência ponto-a-ponto entre os objetos "lá fora" e a imagem na chapa, e não existe correspondência unívoca entre a experiência humana e os pontos do cérebro. De alguma forma, segundo a teoria holográfica, o cérebro absorve informações do exterior na forma de ondas e as armazena de alguma maneira análoga ao modo como a chapa fotográfica armazena uma imagem holográfica. As descobertas de pesquisas recentes mostram que o cérebro realmente recebe informações na forma de ondas: toda a codificação sensória é uma forma de análise de ondas.

Mudando-se o ângulo da chapa fotográfica e a freqüência do raio *laser*, milhares de imagens podem ser registradas e depois recriadas como hologramas. Talvez o cérebro, com sua tremenda capacidade de captar e armazenar informações, faça algo semelhante, em certo sentido criando um conjunto de padrões de interferência. Quando aprendemos ou recordamos, podemos decodificar e recodificar ondas, de maneira muito semelhante àquela pela qual a televisão transforma imagens em ondas e estas de volta em imagens. Talvez nossa atenção, um desejo, uma necessidade, ou uma pergunta não respondida, possa agir como o equivalente do "raio de reconstrução" que gera a imagem holográfica quando é direcionado ao padrão de interferência. O resultado na mente poderia ser a recriação de uma imagem ou idéia, como na memória, ou, indo além das atuais capacidades do holograma, uma imagem ou pensamento inteiramente novo que combine elementos do conjunto de padrões de interferência armazenados.

Nosso instrumento de cognição, chame-se ele cérebro ou mente, começa a lembrar um ressonador oscilatório que coleta, processa e transmite vibrações. Embora isso em si possa ser difícil de imaginar, a teoria holográfica torna um pouco mais fácil compreender como diversos padrões sem qualquer relação óbvia podem mesclar-se simultaneamente numa nova unidade de conhecimento, sem uma série linear de etapas.

Se o cérebro funcionar como um holograma, armazenando informações de maneira tal que qualquer partícula de informação seja acessível em todas as partes, então o conhecimento pode não depender inteiramente de uma seqüência de conexões neurônicas ao longo do tempo e através do espaço físico. Isso poderia ajudar a explicar a impressionante rapidez da intuição. Talvez a mente decodifique e simplifique a experiência da maneira como os cientistas reduzem matematicamente complexos padrões de ondas em simples ondas compostas. Se for assim, então, como afirma Pribram, "tudo o que é necessário é armazenar algumas regras em vez de uma vasta quantidade de detalhes". Talvez isso ajudasse a explicar como a mente, deixando de fora a percepção, apreende princípios, leis, verdades únicas, ou eventos futuros de uma constelação de impressões ou de muitos conjuntos de constelações. A holografia é um método muito eficiente de codificação; seus princípios poderiam muito bem aplicar-se a algo tão eficiente como a mente intuitiva.

Predizivelmente, a teoria de Pribram estimulou reações extremas. Ela vai contra a imagem mecanicista de realidade que tem dominado o pensamento ocidental nos últimos séculos. Muitos cientistas conservadores rejeitaram a teoria sumariamente, excetuando o que eles acreditam ser grandes generalizações por parte de Pribram. Mas Pribram observa que físicos e outros acostumados a interpretar o mundo físico em termos de ondas não acham a idéia tão descabida. O mundo da física quântica é precisamente esse: um universo de ondas interligadas que se solidificam em um número infinito de maneiras para criar o que percebemos como matéria e objetos separados.

Ao mesmo tempo, há pessoas que abraçaram entusiasticamente o modelo holográfico. Alguns aceitam-no como fato, não hipótese, e tomam-no literalmente em vez de metaforicamente. Embora o modelo possa, de fato, vir a ser muito mais que uma analogia provocativa, neste ponto talvez seja melhor pensar nele dessa maneira. É possível que a teoria seja modificada logo, ou mesmo substituída por outra nova, o que sem dúvida irá representar um passo adiante na direção a um entendimento menos mecânico e mais metafísico de como a mente interage com o mundo de modo a saber o que sabe.

O neurobiologista Oliver Sacks prolonga ainda mais o assunto nesta declaração quase mística: "Nossa consciência é como uma chama ou uma fonte, ascendendo de profundezas infinitas. Nós transmitimos, mas não somos a causa primeira. Somos condutores ou funis para o que existe além de nós. Basicamente nós espelhamos a natureza que nos fez." Na análise final, qualquer teoria sobre a intuição terá de relacionar a mente com "o que existe além de nós". Alguns pensadores deram o primeiro passo com o modelo holográfico.

David Bohm, um antigo colega de Einstein e professor de física teórica da Universidade de Londres, afirma que o mundo familiar de causa e efeito, de objetos e formas separadas, o que ele chama de *ordem explicada*, deriva de um campo mais profundo que existe fora do espaço e do tempo. Fora do alcance da percepção sensorial e dos instrumentos da ciência, a *ordem implicada* de Bohm é "envolvida" na ordem explicada e constitui um todo integral e unificado. Como em um holograma, cada parte do campo implicado conteria tudo do todo, e a mente humana teria acesso a essas informações. Talvez possamos pensar no universo como um vasto padrão de interferências, com cada acontecimento e cada pensamento contribuindo para isso, como pedrinhas jogadas em uma poça. Se a analogia for verdadeira, cada mente conteria todas as informações que já houve em todo o universo. Nós seríamos, na verdade, peças de uma chapa holográfica que a tudo contém.

É aquela maneira de pensar que promete explicar como a mente intuitiva sabe o que ela sabe. Vamos levar essa noção conosco para o próximo capítulo, onde tentaremos tecer todos os fios que já reunimos.

Capítulo 7

A Mente Intuitiva

O conhecimento é uma função do ser. Quando ocorre uma mudança no ser do conhecedor, existe uma mudança correspondente na natureza e na quantidade do conhecimento.

Aldous Huxley

Essa frase de Huxley capta uma mensagem prática extremamente importante: a natureza e a qualidade da intuição variam com o estado de consciência do conhecedor. Ao desenvolvermos esse tema básico, tentaremos explicar como a intuição faz o que ela faz. Este capítulo reúne material de fontes diversas, mas sua estrutura básica vem daquilo que Huxley chamou de "filosofia perene", o fundo comum de sabedoria das tradições místicas do mundo. Muitas vezes considerados meramente como mitologia ou especulação religiosa, esses textos venerados são mais bem entendidos como artigos de jornais antigos escritos por pesquisadores que exploraram a consciência da maneira como os cientistas modernos reúnem informações sobre a realidade material. Na minha concepção, eles na realidade desmistificam questões que nos iludiram no Ocidente. No mínimo, sugerem hipóteses e modelos teóricos. Minha principal fonte é a tradição Védica da Índia, e em particular as interpretações de Maharishi Mahesh Yogi, cuja imagem nos meios de comunicação infelizmente obscureceu suas importantes contribuições ao estudo da consciência.

No *Rig Veda* está expresso o tema básico deste capítulo, com notável concisão, como "O conhecimento é estruturado na consciência". Essa colocação pode ser entendida em muitos níveis, e voltaremos a ela diversas vezes. Uma interpretação é que temos conhecimento pelo simples fato de estarmos conscientes. Nesse sentido, quando Descartes emitiu sua famosa máxima, "Penso, logo existo", ele pôs o carro na frente dos bois; ou, como um amigo meu uma vez disse, "Ele pôs Descartes diante da fonte". A ordem correta deveria ter sido "Existo, logo penso", ou "Existo, logo sei".

O que quer que saibamos é conhecido apenas dentro da nossa consciência individual. Mesmo o que chamamos de percepção sensorial é a mente tornando-se consciente do resultado final das ondas que foram codificadas e recodificadas dentro do organismo. E o que é conhecido varia com diferentes conhecedores. Um botânico verá uma flor de uma maneira, um apaixonado irá vê-la de outra, um misantropo de outra ainda, e um poeta como William Blake poderia ver "um paraíso numa flor silvestre".

Mas o que sabemos, e a maneira como sabemos, varia não apenas de pessoa para pessoa mas com as mudanças da percepção individual. Quando despertamos pela manhã, a natureza e a qualidade do nosso conhecimento muda dramaticamente em relação ao que fora nos estados de consciência de sono ou sonho, e continua a mudar. À medida que gradualmente sacudimos as teias de aranha, a precisão e a inteligibilidade dos nossos pensamentos aumentam. No decorrer de qualquer dia experimentamos flutuações de percepção, e portanto, da nossa capacidade de captar e saber. As diferenças dependem de uma configuração de condições que formam nosso estado de consciência.

Esses pontos simples se aplicam a qualquer tipo de conhecimento, mas talvez particularmente à intuição, uma vez que ela é menos protegida pelas convenções que controlam a razão. A forma que a intuição toma, a lucidez da experiência e o grau em que ela reflete a realidade, variam conforme a consciência varia. Certamente a experiência passada, as preferências e os hábitos de pensamento individuais afetam a qualidade da intuição. No geral, entretanto, a principal variável é o estado de consciência do conhecedor, e isso é determinado pela condição geral do sistema nervoso. Por ser a fisiologia da consciência um campo relativamente novo, não sabemos precisamente o que constitui um estado condutivo à intuição. Mas, juntando-se os dados conhecidos e a experiência intuitiva como ela é normalmente descrita, podemos postular, conforme sugerido no Capítulo 4, que a intuição seria favorecida por uma combinação de baixa estimulação e grande atenção: um estado calmo, desperto, receptivo, com relativamente pouco ruído mental externo a interferir com as impressões da mente intuitiva.

Com base nas pesquisas de Meditação Transcendental de R.K. Wallace, David Orme-Johnson e outros, podemos também postular que a coerência do eletroencefalograma, uma correlação entre ondas cerebrais de diferentes regiões do cérebro, pode ser uma importante variável definitória. Digo isso por diversas razões: parece haver uma relação entre a coerência e a experiência da transcendência, que é o epítome da atenção silenciosa; a coerência tem sido associada com criatividade, flexibilidade cognitiva e outras medidas de desempenho que provavelmente envolvem a intuição; e evidências de relatos sugerem que as pessoas que têm experiências transcendentais tendem a ser mais intuitivas no sentido comum do termo. Muito possivelmente, coerência é uma indicação de uma certa interação ordenada entre diferentes áreas do cérebro, e sua natureza exata varia dependendo de quais regiões são solicitadas pela intuição particular. Combinada com medidas de estabilidade fisiológica básica, como reação galvânica da pele, a coerência do eletroencefalograma poderia ser a chave para uma descrição empírica da condição ideal para a intuição. Os mesmos parâmetros, se encontrados, poderiam também aplicar-se à fisiologia da incubação.

Talvez, se a analogia do supercondutor de Lawrence Domash estiver correta, um sistema nervoso coerente conduziria informações sem resistência, do meio ambiente e internamente. Coerência é um critério particularmente tentador devido ao modelo holográfico da mente. Talvez, do mesmo modo como o holograma depende da coerência do raio *laser*, a intuição dependa da coerência do sistema nervoso. Voltaremos a essa idéia quando explorarmos como "o conhecimento é estruturado na consciência" metaforicamente.

PENSAMENTO PROFUNDO

A intuição pode ser entendida como a mente ligando-se em si mesma e apreendendo o resultado de processos que se realizam fora da percepção. Um sistema nervoso coerente poderia processar material mais apropriadamente, formando configurações que estão em harmonia com os desejos e necessidades do indivíduo. Um sistema mais ordenado também atrairia a atenção do conhecedor para o local correto dentro da mente no momento exato, e teria acesso a uma base mais extensa de informações. Normalmente pensamos em conhecimento intuitivo como o produto de informações reunidas pelos sentidos e de algum modo recombinadas como ingredientes de uma sopa e servidas à mente consciente. Vamos expandir essa concepção e trazer um conjunto de ingredientes mais ricos.

Imagine a mente como um oceano (ver Fig. 4). As ondulações na superfície representam a percepção ativa normal, turbulenta e em constante mudança. Nós experimentamos essa camada como um constante fluxo de pensamentos e de sensações, cada qual com um caráter distinto e único. Abaixo disso há uma faixa de níveis mais profundos, que compreenderiam todos os processos e estruturas não conscientes. Formando a base e permeando isso tudo, está a consciência pura e absoluta, o Eu imortal, infinito e universal. No diagrama, a consciência pura está separada por uma linha reta abaixo, mas essa é uma limitação das ilustrações. De fato, todos os eventos mentais em todos os níveis são perturbações dentro daquele campo infinito, da mesma forma como as ondas e as correntes são expressões individuais do oceano sem limites.

Dentro da mente, cada camada progressivamente mais profunda lembra mais de perto a consciência pura; ela assumiria mais de suas qualidades, do mesmo modo como os objetos perto do fogo tornam-se progressivamente mais quentes e brilhantes. Cada nível mais profundo

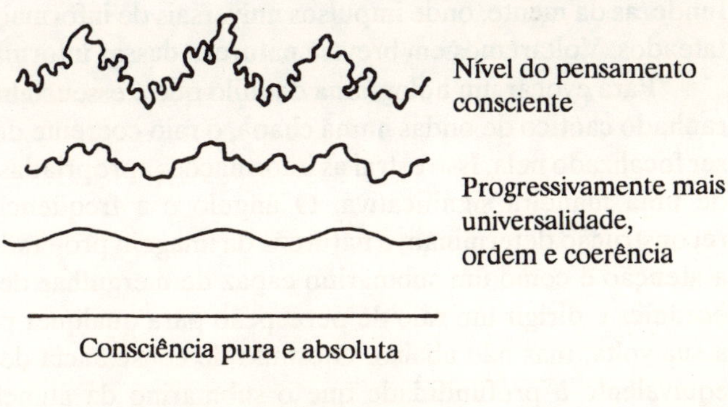

Figura 4. Modelo hierárquico da mente

seria mais estável, mais universal, menos restrito pelo tempo e pelo espaço e mais próximo da verdade, pois a consciência pura é silenciosa, a tudo permeia, está além do tempo e do espaço, é eterna. Cada nível abrange os níveis acima dele, apoiando-os, ordenando-os e direcionando-os, da mesma maneira como no mundo físico as estruturas moleculares são mais inclusivas que os objetos materiais que elas compõem, os átomos são mais universais que as moléculas, etc. Assim, em níveis mais profundos a mente tem mais em comum com as outras mentes; ela é menos individualizada.

No final do capítulo anterior, aventamos a possibilidade de que as mentes individuais fossem análogas a pedaços de uma chapa holográfica universal. Nós todos temos acesso a alguma coisa como um padrão de interferência cósmico, ou talvez muitos padrões de interferência, consistindo de ondas de informação. Cada acontecimento, até mesmo cada pensamento, criaria uma onda que se espalharia infinitamente e deixaria uma marca em cada ponto do universo, incluindo cada mente humana. Os níveis superficiais da mente conteriam informações pertinentes à experiência particular do indivíduo; em níveis mais profundos, as ondas que contribuem para o padrão de interferência seriam cada vez mais universais, culminando no Absoluto que a tudo abrange.

Podemos postular que a qualidade da intuição está relacionada com o grau de acesso que a nossa percepção tem aos níveis profundos da mente. Pelo fato de que isso dependeria do nosso estado de consciência, haveria uma relação direta entre as qualidades do sistema nervoso – que resumiremos com a palavra *coerência* –, e o acesso às profundezas da mente, onde impulsos universais de informações podem ser tateados. Voltaremos em breve à natureza dessas informações.

Para evocar um holograma daquilo que é essencialmente um emaranhado caótico de ondas numa chapa, o raio coerente de um *laser* deve ser focalizado nela. Isso extrai as informações apropriadas e as estruturas de uma maneira significativa. O ângulo e a freqüência do feixe de reconstrução determinam a natureza da imagem projetada. Imagine que a atenção é como um submarino capaz de mergulhar dentro da mente oceânica e dirigir um raio de percepção para qualquer ponto acima ou à sua volta, mas não abaixo. O estado de consciência de uma pessoa é equivalente à profundidade que o submarino da atenção é capaz de atingir, e essa profundidade está relacionada com a coerência. Nos estados mais elevados de consciência, a atenção é capaz de penetrar em níveis mais profundos da mente, e de lá pode lançar raios mais coerentes com um alcance mais amplo no fundo cósmico de informações.

Poderíamos postular que quando a configuração apropriada de conhecimento tiver sido reunida, a atenção será dirigida para o ponto certo da mente por algum tipo de efeito de ressonância. Se ela for capaz da profundidade e da coerência necessárias, a mente mergulhará em si mesma e terá o que experimentamos como uma intuição.

Agora temos a nossa questão original – que a qualidade da intuição depende do estado de consciência –, expressa em termos de camadas da mente e da metáfora holográfica. Uma experiência intuitiva consistiria em concentrar a atenção em algum segmento da chapa holográfica em constante transformação a que chamamos mente. Aquilo com o que ela se depara depende do ângulo e da freqüência do raio, o que é determinado pelo desejo, pela intenção e pela necessidade. Quanto mais profundamente se é capaz de mergulhar, quanto mais coerente o raio, maior será a gama de informações disponíveis, e mais precisão e lucidez a intuição terá. Numa condição de coerência máxima, a amplitude total do oceano poderia ser percorrida e a iluminação da transcendência ocorreria.

Discutiremos as implicações desse modelo depois de examinarmos mais de perto o que os níveis mais profundos da mente poderiam conter.

AS PROFUNDEZAS NÃO MAPEADAS DA MENTE

Uma variedade de elementos são recombinados abaixo da percepção consciente para dar surgimento aos padrões que se tornam intuições quando a atenção é dirigida a eles. Perto da superfície, poderíamos presumir, estão depósitos de impressões passadas, memórias singulares de acontecimentos físicos e mentais. Também haveria inferências e conclusões codificadas que são abstraídas dos conceitos, categorias e classes que formamos e modificamos à medida que nos desenvolvemos, e que nos permite dar sentido a experiências subseqüentes. Tais elementos armazenados seriam parte das informações que estão combinadas com dados adquiridos sobre uma situação ou problema particular.

Também devemos deixar espaço para o subconsciente freudiano, aquele repositório de emoções reprimidas cuja influência no pensamento e no comportamento viemos a considerar como ponto pacífico. Alguns psicólogos, destacando-se Eric Berne numa série de estudos escritos há cerca de trinta anos, relacionaram o subconsciente diretamente à intuição, particularmente na medida em que ele se relaciona com julgamentos sobre outras pessoas. Desse modo de vista, os instintos primais e as primeiras impressões moldam o que percebemos e pensamos. Uma interpretação estritamente freudiana da intuição, no entanto, tem severas limitações, e invariavelmente transforma-se numa falácia pré/trans onde todos os processos não racionais são reduzidos a um nível *sub-racional*. Os freudianos têm a mania de relacionar revelação divina e inspiração artística com neurose, alucinação e regressão infantil. Sábios são confundidos com esquizofrênicos, transcendência com transe, iluminação com auto-sugestão. Não obstante, o subconsciente freudiano tem de ser incluído em qualquer consideração que se faça de processos não conscientes; e a noção freudiana básica de que os mecanismos de defesa e as necessidades reprimidas influenciam nossos pensamentos de maneiras que não temos consciência deve ser considerada ao avaliarmos as experiências intuitivas.

Mas precisamos ir além da experiência individual e prover a mente intuitiva com uma base mais ampla de material. O modelo holográfico, no qual cada mente tem acesso ao todo de um padrão universal, oferece uma imagem concreta e torna mais fácil conceber as informações compartilhadas. Fenômenos como telepatia e clarividência, por exemplo, tornam-se um pouco mais plausíveis, pois já não dependeriam de partículas ou formas de energia que têm de atravessar o espaço e o tempo. Pelo contrário, tudo o que acontece no universo, incluindo o pensamento, é simultaneamente codificado em todos os lugares. O conceito é compatível com os princípios da "filosofia perene", e não está muito distante da física moderna. Na verdade, a "ordem implicada" de David Bohm, que postula uma estrutura de tipo holográfica para o universo, derivou de seu trabalho com a mecânica quântica.

O mundo, segundo a teoria de campo quântica e a relatividade, não é o nosso mundo familiar de formas e estruturas isoladas: a realidade material é considerada como uma teia de flutuações de energia inter-relacionadas. Nas palavras de Fritjof Capra, em *O Tao da Física*, as partículas subatômicas são "padrões dinâmicos que não existem como entidades separadas mas como partes integrais de uma rede de interações inseparáveis. Essas interações envolvem um incessante fluxo de energia que se manifesta como troca de partículas... A interação das partículas dá surgimento às estruturas estáveis que compõem o mundo material, que também não se mantêm estáticas, mas oscilam em movimentos rítmicos. Todo o universo é, assim, envolvido em movimento e atividade incessantes, numa contínua dança cósmica de energia."

Os níveis profundos da criação material, portanto, estão todos inter-relacionados e, uma vez que o cérebro é composto do mesmo material que as rochas e as estrelas, não é preciso muito para ampliar essa visão e incluir a consciência humana. A maioria dos cientistas relutam em fazê-lo, mas nas filosofias não ocidentais tradicionais considera-se implícito que a mente e a realidade material estão relacionadas. Na verdade, e esse ponto exploraremos mais adiante, elas são consideradas manifestações diferentes da mesma essência básica, que é a consciência.

Os fenômenos surpreendentes que são associados com a realidade subatômica tornam mais plausível a proposição de que a mente tem acesso a fontes incomuns de informações: as partículas voltam no tempo; os elétrons aparecem em mais de um lugar ao mesmo tempo; os elétrons "cavam túneis" através de barreiras de isolamento dissolvendo-se num "estado de vácuo" não manifesto e ressurgindo do outro lado. Talvez o fenômeno mais curioso seja o efeito EPR, sigla composta com o nome de Einstein e de dois colegas seus, Podolsky e Rosen, no qual duas partículas subatômicas, que antes interagiam, podem cada uma reagir instantaneamente a mudanças que ocorrem na outra, mesmo quando tenham sido separadas no espaço e no tempo por muitos anos-luz.

Enigmas como o efeito EPR (depois formalizado por John S. Bell como o Teorema de Bell e confirmado experimentalmente) puseram de lado especulações provocativas entre físicos e filósofos de gabinete. Alguns sugeriram que talvez o pensamento seja mais rápido que a velocidade da luz. Um passo menor dessa heresia, e de muitas maneiras mais satisfatório, é supor que as duas partículas do Teorema de Bell estão de alguma forma interconectadas, muito embora estejam bastante distanciadas uma da outra. Essa premissa é aceitável num universo holográfico, no qual a multiplicidade da realidade normal se funde num todo completo e único: nas palavras de Bohm, uma "estrutura única de elos indivisíveis". Nesse universo, tudo está relacionado, e o tempo e o espaço não são barreiras. A consciência humana seria parte dessa teia e, quando adequadamente harmonizada, poderia ressonar com qualquer porção dela.

Dado esse universo, é concebível que a mente intuitiva possa abastecer-se em fontes que não estão disponíveis aos sentidos, nem estão confinadas aos indivíduos. O pensamento ocidental é esparso nesse sentido, mas algumas vozes significativas postularam uma ligação entre a mente individual e um campo de informações e inteligência maior e mais abrangente. O filósofo jesuíta Teilhard de Chardin, por exemplo, concebeu uma região chamada *noosfera*, que ele dizia ser "composta de partículas de consciência humana... formada pelas experiências interiores da humanidade". Mas talvez a figura mais respeitada no pensamento ocidental moderno a relacionar a mente com alguma coisa mais universal tenha sido Carl Gustav Jung.

O Inconsciente Coletivo de Carl Jung

Em seu celebrado rompimento com Freud, Jung deu-nos uma visão mais positiva e mais abrangente das profundidades da mente. O subconsciente não era um "mero depositório do passado", dizia ele, "mas também está cheio de idéias e situações psíquicas futuras". O inconsciente, na visão de Jung, é uma entidade independente, com realidade própria, que se coloca em "relação compensatória" em relação à consciência egóica. Novos conteúdos, dos quais o indivíduo nunca tivera consciência, podem surgir das profundezas do inconsciente, não apenas no estado de sonho mas em todas as experiências. Motivado pela necessidade básica de auto-realização, o inconsciente tanto reage aos eventos conscientes como toma a dianteira.

No esquema de Jung, há duas camadas de inconsciente: o pessoal e o coletivo. O primeiro contém todo o material psíquico armazenado dentro dos limites da consciência individual, incluindo experiências esquecidas e reprimidas e impressões reunidas por meios sensoriais e subliminares. Jung então deslocalizou o conceito com seu "inconsciente coletivo", que inclui os "poderes herdados da imaginação humana como ela era desde tempos imemoriais". Aqui estão as imagens universais e primordiais que ele chamou de "arquétipos", que se expressam nos mitos e nas lendas de todas as culturas.

O inconsciente coletivo diz respeito àqueles conteúdos que são comuns a todos, as antigas e universais formas de pensamento da humanidade. Jung via os arquétipos como uma espécie de aparato cognitivo instintivo, tanto como sentimentos quanto como pensamentos, que exercem uma poderosa influência, não apenas simbolicamente, mas como estímulos à ação e ao pensamento original. Em suas palavras, eles "não são herdados no sentido de que uma pessoa se lembra conscientemente ou tem imagens que seus ancestrais tiveram. São, isso sim, predisposições ou potencialidades para experimentar o mundo e reagir a ele".

Para Jung, criatividade e intuição implicavam uma ligação direta entre a mente consciente e estruturas arquetípicas profundas. Os arquétipos têm o poder de conferir interpretações significativas à experiência e de inserir numa dada situação seus próprios impulsos e formações de pensamento. As pessoas intuitivas, dizia Jung, podem perceber os processos interiores e "suprir certos dados que podem ser de fundamental importância para entender o que está acontecendo no mundo". Elas também podem prognosticar, antevendo "novas possibilidades num contorno mais ou menos claro, assim como eventos que irão depois realmente acontecer". Nos escritos de Jung há referências a uma variedade de experiências intuitivas, todas atribuídas à movimentação do inconsciente coletivo.

A Causação Formativa de Rupert Sheldrake

Com o insconsciente coletivo de Jung, a mente individual partilha de uma base de informações que não está limitada pelas restrições da memória comum, pela percepção sensorial, pelo tempo ou pelo espaço. O biólogo inglês Rupert Sheldrake propôs recentemente uma hipótese provocadora e controvertida que liga os fenômenos mentais e físicos numa única teoria de mudança. A "causação formativa" de Sheldrake acrescenta mais material com que a mente intuitiva poderia trabalhar.

Segundo Sheldrake, todos os sistemas são regulados por campos organizatórios invisíveis que servem como um projeto para a forma e o comportamento. Sempre que um membro de uma espécie aprende algo novo, o campo causativo, ou projeto, é alterado. Se o novo comportamento for repetido com freqüência suficiente, diz Sheldrake, uma "ressonância mórfica" é criada, que irá afetar cada membro da espécie da mesma maneira como as cordas do violino ressoam com uma vibração semelhante à sua. O "campo morfogenético" está fora do tempo e do espaço; a ação a distância é o ponto primordial dessa teoria.

Certos fenômenos, antes inexplicáveis, começam a fazer sentido com a causação formativa. Por exemplo, quando um número de ratos aprende a fazer uma certa tarefa, as gerações subseqüentes adquirem o comportamento muito mais depressa. Isso não é simplesmente um aprendizado que é transmitido geneticamente; ratos que não são biologicamente relacionados com os que aprenderam originalmente também aprendem mais depressa.

Uma consagrada variação desse fenômeno foi observada numa colônia de macacos numa ilha japonesa. Os macacos não sabiam como lidar com batatas doces cobertas de areia. Daí uma jovem fêmea chamada Imo teve o correspondente a uma experiência de Heureca!: ela levou suas batatas até um riacho e lavou-as. Esse Arquimedes símio começou a ensinar o procedimento à sua família e companheiros, que o mostraram a outros. Logo a idéia se espalhou como a nova dieta da moda, e grande número de macacos estavam lavando suas batatas. Então uma massa crítica foi atingida, o que veio a ser chamado de o "centésimo macaco", e lavar batatas passou de moda para norma universal. Cada macaco da colônia estava praticando. Não muito depois, observou-se que macacos em ilhas próximas e no continente haviam adquirido a descoberta de Imo espontaneamente.

Ampliando a teoria para a memória e o aprendizado humano, Sheldrake ligou a mente individual com um campo compartilhado com outras. Se a teoria estiver correta, os acontecimentos do passado podem criar padrões que influenciam configurações semelhantes no presente, embora distantes no tempo e no espaço. "Os organismos se sintonizam com organismos semelhantes no passado", diz Sheldrake, "e quanto mais semelhantes forem, mais específica é essa sintonia. Em geral, a ressonância mórfica mais específica que afeta um organismo no presente será a de seus próprios estados passados. Assim, suas memórias não precisam ser armazenadas como traços ou impressões dentro do seu sistema nervoso, mas sim ser dadas diretamente de seus próprios estados passados por meio de ressonância mórfica".

Talvez algumas intuições irrompam em nossa mente porque outros humanos tiveram pensamentos idênticos ou relacionados e os depositaram num campo morfogenético onde eles se mesclam com as nossas contribuições anteriores. Poderíamos ressonar com esses elementos do campo que estão mais próximos de nós biologicamente e intimamente relacionados com nossos desejos, interesses e necessidades. Em termos holográficos, poderíamos postular que os aspectos do padrão de interferência cósmico mais próximos da herança e das preocupações do indivíduo seriam os mais prováveis de atrair a atenção. Eles também responderiam à freqüência particular da sua atenção ou raio de reconstrução.

A teoria de Sheldrake ajuda a explicar por que as mesmas idéias parecem brotar entre pessoas que nunca tiveram contato, fenômeno facilmente observável na história da arte e da ciência. No início do século XX, por exemplo, a pintura e a escultura estavam ficando cada vez menos interpretativas, a poesia e a ficção estavam rompendo com as formas tradicionais e a ciência estava penetrando a estrutura interior da matéria. Foi como se todos tivessem tido a idéia de ultrapassar as fronteiras e sondar debaixo da superfície das coisas e tivessem descoberta a pura abstração.

A experiência humana é tão diversa, e a mente humana tão complexa, que relacionar a teoria de Sheldrake com a teoria da intuição requer certa especulação. Quase tudo o que intuímos é único para indivíduos particulares, não universalmente aplicável. Talvez a ressonância mórfica se aplique a princípios, conceitos e regras cognitivas, não apenas a fatos específicos ou comportamentos precisos como lavar batatas. Muito possivelmente, nossos próprios pensamentos passados e os de outros com quem estamos harmonicamente relacionados se combinem com novas experiências para formar configurações únicas. Poderíamos experimentá-las como intuições com aplicações específicas e únicas. Algo desse tipo poderia ajudar também a explicar a faísca criativa que inicia um campo morfogenético, uma coisa que falta na teoria de Sheldrake.

As Formas de Platão: Antigos Mergulhos na Mente

Tanto os arquétipos de Jung como os campos morfogenéticos de Sheldrake são reminiscentes das formas de Platão, exceto que Platão foi um pouco adiante. Ele explicitamente ligou suas formas arquetípicas com a esfera material, além da mente inconsciente. Platão afirmava que os objetos materiais eram meramente cópias imperfeitas e transitórias de padrões transcendentais e eternos: as formas. Enquanto que as estruturas materiais são relativas, mutáveis, individualizadas, localizadas e imperfeitas, as formas são modelos universais, absolutos, onipresentes e perfeitos. Há formas cosmológicas como o Um e os Muitos; formas matemáticas como a linha reta e o círculo; formas que se referem a qualidades humanas como a coragem, e a princípios, conceitos e aspectos materiais. Na noção platônica da criação, as formas dos elementos (fogo, terra, ar e água) são as manifestações primeiras, e elas ressoam como uma lei matemática que gera o mundo dos objetos.

A mente, dizia Platão, guarda impressões latentes inatas dessas formas abstratas, o que torna possíveis as experiências sensoriais e o conhecimento. Para Platão, saber era na realidade lembrar-se; quando percebemos e pensamos, a mente relembra aquelas profundas estruturas inatas que em diversas combinações e permutações são os protótipos de tudo o que é passível de conhecimento. Somos inconscientes das formas, mas elas tornam inteligíveis nossas múltiplas experiências. O conceito foi tomado emprestado pelos filósofos racionalistas europeus, que afirmavam que a mente não era uma lousa em branco no nascimento, mas que entrava na vida com uma certa predisposição inata que conforma a maneira como percebemos e sabemos: orientações prévias como causa e efeito, tempo e espaço, ou os axiomas da geometria euclidiana. Se tais estruturas inatas realmente existem ainda é um enigma filosófico, mas pesquisas recentes indicam que os bebês são capazes de comportamento cognitivo muito mais sofisticado do que se suspeitava antes, grande parte do qual não pode ser explicado pelo aprendizado.

Por exemplo, os bebês conseguem imitar expressões faciais muito antes de terem se visto no espelho ou saberem que têm rostos iguais aos que os estão olhando no berço. Também, um estudo de Barbara Landau e de dois colegas da Universidade da Pensilvânia descobriu que crianças e adultos com os olhos vendados e, significativamente, uma criança de dois anos e meio cega de nascença, foram capazes de estabelecer uma trajetória correta entre dois objetos ao longo de uma rota que não haviam seguido anteriormente, depois de se deslocarem para cada um dos objetos a partir de um terceiro ponto. Relatando a experiência em *Science* (11 de setembro de 1981), os pesquisadores concluíram que "essa criança cega e controles providos de visão conhecem algumas das propriedades métricas do espaço, provavelmente propriedades euclidianas", e conseguem de algum modo determinar novos ângulos e distâncias.

os psicólogos sugerem que o conhecimento inato é uma possível explicação para essas capacidades.

As formas de Platão acrescentam um aspecto permanente e imutável ao padrão universal de interferências. Os campos morfogenéticos de Sheldrake são derivados de eventos anteriores, resultados mais de hábito do que de propriedades eternas. Eles estão em constante fluxo e são modificados por novas experiências. As duas posições são facilmente reconciliáveis: por que não, simultaneamente, mudar *e* não mudar? Talvez os campos de Sheldrake sejam criados através de repetidas experiências interespécies, mas as estruturas mais profundas, os arquétipos eternos, estão permanentemente incrustradas na matriz da natureza. Eles poderiam constituir, em parte, as regras e princípios que governam a formação dos componentes mais transitórios do holograma. Não faria sentido termos campos mutáveis e evolucionários sem referência a leis ainda mais profundas e mais fundamentais que orientam sua criação e desenvolvimento.

Como Jung, Platão sugere que, quando a mente individual está em sintonia com os arquétipos, o conhecimento e a ação serão mais eficazes. Platão deu um passo adiante e chegou mais perto da filosofia védica, quando acrescentou que as formas em si eram passíveis de conhecimento. Isso iria, por si, constituir um nível mais elevado de intuição, pois o conhecedor apreenderia diretamente propriedades fundamentais da natureza. Platão dizia também que conhecer as formas constituía a única base verdadeira para o conhecimento de qualquer tipo. A maioria dos filósofos, ou passam por cima desse aspecto do pensamento de Platão ou presumem que ele queria dizer que se pode raciocinar sobre as formas com o processo conhecido como "dialético". Mas, segundo o filósofo Jonathan Shear, o próprio Platão afirmava que as formas *não* poderiam ser conhecidas através da percepção sensorial comum ou da razão.

"Ele distinguia enfaticamente o raciocínio dialético do discursivo, como sabemos", diz Shear, "e particularmente dos tipos de raciocínio usados em matemática, em física e em discursos filosóficos." Shear aponta para frases como "virar a mente na direção oposta" e "empregar uma faculdade diferente" como indicações de que Platão estava se referindo a um processo semelhante às técnicas orientais de meditação. O propósito era produzir uma experiência intuitiva direta das formas transcendentais.

Se Shear estiver correto, Platão estava realmente próximo da filosofia perene. A forma mais elevada é o que Platão denominou de Bem, que "transmite verdade às coisas que são conhecidas e o poder de conhecer ao conhecedor... Ela é a causa do conhecimento e da verdade". A descrição do Bem por Platão lembra tanto as descrições orientais tradicionais do Absoluto eterno e imutável (o Tao ou Brahman), que alguns acham que ele estava falando exatamente sobre isso. Então, a experiência direta do Bem segundo Platão poderia ser o que denominamos iluminação, *samadhi* nos textos hindus. E sua sugestão de que tal experiência "transmite... o poder de conhecer ao conhecedor" está em sintonia com a idéia de que a transcendência abre canais para outras experiências intuitivas.

UM PASSO MAIS FUNDO: A VISÃO DO ORIENTE

Primordial para o nosso tema é um universo onde mente e matéria, sujeito e objeto, conhecedor e conhecido não são separados como no cientificismo clássico. Para entender inteiramente como podemos voltar nossa atenção para dentro e sair com um conhecimento que se refere ao mundo exterior, temos de presumir um certo isomorfismo entre mente e matéria. Esse conceito é fundamental para a filosofia perene, e se encontra particularmente explícito em suas manifestações orientais. Como os *Upanishads* expressam de maneira bem sucinta: "O que está dentro também está fora. O que está fora também está dentro."

O modelo de oceano que usamos para a mente pode representar toda a criação. Na superfície estão todas as formas e objetos do mundo familiar e tangível. Sustentando-os e penetrando-os, como sabemos pela ciência, estão níveis cada vez mais universais e não materiais de realidade, que abrangem as manifestações mais individualizadas: moléculas, átomos, partículas subatômicas, campos, cada um mais abstrato e penetrante. A base disso tudo é o Ser indiferenciado, o Absoluto, que é a fonte e a substância da existência. Toda forma e toda estrutura é uma manifestação do Absoluto, uma perturbação em um campo infinito dirigido pela inteligência cósmica. E assim também é a mente.

Muito se tem explorado os paralelos entre a ciência moderna e a cosmologia oriental, e com boa razão. Mas deve ser enfatizado que, pelo menos em alguns aspectos cruciais, as duas ainda não se encontraram. Uma diferença é a ausência no Ocidente de um alicerce absoluto e imutável para o mundo fenomenal. Também, devido à natureza impredizível e incerta dos fenômenos subatômicos, a física considera os padrões fundamentais da realidade como indeterminados e probabilísticos. Por extensão, o conhecimento é considerado como inevitavelmente incerto e aproximado. O Oriente é mais otimista. Na cosmologia hindu, por exemplo, há camadas ainda mais profundas e mais sutis de realidade, que poderíamos chamar de tendências, ou leis da natureza; não leis no sentido científico, deduzidas pela mente humana, mas mecanismos regulatórios eternos da natureza. Essas tendências, passíveis de conhecimento por parte da intuição desenvolvida, poderiam ser imaginadas como uma hierarquia de princípios ordenadores que estruturam e orientam o fluxo evolucionário da criação, organizando e ordenando o cosmo.

O outro passo que ainda não foi dado no Ocidente é ligar a consciência humana com a teia contínua de eventos energéticos inter-relacionados que constituem a realidade. Já dissemos que quando uma pessoa transcende, ela vem a conhecer o Eu, que também é a base de toda a criação. Além disso, é verdade que a mesma inteligência que flui através do mundo material está fluindo através de nós; os padrões e princípios que governam a teia e o fluxo do "exterior" também estão operando no "interior". O universo é composto de consciência. Isso acrescenta uma outra dimensão ao modelo holográfico e explica como os místicos e iogues são capazes de voltarem-se para si mesmos e terminarem sabendo como o universo funciona. Eles simplesmente percebem sua própria natureza, que é, por assim dizer, a natureza da natureza.

Os textos antigos não foram escritos por filósofos raciocinando com a testa enrugada ou coletando dados objetivos em aceleradores de partícula ao lado do Ganges. A sabedoria foi intuída diretamente, e o fato de que a cada dia a ciência desloca-se um passo mais para perto da filosofia perene atesta o poder potencial da mente intuitiva desenvolvida. Os iogues e sábios intuíram diretamente a dinâmica da consciência. Eles expressaram suas percepções em termos que agora consideramos religiosos ou místicos, mas estamos ganhando novo respeito por aquelas vozes da antigüidade e passando a entender que os sábios podem ter intuído princípios eternos. Os mitos da criação, por exemplo, podem ter sido intuições diretas, expressas de maneiras variadas, de como o Uno não manifesto torna-se os Muitos manifestados, evento que dizem se repetir com a criação de cada pensamento, e que pode ser conhecido diretamente nos estados superiores de consciência. "Como eu sei as maneiras de todas as coisas no Início?" perguntou o sábio taoísta Lao Tsé. "Pelo que está dentro de mim."

Talvez a estrutura paralela dos reinos objetivo e subjetivo explique como os poetas, nas palavras de Wordsworth, "vêem o coração das coisas", e como os cientistas são capazes de penetrar segredos ocultos da natureza. Um dos grandes enigmas da filosofia tem sido o que é chamado de "eficácia irracional da matemática". De algum modo os matemáticos são capazes de, por procedimentos puramente mentais, nos quais um elemento central é a intuição, deduzir informações aplicáveis a aspectos da realidade física que nunca tinham sido observados e que predizem conseqüências que eram anteriormente insuspeitadas. O isomorfismo do interior e do exterior poderia também explicar por que mentes como a de Einstein podem fazer o que fazem. Como Jeremy Bernstein disse de Einstein: "Ele chegava, por uma intuição fenomenal, a saber quais deveriam ser os resultados através de um profundo contato com a natureza." Talvez "profundo contato com a natureza" seja, na realidade, profundo contato interior com o próprio eu.

Os *Yoga Sutras* de Patanjali, o mais autorizado dos textos antigos de ioga, esclarece como o conhecimento do mundo exterior pode ser obtido por meio de uma sintonia interior. Essa explicação está relacionada com aquela afirmação prévia de que a transcendência abre outros canais intuitivos. Um capítulo inteiro de Patanjali é dedicado a uma explicação dos *siddhis*, ou poderes supranormais. Entre eles há muitos que se relacionam com o conhecimento intuitivo direto. Segundo Patanjali, dirigindo interiormente sua atenção de certas maneiras, o iogue pode conhecer "o passado e o futuro", "outras mentes", "o momento da morte", "objetos a grande distância", "as regiões cósmicas", "os arranjos das estrelas", "o sistema corporal", "a distinção entre absoluto e relativo", e muito mais. Também está escrito que "tudo pode ser conhecido".

O mais interessante em nosso contexto é que se coloca como pré-requisito para esses poderes o *samyama*, termo complexo que pode ser resumido na capacidade da mente de permanecer absorvida na transcendência e de, ao mesmo tempo, pensar. Parece uma contradição, uma vez que transcendência é unidade perfeita e não localizada, consciência sem pensamento. Dizem, no entanto, que uma mente expandida pode pairar no nível em que o Absoluto imutável encontra o transiente relativo (em nosso diagrama, a linha reta embaixo). É como se a mente tivesse um pé em cada lado, e pudesse operar espontaneamente sem perder a universalidade da percepção associada com consciência pura. Esse estado de percepção é chamado de *ritam bhara pragya*, que corresponde a "cheio de verdade genuína".

Para usar uma imagem anterior, seria o caso de o submarino da atenção adquirir a capacidade de estacionar no nível mais profundo da mente. Teoricamente, com a atenção assim situada, a mente poderia saber tudo, porque ela comanda todo o território. Naquele nível não haveria restrições de tempo ou espaço; a consciência em estado puro é considerada como infinitamente correlacionada com tudo o que existe na criação. As polaridades se dissolvem, possibilitando ao conhecedor apreender a unidade que está subjacente à aparente diversidade; isso também poderia produzir analogias fecundas que contribuem para a introspecção intuitiva. E as intuições a partir desse nível seriam experimentadas com grande lucidez, uma vez que o sistema nervoso estaria em coerência máxima. Não haveria qualquer "estática" a interferir com a apreensão do impulso, o qual seria percebido em seu estado mais puro e menos adulterado.

Patanjali também descreve aquilo que chamamos de "intimidade" da experiência intuitiva, aquela sensação de entrar no objeto do conhecimento e conhecer sua essência. Segundo um comentário, Patanjali afirma que para alguém que opera do nível do *samadhi* ou transcendência, "a mente pode atingir a identidade com um objeto comum de modo que o objeto apenas permanece sem as ondas de pensamento das nossas próprias reações". Uma maneira alternativa de descrever isso é dizer que as ondas de pensamento do conhecedor ressonam perfeitamente com as vibrações fundamentais do objeto. Isso daria o que Immanuel Kant chamou conhecimento da "coisa em si", o que ele afirmava ser impossível de obter por meio da razão ou da percepção sensorial, pois estas são sempre filtradas pela percepção subjetiva.

Em teoria, uma pessoa cuja percepção estiver situada na junção do não-manifesto com o manifesto estaria atuando em harmonia com a lei cósmica. Ela poderia ser capaz de intuir diretamente os princípios organizatórios eternos da natureza. Mais importante, sua mente intuitiva seria guiada e dirigida por esses princípios, quer ele tivesse conscientemente noção deles ou não. Não precisamos entender as leis da gravitação para podermos sentar, levantar, ou evitar cair da janela. De modo semelhante, não precisamos entender todas as leis da natureza para podermos agir de acordo com elas. Num estado elevado de consciência, diz-se que as ações são espontaneamente corretas. Os impulsos intuitivos que formam e dirigem a mente iluminada seriam apropriados tanto para o indivíduo como para o meio ambiente, uma vez que a mente estaria ressonando com os impulsos mais profundos da natureza. Nós saberíamos o que a natureza pretende que saibamos. Em termos religiosos, isso é chamado viver de acordo com a vontade divina. Mas independentemente de sua orientação espiritual, essas pessoas felizes que parecem fazer tudo certo (nos termos do Patanjali, aquelas que "evitam o perigo que ainda não surgiu") estão provavelmente atuando grande parte do tempo a partir de algum nível profundo da mente.

Essas descrições de estados superiores da consciência podem soar remotas e forçadas, mas vale a pena contemplá-las seriamente, e talvez elas possam servir como ideal ao qual se dedicar. Elas podem ser vistas como protótipos daquilo que a mente intuitiva pode atingir, e sintetizam a mensagem essencial deste capítulo: o conhecimento é estruturado na consciência. Nós introduzimos uma interpretação mais sublime do aforisma: a consciência contém em si todo o conhecimento possível.

AS IMPLICAÇÕES PRÁTICAS

Começamos afirmando que a qualidade da intuição depende principalmente do nosso estado de consciência. Consciência elevada é definida metaforicamente como a capacidade de localizar a atenção em níveis mais profundos da mente. Agora já deve estar claro por que procurar a iluminação não é apenas um objetivo elevado em si mesmo, mas uma maneira de cultivar todas as funções da intuição: cada grau de iluminação acrescentado é sinônimo de pureza de consciência, o que significa funcionar com maior freqüência e consistência a partir dos níveis mais profundos da mente. Fisiologicamente, postulamos que consciência elevada poderia ser associada com um alto grau de estabilidade, ordem e atenção no sistema nervoso. Em termos cotidianos, isso seria experimentado como lucidez mental, calma interior e a relativa ausência de ruído mental estranho.

Se esta análise for precisa, segue-se que a coisa mais importante que qualquer um pode fazer para desenvolver a intuição é cultivar um estado elevado de consciência. Embora os estados de percepção individuais variem, pode-se dizer que cada um de nós opera em algum nível básico em torno do qual flutuamos, dependendo de uma variedade de fatores físicos, mentais e ambientais. Com diligência, podemos aumentar o ritmo com que a consciência se expande.

Nosso modo de vida não é exatamente direcionado a estabelecer o núcleo de silêncio que forma o melhor ambiente para a intuição. A serenidade passou a ser considerada um luxo, não uma virtude prática. O bombardeio constante dos sentidos, a pressão e o ritmo às vezes insuportável da vida moderna, a associação de felicidade com realização externa e aquisição material, e o curto-circuito da nossa relação com a natureza: todas essas condições criaram uma espécie de estimulação crônica e uma baixa relação sinal-para-ruído. Ao mesmo tempo, mais tempo de lazer e a libertação dos trabalhos mecânicos criaram mais oportunidades para atendermos às condições das nossas mentes e corpos. Os americanos aproveitaram essas oportunidades para aliviar o acúmulo de tensão e pressão, e tais empenhos só podem melhorar as condições fisiológicas para a intuição, qualquer que seja sua intenção inicial.

Nesse contexto, deveríamos aumentar nossos esforços para entender a fisiologia da consciência. Cada nova descoberta ajuda-nos a isolar os comportamentos que contribuem para os estados elevados de consciência. Existem, naturalmente, inúmeras maneiras de cultivar a consciência, porque literalmente tudo que fazemos, pensamos ou com que entramos em contato afeta nosso sistema nervoso. O conjunto de práticas desenvolvidas por diversas disciplinas da consciência, tanto antigas como modernas, todas buscando a mesma condição paradoxal de silêncio interior e atenção máxima, atestam as muitas maneiras de desenvolver a tarefa. Mas poucas atividades são universalmente apropriadas. Cada pessoa é diferente e está mudando, e com essas variações ocorrem mudanças naquilo que cada sistema nervoso precisa de modo a sustentar um estado coerente. Aqueles que seguem com determinação um caminho de desenvolvimento da consciência poderão mudar seus hábitos de comer, exercitar e outros que precisem ser mudados. Se fizerem as escolhas certas para si mesmos, irão gradualmente tornar-se mais intuitivos, quer esse seja ou não um objetivo consciente. Cultivando um sistema nervoso mais coerente, iremos descobrir que a intuição torna-se mais consistentemente fértil e realizadora da verdade.

Com respeito ao estilo de vida, cada um de nós deveria experimentar descobrir as condições que produzem um nível consistente de silêncio interior e de lucidez intensificada, sinais de uma consciência condutiva à intuição de qualidade. Certos procedimentos podem ser recomendados sem hesitação, incluindo exercícios de ioga e meditação, os principais constituintes de métodos respeitados para expansão da consciência (discutiremos isso mais profundamente no Capítulo 9). Igualmente importante é descobrir que atividades, substâncias e ambientes nos desviam da condição desejada, e então evitá-los.

Nos capítulos a seguir abordaremos exclusivamente considerações práticas, discutindo maneiras de podermos obter o máximo da nossa capacidade intuitiva. Isso é como ensinar a tirar água de um poço. Elevar nosso nível de consciência é como cavar o poço mais fundo.

Capítulo 8

Preparando-se para a Intuição

Se for agora, não está por vir; se não está por vir, será agora; se não for agora, ainda está por vir; estar prevenido é tudo.

Shakespeare (*Hamlet*)

A intuição não pode ser comandada, implorada ou projetada. Simplesmente temos de estar prontos para ela. Como discutimos no capítulo anterior, o fato básico para determinar a prontidão é nosso estado de consciência. Além disso, programamos a mente intuitiva com nossos objetivos, percepções, crenças e a maneira como abordamos os problemas e as decisões. Certas atitudes e comportamentos irão encorajar a intuição e valem a pena ser cultivados desde que permaneçamos fiéis a nós mesmos.

De maneiras sutis dizemos à mente intuitiva o que esperamos dela e recebemos o que esperamos. Se duvidamos de suas capacidades ou não confiamos em suas contribuições, tornamos a intuição realmente hesitante. Suas aparições serão ocasionais e suas revelações ambíguas. Por outro lado, aceitação e confiança criam receptividade. Se deixarmos um convite aberto e fizermos a intuição sentir que suas visitas serão bem-vindas a qualquer momento, ela pode tornar-se uma hóspede perfeita, aparecendo em todas as ocasiões certas, vestida apropriadamente, e portando oferendas de prosperidade.

PREPARANDO O TERRENO

Não podemos enganar a mente intuitiva com artifícios de pensamento positivo. Entusiasmo artificial, adulação, sugestão, ou discursos evangélicos de estímulo sobre como você realmente é intuitivo bastando para isso acreditar, são de valor limitado e temporário. A mente sabe em que você realmente acredita, e reage em conformidade. O fator principal para determinar sua atitude é a própria experiência. Seria absurdo inventar um estado de espírito de ilimitada confiança ou tentar se enganar pensando que sua intuição é infalível. Mas, à medida que você notar as contribuições dela para a sua vida, sua fé irá crescer, natural e espontaneamente.

Não obstante, é uma boa idéia examinar como você se sente em relação à intuição e investigar sua programação negativa. É possível acreditar em alguma coisa intelectualmente e, ao mesmo tempo, guardar desconfiança em um nível emocional. E o impacto das emoções será mais forte. Uma introspecção honesta sobre seu grau de aceitação e confiança na intuição pode ser educativo. Também vale a pena observar sua reação aos argumentos e relatos apresentados aqui, às discussões do assunto com amigos, e ao seu próprio diálogo interno quando você é confrontado com mensagens intuitivas. Você pode se pegar reagindo com ceticismo e outras formas de resistência que poderia não saber que possuía.

Um comportamento antiintuitivo pode estar enraizado em fatores psicológicos mais profundos. Uma baixa auto-estima, por exemplo, pode traduzir-se em desconfiança em relação a tudo que venha do nosso interior; uma necessidade de fracassar pode programar a mente intuitiva para enganos, ou desviar-nos das intuições corretas. Não é coincidência que pessoas intuitivas tendem a ser confiantes e independentes; tais aspectos são necessários para estarem abertas a uma fonte de conhecimento impredizível, surpreendente e muitas vezes não convencional que vem de dentro delas mesmas. Necessidade excessiva de segurança, medo de mudança e intolerância em relação à incerteza também podem sufocar a intuição, levando-nos a procurar controle e previsão através de rígida aderência a regras e procedimentos padronizados. Os problemas são assim definidos simplisticamente, e apenas as informações e alternativas mais óbvias são levadas em conta. Com essa atitude, a intuição é programada para segurança, não para inovação.

Mecanismos de defesa arraigados não podem ser extirpados pelas exortações de um livro ou de um seminário sobre auto-estima. Mas muitas barreiras comportamentais à intuição são apenas maus hábitos e padrões de pensamento negativos que adquirimos pela imitação de nossos pais e de outros modelos. Elas podem ser superadas, pelo menos em parte, através de uma diligente autopercepção. Podemos nos pegar nos acusando pelos nossos enganos em vez de congratularmo-nos pelos nossos sucessos; antecipando desastres em vez de milagres; procurando demasiada segurança e estabilidade em vez de vigor e criatividade. Nesses momentos é necessário um pouco mais que uma suave mudança de atenção para substituir captações negativas por um equivalente positivo. Ao longo do tempo, os hábitos poderiam mudar.

"Não vou conseguir resolver este problema" ou "Nunca vou encontrar a resposta" é um recado para a mente intuitiva não incomodar. Pensamentos confiantes, junto com a convicção de que você merece e espera não apenas uma resposta mas a *melhor* resposta, estimulam a intuição para uma ação positiva. O mesmo vale para outras formas de resistência. Simplesmente ajustando nossas atitudes, podemos dizer a nossa mente intuitiva que estamos abertos a respostas inovadoras e não óbvias, que esperamos o inesperado.

Podemos também substituir o medo da mudança e da desordem pelo que John Keats chamou "capacidade negativa", a qualidade de "aceitar incertezas, mistérios, dúvidas, sem nenhuma irritável busca de fatos e razões". Alguém que sente que pode manejar situações impredizíveis, mutáveis ou ambíguas está dando um voto de confiança à intuição, pois ela é necessária sob tais condições. Podemos até mesmo criar essas condições intencionalmente, de modo a estimular a intuição (alguns dos procedimentos discutidos neste capítulo fazem exatamente isso). Acompanhado por métodos efetivos de desenvolvimento pessoal, esses ajustes de atitudes podem, com o tempo, reprogramar a mente intuitiva, instilando encorajamento e confiança.

Também trabalhamos contra a intuição quando levamos nós mesmos, nosso trabalho, nossos dilemas e nossos problemas demasiado a sério. Uma certa galhofa e gosto pela extravagância e pelo absurdo parecem favorecer a intuição. Conforme já mencionamos, o humor e a intuição têm em comum saltos súbitos e ilógicos que geralmente podem ser tão práticos quanto divertidos. Naturalmente, o trabalho e os problemas pessoais são sérios no sentido de que são importantes, mas muitas vezes isso se traduz por uma atitude excessivamente sóbria, às vezes sombria, geralmente uma tentativa parva de parecer honesto e sólido para as outras pessoas. A relação entre intuição e galhofa é fácil de ver nos esportes e nas artes, mas aplica-se igualmente a qualquer outro campo. As pessoas mais criativas e inovadoras são aquelas que se divertem com os problemas não resolvidos e brincam com suas imaginações como as crianças o fazem com brinquedos.

No mesmo sentido, relaxar algumas das restrições impostas pelos procedimentos analíticos em favor de um grau de informalidade pode tornar a mente mais hospitaleira à intuição. Tomada de decisões e solução de problemas são geralmente representadas como uma linha reta composta de etapas formais e racionais, que só são enfrentadas depois que estamos seguros de ter vencido a etapa anterior: definir o problema, estabelecer objetivos, reunir informações, identificar alternativas, projetar conseqüências, escolher a opção mais propícia. Mesmo quando se reconhece o papel da intuição, o estágio preparatório é representado como um procedimento estritamente racional e bem ordenado. Infelizmente, quando seguidos mecanicamente demais, os métodos formais podem levar ao que o antropólogo Ashley Montagu chamou "psicoesclerose", o tipo de rigidez mental que pode inibir a intuição, particularmente sua função criativa.

Não estou sugerindo que os profissionais desconsiderem seu treinamento formal ou que qualquer um ignore a coleta e análise de dados, mesmo em situações informais, cotidianas. O trabalho ordenado e bem-estruturado não pode ser jovialmente abandonado em favor de uma esperada revelação. Procedimentos racionais-empíricos rigorosos e conhecimento factual cuidadosamente adquirido alimentam a mente intuitiva e transmitem precisão e convicção a seus produtos. Como disse Henri Poincaré do trabalho consciente que precedia suas percepções intuitivas: "Aquele trabalho então não foi tão estéril como se pensa; ele colocou em movimento a máquina inconsciente, e sem isso ela não teria se movimentado nem teria produzido nada."

O que estou sugerindo é uma certa flexibilidade de estilo e uma disposição, quando apropriado, de desistir de um pouco de previsibilidade e controle para poder oferecer à mente intuitiva um espaço para manobra. A soltura de um estilo intuitivo e menos estruturado pode parecer desordenada, mas ele pode ser direcionado por um imperceptível senso de direção orientado para o objetivo, e prender-se a um padrão que a mente consciente não consegue decifrar. Naturalmente, há momentos em que o rigor analítico e a disciplina processual são perfeitamente desejáveis, mas insistir rigidamente neles apenas para satisfazer uma necessidade psicológica de segurança pode pôr em risco a intuição.

Geralmente, metemos os pés pelas mãos em relação a isso. Em nossa educação e treinamento, levamos o "olhe onde pisa" a extremos absurdos. Somos ensinados a planejar e delinear formalmente cada etapa do problema até a solução. Mas na realidade os problemas são muitas vezes mal definidos, as causas não são identificáveis, os objetivos são abstratos, e as rotas até eles confusas. Impor uma estrutura predeterminada ou arbitrária pode muitas vezes inibir a mente intuitiva de operar livremente e encontrar um melhor caminho. O resultado é mediocridade ou paralisia, como o jumento da fábula que morreu de fome porque não conseguiu decidir qual dos dois montes de feno do mesmo tamanho comer primeiro.

Nesse aspecto, poderíamos tomar uma aula com escritores e artistas. Um estudo de J.W. Getzels, da Universidade de Chicago, descobriu que os artistas mais bem sucedidos pareciam não saber o que estavam fazendo até uma forma emergir relativamente tarde no processo. "As ações dos artistas revelam que eles estão trabalhando voltados para um objetivo, mas sem uma plena percepção consciente de qual seja esse objetivo", Getzels disse. "Eles não conseguem dizer o que será o desenho, mas seu comportamento mostra que em algum nível o objetivo é bastante claro." Nos estágios iniciais de qualquer empreendimento, às vezes vale a pena deixar de lado as exigências de ordem, a compulsão de fazer as coisas segundo o manual e a necessidade de uma resolução rápida.

A flexibilidade conceitual pode ser tão importante quanto a flexibilidade comportamental. A melhor atitude é a que combina paixão pela verdade com desapego e uma certa disposição de questionar suposições. Uma atitude protecionista diz à mente intuitiva que encontre maneiras de apoiar crenças já estabelecidas em vez de idéias mais sinceras ou mais criativas. Uma mente dogmática irá rejeitar intuições contrárias, e desviar-se de informações e experiências que possam questionar suas crenças entrincheiradas.

Nós vemos aquilo que esperamos ver, mesmo a nível da percepção sensorial comum, como uma série de experimentos já provaram. Um estudo, por exemplo, misturou num maço de baralho comum algumas anomalias, como espada vermelha e copas preta. Uma percentagem significativa dos testados não notou as cartas alteradas, considerando, por exemplo, um ás de espada vermelho como o ás de copas, e um seis de copas preto como o seis de espada. Daí os experimentadores faziam uma casual sugestão de que só porque espada geralmente é preta não quer dizer logicamente que será *sempre* preta. Isso foi suficiente para fazer com que um número significante de testados visse as cartas incomuns como realmente eram. Se quisermos receber conhecimento inovador e não convencional, deveríamos fazer uma sugestão casual à nossa mente intuitiva, fazendo com que ela saiba que esperamos o inesperado e que estamos preparados para questionar nossas suposições e nossas crenças.

Finalmente, é importante procurar, encorajar e esperar estalos intuitivos em qualquer estágio do processo de solução de problemas ou de tomada de decisões. Como já ressaltamos, até os procedimentos mais técnicos, regulamentados e racionais podem ser estimulados e aconselhados pela intuição. Se, em nossos pensamentos e atitudes, dividirmos o trabalho rigidamente demais, restringiremos a amplitude da intuição. Vamos ver algumas maneiras específicas de estimular a mente intuitiva nos estágios iniciais da solução de um problema ou de uma tomada de decisão. Esses métodos podem suplementar procedimentos racionais-empíricos.

DANDO DIRECIONAMENTO À SUA INTUIÇÃO

Objetivos e problemas formam um círculo interativo: as coisas que queremos programam a mente para procurar maneiras de obtê-las; isso leva à identificação de problemas (significando tanto obstáculos como oportunidades), e os problemas, por sua vez, criam objetivos (soluções) nos quais a mente intuitiva trabalha. Por exemplo, um objetivo amplo poderia ser melhorar o seu casamento. A intuição pode indicar-lhe maneiras de fazer isso, desde uma idéia para um presente criativo até novas maneiras de lidar com os desacordos. Ela poderia também dar-lhe uma visão de sérias áreas problemáticas – por exemplo, você percebe que a hostil resistência da sua esposa às sugestões que lhe faz está baseada em um medo arraigado de ser controlada. Isso poderia levá-lo ao objetivo de encontrar maneiras menos ameaçadoras de expressar sugestões e críticas ou de estimular a auto-estima dela. A intuição pode então ajudá-lo a realizar esses objetivos.

Quanto mais precisos somos quanto ao que queremos, melhor equipada estará a intuição para direcionar-nos diretamente para o alvo. Um excesso de precisão, no entanto, pode sair pela culatra, pois a intuição estará programada de maneira tão estreita que poderá desconsiderar oportunidades incomuns ou inesperadas. Por exemplo, se seu objetivo for ganhar muito dinheiro este ano, isso não dará muito subsídio para sua intuição trabalhar. Definir o objetivo como ganhar 50 milhões este ano dará um conjunto mais explícito de instruções. Ganhar o dinheiro na Bolsa de mercadorias é um objetivo mais específico, e negociar com soja é mais ainda. No entanto, se você estabelecer seu objetivo tão estreitamente, poderá colocar antolhos na sua intuição; ela poderá não reconhecer ou não criar outras oportunidades além da soja. Em alguns casos, o foco estreito poderá ser exatamente o que você quer. Cada objetivo deveria ser avaliado cuidadosamente e os parâmetros delineados.

Antes mesmo de atacar problemas específicos, é uma boa idéia escrever uma descrição clara dos seus objetivos importantes de vida, aqueles desejos e intenções sentidos bem no fundo e que impelem nossas ações e pensamentos. Seja tão específico quanto possível, indicando exatamente o que você deseja realizar e, se possível, como e quando. Esses objetivos gerais normalmente sugerem metas de curto alcance ou localizadas que estruturam as escolhas cotidianas. Aqui, a mente intuitiva deveria saber quando os objetivos são específicos e quando há espaço para mudança. As metas e objetivos também deveriam ser avaliados freqüentemente; isso mantém sua intuição atualizada, por assim dizer, e o processo de revisão poderá também estimular uma observação intuitiva da natureza das suas metas.

Escrevendo dessa maneira as metas e objetivos, uma estimativa de comprometimento e abertura pode ser programada na mente intuitiva. Entre outras coisas, essa combinação pode torná-lo mais receptivo ao reconhecimento intuitivo da oportunidade, elemento chave na descoberta e na criatividade.

Qual é o Problema?

Nas proximidades de Tebas, uma esfinge bloqueava o acesso à cidade, propondo um enigma aos viajantes. Se respondiam corretamente, podiam entrar; se erravam, eram devorados pela esfinge. Ninguém havia conseguido decifrar o enigma até Édipo chegar, e a esfinge lhe perguntar: "Que criatura caminha com quatro pernas pela manhã, duas à tarde e três à noite?" Édipo respondeu: "O homem. Ele engatinha na infância, anda ereto na maturidade e apóia-se numa bengala na velhice."

Naturalmente, Édipo não era tão intuitivo a ponto de perceber a identidade da mulher que depois desposou. O que ele fez com o enigma, porém, foi expandir os limites e questionar as suposições que o pensamento convencional traria consigo. Seus desafortunados predecessores levaram o enigma ao pé da letra, e limitaram o alcance de suas intuições. As limitações estavam em suas mentes, não no problema em si. Podemos restringir a capacidade da intuição de fornecer as melhores soluções ao simplificarmos demasiadamente os problemas, não olhando para além dos parâmetros óbvios, ou deixando de questionar nossas próprias suposições. Por essa razão, deveríamos sempre procurar maneiras renovadas de definir e redefinir as situações em que nos encontramos.

Edward de Bono, cujos ensinamentos e muitos livros sobre "pensar lateralmente" deram uma importante contribuição à criatividade, fala de um arranha-céu que foi construído com muito poucos elevadores. Quem trabalhava no prédio ficava maluco com a longa espera nas horas de maior movimento, e muitos ameaçaram demitir-se. Muitas sugestões foram apresentadas, incluindo a construção de elevadores complementares do lado externo, escalonamento dos horários de trabalho e substituição dos elevadores por outros mais rápidos. Todas as propostas eram caríssimas e potencialmente disruptivas. Finalmente, alguém sugeriu uma solução simples: pendurar espelhos perto das portas dos elevadores. "Pensando bem, a resposta é óbvia", diz Bono. "O problema não era tanto a falta de elevadores como a impaciência dos usuários." Eles ficavam tão ocupados ajeitando o cabelo e as roupas e vendo o outro se comportar na frente do espelho que o aborrecimento da espera era aliviado.

Tive recentemente uma experiência semelhante quando meu arquivo entupiu e gastei um bom tempo tentando imaginar uma maneira de acomodar mais um armário. Minha esposa deu uma olhada e sugeriu pendurar cestos de plástico sob as prateleiras da estante, pois havia um espaço bem grande entre as prateleiras e os livros nelas colocados. Eu havia definido o problema como falta de fichário; ela o viu "Como acrescentar mais espaço para guardar papel".

Muitas vezes colocamos antolhos na intuição ao simplificar demais os problemas por sermos intolerantes com a complexidade. Isso em parte é causado pelos evidentes problemas de nossa formação escolar, que tendem a convencer-nos de que tudo tem uma causa única e identificável. Na vida real, os problemas importantes geralmente são multifacetados. Peter Senge, do Grupo de Dinâmica de Sistemas do MIT, diz que uma descoberta consistente das pesquisas da sua organização é que "os problemas nunca vêm isolados, quer seja nos negócios, na sociedade, ou na vida individual". Como Senge observa, tendemos a presumir que causa e efeito estão intimamente relacionados no espaço e no tempo. Geralmente, diz ele, não estão.

A definição restritiva dos problemas pode ter sérias conseqüências. Durante a crise do petróleo de 1973, por exemplo, quase todos identificavam o problema como o embargo imposto pelos árabes. Levou muito tempo para as pessoas ultrapassarem essa visão simplista de causação e fazerem perguntas como "Por que somos tão dependentes do petróleo do Oriente Médio?" De modo semelhante, uma empresa defrontando-se com uma diminuição nas vendas poderia investigar apenas nos lugares óbvios, como a equipe de vendas ou o departamento de marketing, em vez de confrontar questões básicas sobre seus produtos ou políticas gerenciais. Ou um casal com vida sexual em deterioramento poderá analisar aspectos superficiais do problema, como desempenho na cama, em vez de discutir os fatores emocionais mais profundos. Como Senge coloca, os problemas e soluções raramente estão nos lugares óbvios, e as idéias criativas vêm à pessoa intuitiva que consegue enfrentar a insegurança de olhar além do óbvio.

Expresse por Escrito

Particularmente quando você acha os problemas difíceis de precisar, ou tem uma sensação de que a abordagem ou solução correta está quase saindo do seu alcance, é uma boa idéia colocar no papel o que quer que venha à mente sobre a situação. Escrevendo livremente seus pensamentos, não importa se desconexos, digressivos ou agramaticais, você pode começar a desatrelar sua intuição. Muito do que sai será irrelevante ou ridículo, mas escrevendo a história sem avaliar ou julgar o produto (ninguém precisa vê-lo além de você), uma dentre três coisas pode ser alcançada: encontrar respostas intuitivas para questões refratárias, ou ter percepções sobre seus próprios sentimentos em relação à situação, ou ver um padrão emergir do processo que o ajuda a concentrar-se no padrão real e estruturá-lo adequadamente para uma análise subseqüente.

Aqui estão dois procedimentos para começar quando o processo de escrever espontaneamente é demorado. O primeiro refere-se à complementação de frases. Acrescente o que lhe vier à mente a qualquer um ou a todos os fragmentos abaixo, e vá em frente.

O que eu sei sobre esta situação é...
O que eu não sei é...
A coisa que me aborrece é...
Algumas das coisas sobre as quais tenho dúvidas são...
Algumas das coisas que poderão acontecer são...
Se eu pudesse fazer o que eu quero...
As outras pessoas envolvidas acham...
Em nenhuma circunstância eu...
Tenho a sensação de que...

Uma outra maneira prática de começar consiste numa variação da estratégia de Gabriele Lusser Rico em *Writing the Natural Way*. Rico desenvolveu um procedimento chamado "encadeamento", onde uma palavra-chave é usada como núcleo para evocar encadeamentos de associações. "À medida que for jogando palavras e frases aparentemente aleatórias em torno de um centro", diz Rico, "você ficará surpreso em ver padrões se formando até que chega um momento, caracterizado por uma sensação de 'aha!', quando você subitamente sente um ponto de convergência para escrever." Quando aplicado a problemas ou decisões reais, o encadeamento poderá levar a um ordenamento preciso dos seus pensamentos ou até mesmo a um mergulho introspectivo na situação em si.

Para fazer o encadeamento, você começa com uma "palavra núcleo" em um círculo. Pode ser qualquer palavra, realmente, mas seria melhor usar a primeira que lhe vier à mente quando você considerar a situação com que está lidando. "Agora você simplesmente deixa acontecer", diz Rico, "e começa a seguir qualquer corrente de relações que lhe venham à cabeça. Escreva-as rapidamente, cada qual em seu próprio círculo, irradiando-se a partir do centro para qualquer direção que queiram seguir. Ligue cada palavra ou frase nova ao círculo precedente com uma linha. Quando algo novo e diferente lhe ocorrer, comece novamente no núcleo central e irradie para fora até essas associações se exaurirem."

Cada palavra deve ser introduzida sem avaliação ou análise, e o processo todo deverá levar apenas alguns minutos. Em algum ponto, existe a possibilidade de um foco ou padrão emergir, fazendo com que você sinta uma sensação definida de mudança: uma sensação física, talvez, ou uma sensação de unidade ou alívio. Nesse ponto, a escrita pode começar, ou algo ainda mais significativo poderá ser emergido por meio de uma introspecção. A Fig. 5 mostra um exemplo de encadeamento de um dos alunos de Rico.

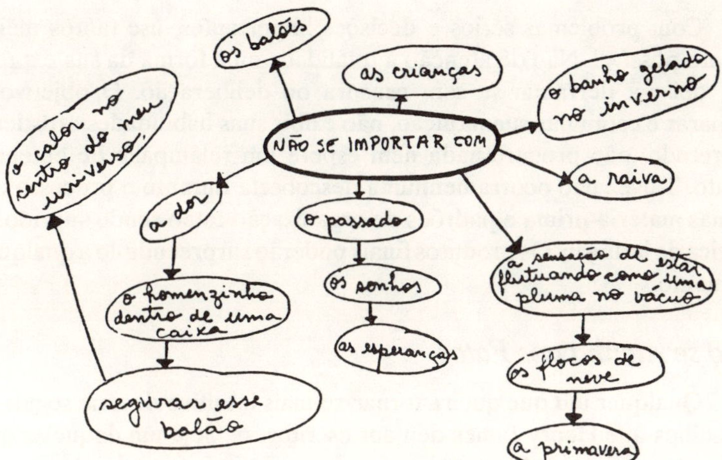

Figura 5. Exemplo de encadeamento, usando "não se importar" como palavra-núcleo

A idéia de expressar seus pensamentos e sentimentos sobre uma situação pode ser estendida um pouco mais. Uma vez que a linguagem é um meio linear, uma colocação estritamente verbal poderia não ser suficiente para estimular todas as faculdades que alimentam a mente intuitiva. Além disso, modos não verbais podem produzir conteúdos emocionais, não filtrados pelas exigências lógicas da linguagem, de modo que seus sentimentos sobre a situação ou as pessoas envolvidas tenham a chance de emergir. Podemos trazer à ação outros sentidos e padrões de pensamento expressando problemas, tarefas e metas de várias maneiras diferentes. Aqui estão algumas sugestões:

Desenhe ou pinte a situação, de preferência com cores, de forma abstrata e como um desenho figurativo.

Toque-a num instrumento musical, ou cante-a.

Expresse-a fisicamente como uma adivinhação, uma dança, ou uma mímica.

Esculpa-a em argila ou madeira.

Crie um símbolo para ela.

Com problemas sérios e decisões importantes, use tantos meios quanto possível. Não dê atenção à qualidade ou à forma da sua expressão; deixe-a derramar-se sem censura ou deliberação. O objetivo é preparar e estimular sua intuição, não exibir suas habilidades artísticas. Sobretudo, não procure nada nem espere um relâmpago de entendimento. Talvez não ocorra nenhuma descoberta durante o processo em si, mas matéria-prima e padrões de organização estão sendo supridos à fábrica da intuição. Os produtos finais poderão surpreendê-lo a qualquer momento.

Não se Atenha aos Fatos

Qualquer um que queira tornar-se mais intuitivo deveria seguir os conselhos que Henry James deu aos escritores: "Seja um daqueles que nada desperdiçam." As estratégias convencionais de tomadas de decisão e de solução de problemas enfatizam dados concretos: fatos e estatísticas bem documentados que podem ser analisados e usados como base de inferências lógicas. Isso, naturalmente, é indispensável, e a tecnologia moderna tornou possível um fantástico grau de velocidade, precisão e amplitude de análise. No entanto, apoiar-se demais nesse tipo de subsídio pode negar à mente intuitiva o tipo de matéria-prima de que ela depende. Por um lado, dados concretos relacionam-se com o passado, pois qualquer coisa que possa ser medida ou analisada já tem de ter acontecido. Também, uma grande parte daquilo que é relevante para uma situação e útil para as faculdades intuitivas está fora do alcance do aparato analítico.

Os tomadores de decisão bem-sucedidos reconhecem essas limitações e apóiam-se muito menos em dados concretos do que sua imagem ou treinamento poderia sugerir. Segundo o cientista de administração Henry Mintzberg, os executivos tendem para dados "abstratos": rumores, boatos, mexericos, linguagem do corpo, conversas casuais, especulação. Mintzberg descobriu, por exemplo, que altos executivos preferem reuniões cara-a-cara em vez de relatórios escritos, pois assim podem ler expressões, gestos e tons de voz. Um executivo de propaganda expressou-se desta maneira: "Acho que meus pressentimentos valem a pena porque assimilo coisas que outras pessoas desconsideram, ou porque não são muito perceptivas ou porque compraram a idéia de que as únicas informações que valem são as que podem ser transformadas em lógica ou em números, que é o que você precisa para defender suas decisões."

Uma primeira etapa para absorver informações abstratas é simplesmente expor-se a uma variedade mais ampla de estimulação, a fontes diretas e indiretas que não têm qualquer substrato racional aparente e nenhum retorno imediato. Por exemplo, uma vice-presidente de empresa chamada Virginia Hathaway escapa às vezes dos almoços de executivos para almoçar no restaurante dos funcionários. Ela senta-se perto dos operários, faz diversas idas às máquinas de vender e às filas da bandeja, bate-papo e tira impressões visuais. Às vezes, também passeia pelos elevadores no final do dia. Nem sempre isso lhe traz informações que se aplicam diretamente às suas decisões sobre vendas de equipamento de escritório, mas ela aprende bastante sobre as pessoas e sua empresa, e está convencida que é uma boa utililização para o seu tempo.

Um outro executivo vai um passo adiante. Funcionário de uma grande empresa alimentícia, ocasionalmente disfarça-se de operário braçal de uma das fábricas ou escritórios da empresa. Também costuma freqüentar supermercados e restaurantes em diferentes comunidades.

Ele diz que recebeu a idéia de sua esposa, uma romancista que pesquisa seus livros de maneira bem semelhante. Como Virginia Hathaway, ele sente que tal atitude contribui para sua intuição no trabalho.

Estudos mostram que as ondas cerebrais mudam quando os indivíduos recebem estímulos subliminares dos quais não têm consciência. A mente intuitiva faz uso desse material, criando analogias e buscando dados e informações em áreas não relacionadas com o assunto à mão. Realmente, podemos pressupor que um aspecto característico das pessoas excepcionalmente intuitivas é um alto nível de receptividade a esse tipo de informação. Elas podem também ter uma grande variedade de interesses e expor-se a uma variedade incomum de experiências de vida.

Os executivos citados nos exemplos acima reuniram dados abstratos intencionalmente; estavam procurando material que se relacionasse com suas responsabilidades, embora de maneira remota. Há algo também a ser dito sobre a expansão da amplitude da sua experiência por nenhuma razão outra senão fornecer material para uso da mente intuitiva, talvez de maneiras que você nunca venha a saber. Viajar, passear por uma parte estranha da sua cidade, ir a clubes e restaurantes que normalmente você evita, ler uma variedade maior de livros e revistas, fazer cursos que não têm nada a ver com a sua profissão, conversar com pessoas com quem você acha que não tem nada em comum – tais aventuras não são um desperdício de tempo nem mero entretenimento: elas podem enriquecer a base de conhecimento na qual a intuição repousa.

Uma maneira excelente de absorver um grande espectro de impressões é aventurar-se em "sessões de absorção", nas quais você não tenciona realizar ou descobrir nada em particular, mas simplesmente agir como uma esponja. A atitude adequada está sintetizada no lema do guerreiro Zen: "Não espere nada, esteja preparado para tudo." Você não deveria ter idéias preestabelecidas sobre o que está sendo procurado ou mesmo talvez para onde ir, nem tentar julgar ou avaliar o que percebe. Uma escolha aleatória de locais é uma boa maneira de começar, usando um mapa, uma lista de horários de ônibus ou de trem, ou as páginas amarelas para gerar escolhas. Uma vez tendo saído, uma boa política, sempre que a oportunidade se apresente, é escolher uma área que o estimule de maneira mais marcante, ou que seja irrelevante, ou à qual você nunca tenha ido antes.

O objetivo principal das sessões de absorção é, como já observamos, absorver novas informações, tanto de maneira consciente como subliminar, mas um prêmio poderia ser a inesperada aparição de uma intuição importante. Por essa razão, convém levar consigo um bloco de anotações ou um gravador, não para registrar o que você vê (pois isso iria forçá-lo a filtrar as impressões por meio do arranjo lógico de palavras e conceitos), mas para anotar intuições importantes que possam ser estimuladas por alguma experiência.

A possibilidade de atrair uma intuição iluminadora é uma outra razão para não deliberar ou analisar quando estiver decidindo aonde ir ou o que fazer durante uma sessão de absorção. Quanto mais você seguir seus impulsos e inclinar-se para o incomum, mais estará permitindo que a função operativa da intuição assome. Isso poderá dirigi-lo para aquelas misteriosas confluências que Carl Jung descreveu em seu conceito de *sincronicidade*, coincidências que não são causalmente relacionadas mas que contêm um significado substantivo. Jung propôs que o responsável seria alguma interação ainda não descoberta entre o meio ambiente, o inconsciente e a mente consciente. Talvez, de alguma maneira, a mente intuitiva ressoe com um padrão de ondas de informações e suavemente direcione o que parece ser um comportamento aleatório.

Os exemplos seguintes de intuição ocorreram porque os intuidores seguiram impulsos para fazer alguma coisa fora do comum. O primeiro é o de um diretor de teatro que se incomodava com sua tendência de brigar com os atores: "Senti uma necessidade de ir ao zoológico, dentre todos os lugares possíveis, e lá fui, embora estivesse ocupado e não gostasse muito de animais. Quando passava pela jaula dos ursos, vi dois filhotes se arranhando. Como os outros espectadores, fiquei alarmado, mas um funcionário do zoológico explicou que os ursinhos estavam apenas brincando. Subitamente percebi que eu tinha essa necessidade de brigar com outros homens. É como uma forma atávica de brincar, mas todos me levam a sério e eu arrumo problemas. A intuição ajudou-me a mudar meu comportamento. Agora, sempre que me enfureço, lembro-me dos ursinhos e digo ao alvo do meu ataque para não me levar a sério."

O outro incidente foi relatado por uma historiadora: "Combinei encontrar meu marido em uma esquina, e estava adiantada. Havia duas lojas de onde eu podia ver a esquina: uma livraria e uma loja de roupas para homens. Adoro livrarias e não tenho nenhum interesse em roupas de homem, mas num capricho entrei nessa última. Lá dentro, havia um rapaz falando sobre sua viagem a Jerusalém. Eu estava para sair e ir à livraria, o que tinha mais a ver comigo, quando alguma coisa que ele disse – nem mesmo me lembro o quê – fez-me compreender que o meu ponto de pesquisa atual poderia ter alguma relação com as Cruzadas. Isso abriu-me uma fecunda linha de investigação."

A Solução Criativa de Problemas

Uma das funções mais importantes da intuição na solução de problemas e nas tomadas de decisão é gerar alternativas. Em situações diretas, as alternativas podem ser inferidas mais ou menos rotineiramente a partir dos fatos. Mas a intuição permite que você vá além do óbvio até novidades frescas e inovadoras; se for fértil, a intuição poderá gerar uma grande quantidade de alternativas, muitas das quais serão absolutamente inúteis mas, mesmo assim, estimulam outras idéias mais práticas.

Muitas das vezes, essa função produtiva é impedida pela nossa tendência de intervir e avaliar tão logo a intuição aparece. Nossas escolas e instituições encorajam isso; somos recompensados pelas respostas corretas e por apontar o que está errado com as idéias. Esse processo cria um dos grandes obstáculos à intuição: a obrigação de estar certo. O medo de estar errado acha-se tão profundamente arraigado que nossas mentes tornam-se ajustadas para não cometer enganos, e sim para encontrar alguma coisa que funcione. Como observou Peter Senge, do MIT: "Os intelectos criativos estão em paz com o que não conhecem. Eles estão dispostos a não entender. Você não pode ser intuitivo se estiver tentando estar correto."

Certamente a capacidade de analisar e de julgar os produtos da nossa intuição é de crucial importância. Mas tendemos a fazer isso de modo rápido e peremptório demais, forçando um encerramento prematuro e matando frágeis idéias intuitivas antes de elas terem a oportunidade de se desenvolver e de se reproduzir. Para conseguir o máximo da intuição, temos de diminuir a pressa para o julgamento. Sempre que possível, a intuição deveria ser considerada como uma semente levada pelo vento e deixada à vontade para ver se cria raiz.

Em circunstâncias comuns, a mente naturalmente irá pensar sobre a intuição, analisá-la e testá-la contra os fatos; o coração irá responder à sua maneira, deixando você saber como se sente sobre a intuição. Às vezes é impossível, e uma tolice, lutar contra essas tendências, mas como regra elas devem ser retardadas o máximo possível. No mínimo, o julgamento final deveria ser postergado, e o criticismo deveria ser equilibrado com o reconhecimento de que *parte* da intuição poderia ser valiosa, se não por si mesma, então possivelmente como um catalisador capaz de iniciar uma reação em cadeia que culmine na percepção. Por exemplo, um casal amigo meu estava ponderando o que fazer num fim de semana prolongado. O marido sugeriu passear no Himalaia, um programa de fim de semana bastante improvável para um casal de americanos que estava nos Estados Unidos. Mas isso provocou algo em sua esposa que a levou a sugerir um retiro de ioga, atividade na qual poderiam não ter pensado mas de que gostaram muito.

Para contrabalançar a necessidade crítica, é uma boa idéia deixar um período livre de julgamentos para gerar soluções a problemas específicos. O *brainstorming*, criado por Alex Osborn em 1948, é um método formal amplamente utilizado por organizações, particularmente em grupos, onde a interação coletiva cria uma energia extra porque os pensamentos de cada pessoa ativa os das outras. As regras são facilmente cumpridas e os princípios podem ser adaptados para uso individual. Há essencialmente quatro regras:

1. Não deve haver nenhum criticismo ou julgamento de qualquer idéia apresentada. A avaliação é feita numa sessão posterior.
2. Quantidade é desejável; quanto mais idéias, melhor. Como diz o provérbio chinês: "A melhor maneira de pegar um peixe é ter muitas linhas."
3. Nenhuma idéia é bizarra, extravagante ou irrelevante demais. O objetivo não é corrigir, mas alimentar o processo de gerar alternativas imaginosas.
4. São encorajadas combinações, modificações e melhoramentos em idéias mencionadas anteriormente.

Num *brainstorming* grupal (que pode ser muito produtivo, particularmente entre amigos que estão determinados a melhorar sua intuição) um líder formula o problema, verifica o cumprimento das regras e determina o final da sessão. Uma outra pessoa é designada como relator. Se você estiver sozinho, terá de agir como líder, relator e grupo. Uma vez, porém, que o ato de anotar pode interferir com o fluxo das idéias, talvez seja mais aconselhável usar um gravador. Depois de um tempo – pelo menos um dia se possível –, examine a lista de idéias, usando todos os métodos racionais-empíricos à sua disposição. Diminua a lista, combine idéias semelhantes e elimine o que seja realmente absurdo e não plausível. Depois, marque uma sessão de avaliação, na qual os pontos fortes e fracos das idéias remanescentes são analisados. Pode-se chegar a uma decisão final, mas novas idéias poderão brotar ou novos problemas ser reconhecidos.

Geralmente, um dentre três critérios é usado para decidir quando encerrar uma sessão de *brainstorming*. Algumas pessoas aconselham terminar quando o grupo perde o entusiasmo ou quando o tempo entre as idéias que surgem começa a se esticar. Outras, no entanto, acham que isso poderia cortar a sessão exatamente no momento errado. Evidentemente, o período mais produtivo ocorre depois do inevitável relaxamento, quando passa a excitação inicial e as idéias óbvias já foram exploradas. Uma outra possibilidade é não parar antes de um certo número de alternativas ter sido gerado. Particularmente quando trabalhando sozinho, isso evita que você interrompa quando uma frustração se instalar ou quando uma solução atraente tiver sido encontrada (ela pode ser atraente, mas não a melhor). Talvez a melhor política quando trabalhar sozinho seja estabelecer um tempo limite, digamos, de quinze a vinte minutos. Isso não só evita um encerramento prematuro como é útil para treinar a mente intuitiva a trabalhar sob pressão, o que em muitas situações será imposto pelas circunstâncias.

Naturalmente, quando se trabalha com um grupo, a responsabilidade pela geração de idéias é repartida, e cada pessoa tem tempo para rápidas incubações. Para compensar, quando trabalha sozinho, é uma boa idéia fazer intervalos para relaxamento durante as sessões (ver sugestões de métodos no Capítulo 9), principalmente quando o afã de escrever ou de gravar idéias levou sua atenção muito para fora. Também, um segundo período de *brainstorming* antes da sessão de avaliação pode ajudar a compensar a ausência da interação grupal; nele a fertilidade geralmente aumenta em proporção geométrica.

O valor de uma sessão de *brainstorming* é precisamente a sua formalidade. O impacto global das regras é criar uma atmosfera na qual a lógica pode ser violada intencionalmente, o que quebra os processos de pensamento normais e dá à mente intuitiva uma licença incondicional para se expressar. Em um grupo, as pessoas que começam a avaliar e julgar são relembradas das regras. Quando a reunião ocorre na mente de uma só pessoa, porém, não é fácil manter afastados os juízos de valor que brotam espontaneamente. O desafio é cumprir as regras sem destruir o propósito do *brainstorming*. Se você for rigoroso demais em sufocar os juízos de valor, esse empenho em si pode evitar a geração de idéias. O importante é acalmar os pensamentos críticos sem criar tensão, e não permitir análises extensas e aceitação ou rejeição definitivas.

Durante *brainstorming* formais, ou em qualquer outra circunstância, a intuição pode ser estimulada a gerar idéias através do uso deliberado de analogias. Isso pode ajudar a quebrar padrões de pensamento inseguros ao revelar relacionamentos ocultos entre objetos ou acontecimentos. Descorbertas importantes ou novas maneiras de observar um problema podem resultar quando a mente coloca lado a lado coisas que não têm nenhuma relação aparente. Niels Bohr disse que o ímpeto original de sua teoria da complementariedade (de que as descrições dos elétrons como ondas e como partículas eram aspectos de uma única realidade) foi um pensamento que ele teve sobre os relacionamentos: você não pode conhecer uma outra pessoa simultaneamente à luz do amor e à luz da justiça. Num caráter mais comercial, Fred Smith criou o Federal Express quando ligou a necessidade de entrega de volumes de um dia para o outro com o sistema bancário, no qual todos os cheques recebidos vão para um lugar central e depois voltam às agências.

Para usar analogias deliberadamente, você simplesmente pega um objeto, um conceito ou um acontecimento e procura qualidades, funções ou processos para associar com o problema em pauta. O objetivo não é encontrar analogias precisas, mas estimular o mecanismo da mente intuitiva. Deixe que as analogias venham, sejam elas óbvias ou absurdas, e não preste nenhuma atenção à lógica, aos fatos ou ao senso comum.

Uma outra maneira de estimular a função produtiva da intuição é usar estímulos aleatórios, método favorito de Edward de Bono. Você escolhe um critério para produzir uma palavra ou objeto aleatório e então deixa que essa seleção inicie a corrente de associações. A seguir, deixe que essas associações se relacionem com aspectos do seu problema, enquanto as idéias produzidas são tratadas com as regras não avaliativas do *brainstorming*. A idéia é introduzir deliberadamente uma informação não relacionada com o problema de modo a sacudir a mente e produzir uma reestruturação do pensamento.

A seguir estão duas maneiras de escolher aleatoriamente um estímulo:

1. Estabelecer um critério predeterminado para escolher um objeto do meio ambiente: o segundo objeto azul que vir, o primeiro objeto que perceber ao passar por um certo ponto da rua, etc.
2. Encontrar palavras aleatórias num dicionário. Usar dados ou outro gerador aleatório de números para produzir dois números, um para a página e o outro para localizar uma palavra nessa página.

Então o objeto, ou palavra, é usado para gerar idéias durante um período de tempo, geralmente breve. De Bono enfatiza que não existe apenas uma maneira correta para usar o estímulo; qualquer coisa relativa a ele (propriedades funcionais, características físicas, seu oposto, variações ortográficas) pode ser usada para fazer as coisas andarem. Aqui está um exemplo de uma sessão, tirado do livro de De Bono, *Lateral Thinking*. A palavra escolhida de um dicionário foi "laço", e o problema era "falta de moradia".

> Laço-laço apertado-execução-quais são as dificuldades na execução de um programa habitacional – o que é que está impedindo, capital, trabalho ou terra? Laço aperta – as coisas vão ficar pior com o atual índice de crescimento populacional. Laço-corda-sistema de construção em suspensão – casas tipo tenda mas feitas com material permanente – facilmente embaladas e montadas – ou em grande escala com diversas casas suspensas de uma estrutura – material muito leve seria possível se as paredes não tivessem que sustentar a si mesmas e ao teto.

Laço-laço ajustável – que tal casas ajustáveis que pudessem ser ampliadas conforme a necessidade – apenas estique as paredes – não há sentido em se começar com casas grandes – mas condições para expansão gradual à medida que houver necessidade...

Essas cadeias de associação podem estimular a mente intuitiva a encontrar idéias precisas ou úteis. Além disso, você pode usar os princípios do *brainstorming* para gerar causas alternativas de problemas quando a causação não estiver clara, ou predições alternativas para futuros acontecimentos.

Até o momento, abordamos algumas maneiras de estimular a mente intuitiva e de proporcionar-lhe boas condições de operação nas etapas iniciais das tomadas de decisão e de solução de problemas. Mas talvez mais importante até do que saber como abordar os problemas seja saber como e quando se afastar deles. Esse é o assunto do próximo capítulo.

Capítulo 9

Desligando para Poder Sintonizar

A semente do mistério está nas águas turvas.
Como posso compreender esse mistério?
A água torna-se imóvel através da imobilidade.
Como posso imobilizar-me?
Fluindo com as águas.

Lao Tsé

O compositor sofreu um bloqueio criativo e não conseguia concluir um trabalho encomendado. À medida que a frustração crescia, ele trabalhava mais e mais, mas as partes não se encaixavam. Os amigos insistiam que ele parasse, mas ele continuava a arruinar sua saúde física e mental exaurindo-se durante longas horas em vão. Finalmente, o médico ordenou-lhe um repouso, e a orquestra que havia encomendado o trabalho ameaçou despedi-lo se não cumprisse os prazos. Com grande relutância, viajou para uma remota vila na Itália. Em sua primeira manhã lá, depois de um sono profundo, ouviu os sinos da igreja tocando e num instante todas as partes se encaixaram e a composição se completou.

Ele deveria ter observado a lição de um outro compositor, que dizia no início de um dia de trabalho: "Nada me vem hoje; tentaremos outra hora." Uma vez que esse outro compositor era Beethoven, podemos presumir que ele não estava sendo preguiçoso. Ele entendia a importância da incubação, uma lição que qualquer um que pretenda melhorar sua intuição deveria aprender.

A incubação parece ser um princípio universal, podendo ser encontrado não apenas em teorias contemporâneas sobre criatividade e solução de problemas, mas também no folclore das culturas ao longo do tempo. Em *The Hero with a Thousand Faces**, Joseph Campbell traça o caminho heróico padrão: separação, iniciação, retorno. Num determinado momento crítico, o herói separa-se da vida mundana e, geralmente com a ajuda de algum poder superior, adquire sabedoria e força. Assim investido, retorna para cumprir sua missão. O padrão pode ser encontrado na mitologia antiga (Prometeu e Jasão são exemplos da Grécia), em diversas lendas e fábulas, em *Hamlet* e em outros clássicos da literatura, e mais destacadamente na sabedoria das grandes tradições espirituais: Moisés, Jesus e Buda. todos eles se retiraram para comungar com o divino antes de completar seu trabalho. No *Bhagavad Gita*, Arjuna deixa o campo de batalha para conferenciar com o Senhor Krishna antes de retornar para subjugar as forças do mal.

Quando em luta com problemas e decisões comparativamente triviais, vale a pena considerar uma parada para incubar. Todavia, parece que quando mais podemos tirar proveito desse processo, geralmente fazemos o oposto. À medida que a pressão cresce e o desespero aumenta, apertamos mais, muitas vezes aproveitando a urgência para nos livrarmos da culpa e da auto-recriminação. Reordenamos as peças do nosso quebra-cabeça uma vez mais e repetimos as mesmas linhas de raciocínio, esperando encontrar uma pérola oculta na pilha de fatos que já reviramos uma centena de vezes. Este problema comum é mais acentuado no comércio e em comunidades profissionais.

A mentalidade antiincubação deriva de uma falta de entendimento da intuição e das condições nas quais ela funciona melhor. Um desejo de mudar de marcha pode ser uma mensagem da mente intuitiva dizendo-lhe que se afaste; é necessário um sistema nervoso descansado e coerente e um pouco de isolamento. Saber a diferença entre essa necessidade e preguiça ou escapismo é um fator chave no desenvolvimento da intuição.

Os sinais típicos de uma forte necessidade de incubar incluem fadiga, embotamento mental, irritabilidade, desespero e sinais físicos de tensão. Mas se esses sintomas aparecerem é porque você provavelmente esperou demais. É muito mais eficiente, para não dizer saudável, captar sinais anteriores como perda de lucidez, padrões de pensamento re-

* Publicado pela Editora Cultrix com o título de *O Herói de Mil Faces*.

petitivos, falta de concentração e ligeira frustração. Podemos precipitar as coisas, naturalmente, e contestar o valor de análises ou procura de dados complementares, mas o mais comum é esperarmos tempo demais para incubar. Não há, infelizmente, fórmulas para se saber quando incubar; é uma questão individual, adquirida através de auto-observação e experiência.

Igualmente individual, mas talvez menos difícil, é saber *como* incubar. Tecnicamente, a incubação inclui qualquer atividade que não esteja relacionada com o problema particular sob consideração, mas diversas atividades terão maior ou menor valor em nutrir a intuição. Através de auto-observação e de tentativa e erro, você pode vir a saber quando fazer exercícios vigorosos e quando dormir, quando reservar uma tarde de folga e quando tirar umas longas férias, quando alguma atividade não mental será mais conveniente e quando engajar a mente a todo vapor em algum projeto diferente. Com o uso do diário da intuição que iremos descrever no próximo capítulo, você poderá encontrar um padrão ligando certos sinais físicos e mentais com formas específicas de incubação para ver que combinações levam a intuições bem-sucedidas.

Como regra, as melhores formas de incubação para a mente intuitiva são aquelas que produzem o estado coerente de repouso alerta discutido no Capítulo 7. Muitas formas de repouso e recreação irão tirar sua mente do trabalho e ajudá-lo a aliviar a pressão, mas o resultado poderá ser fadiga e embotamento. Os procedimentos descritos neste capítulo foram escolhidos pela sua eficácia em estabelecer a condição correta de consciência, junto com sua facilidade prática e universalidade de aplicação. Basicamente, são formas breves de incubação que podem ser transformadas em uma conduta regular ou usados quando você está sob pressão e quer estabelecer condições adequadas para a intuição. Iremos também discutir o que fazer quando ouvirmos os passos da intuição a distância e quisermos ter a certeza de que ela não irá embora. Mas, primeiro, vamos dar uma olhada na mais antiga e onipresente forma de incubação.

DORMIR, TALVEZ SONHAR

"E se você dormisse?" escreveu Samuel Taylor Coleridge. "E se em seu sono você sonhasse? E se em seu sonho você fosse ao céu e lá colhesse uma linda e estranha flor? E se, quando acordasse, tivesse a flor em suas mãos? Ah! E daí?"

Coleridge uma vez despertou com uma flor na mão: o poema "Kubla Khan", que passou a redigir da forma como o havia recebido durante o sono. Infelizmente, foi interrompido pelo infame "visitante de Porlock" e, quando retornou a seus aposentos, Coleridge descobriu que, com exceção de oito ou dez linhas, tudo "havia sumido como as imagens na superfície de um riacho onde uma pedra foi jogada".

Quem pode dizer quanta arte e quantas grandes idéias nos foram negadas por outros tipos de visitantes de Porlock? O sonho é um grande curandeiro ("a suave enfermeira da natureza", nas palavras de Shakespeare) e um tremendo incubador ("querida mãe de novos pensamentos", segundo Wordsworth). Considerado anteriormente um período em que todas as funções do corpo são interrompidas, o sono é atualmente entendido como um processo cíclico e bastante ativo no qual muito trabalho se realiza, física e psiquicamente. A expressão "dormir em cima do problema" não é apenas uma metáfora; de alguma maneira ainda não descoberta, uma reordenação do conteúdo mental pode ocorrer durante o sono, levando o indivíduo a descobertas intuitivas tanto em sonhos como desperto, onde elas podem estar esperando como convidados em uma festa-surpresa.

Há diversas implicações práticas a considerar em relação a isso. Por um lado, dormir não é um desperdício de tempo como muitas pessoas ocupadas consideram. Um bom cochilo durante uma agenda apertada pode às vezes ser mais produtivo do que trabalhar. Winston Churchill e Thomas Edison estavam entre os que dormiam comparativamente pouco à noite e tiravam cochilos durante o dia.

Isso traz à tona um outro problema prático. Muitas pessoas têm padrões de sono irregulares; elas despertam durante a noite, às vezes mais de uma vez, e acham difícil voltar a dormir. A reação normal é colocar a culpa na insônia. Karen, uma pesquisadora saudável e bem ajustada, havia tentado de tudo, desde comprimidos até psicoterapia, para acabar com esse despertar freqüente. Então, uma noite decidiu parar de se preocupar com isso e saiu da cama. Em vez de ficar tossindo e revirando na cama, ela executou alguns trabalhos. Para sua surpresa, foi notavelmente criativa nessas horas antes do amanhecer. No fim, ela e sua empregada reordenaram sua agenda, deixando suas manhãs livres para o caso de ela trabalhar durante a noite e precisar das manhãs para dormir. Também providenciou a instalação de alguns equipamentos e de um terminal de computador em sua casa para poder aproveitar ao máximo sua inspirada insônia.

Embora as interrupções do sono não devam ser encorajadas, se elas realmente ocorrerem pode ser uma boa idéia ajustar sua atitude em relação a elas. Em vez de ficar aborrecido ou alarmado, encare-as como possíveis oportunidades, chamando a mente intuitiva para a ação. Seria interessante deixar um bloco de anotações ou um gravador ao lado da cama para registrar seus pensamentos. Isto serve a dois propósitos: o ato de expressar o conteúdo ajuda a tirá-lo da sua mente, de modo que se torna menos provável que ele interrompa seu sono novamente; e lhe dá a oportunidade de capturar intuições importantes que de outro modo poderiam estar esquecidas pela manhã. Você poderá analisá-las e elaborá-las durante o dia.

Naturalmente, o mesmo bloco ou gravador pode ser usado para registrar o conteúdo dos sonhos, que têm sido considerados de grande valor por praticamente todas as culturas como fontes de profecias, portadores de sabedoria prática, mensagens dos deuses ou de almas que já partiram, ou revelações de conflitos psicológicos reprimidos. Soluções para problemas e estalos criativos têm muitas vezes chegado na forma de sonhos. René Descartes, cujo nome é praticamente sinônimo de racionalismo, era um soldado indeciso quanto a seu futuro quando compreendeu durante um sonho que deveria combinar matemática e filosofia numa nova disciplina. Robert Louis Stevenson, por sua vez, sonhou com a trama de *O Médico e o Monstro*.

Meu relato de sonho favorito é o de Elias Howe, o inventor da máquina de costura. Howe havia trabalhado durante anos e faltava-lhe apenas um detalhe para alcançar a sua meta. Então, uma noite sonhou que havia sido capturado por uma tribo de selvagens cujo líder lhe ordenou que terminasse a máquina ou seria executado. No sonho, o aterrorizado inventor estava cercado de guerreiros que o conduziam para a morte, quando de repente observou que as lanças dos selvagens tinham furos amendoados perto das pontas. Howe acordou de seu sonho e moldou um modelo de agulha com o furo perto da ponta, e não no meio da haste. Essa mudança foi essencial para completar uma máquina de costura que funcionasse.

Às vezes os sonhos prognosticam o futuro. Alguns dias antes de sua morte, Abraham Lincoln sonhou que acordou durante a noite e saiu caminhando pelo pavimento inferior da Casa Branca, quando encontrou um grupo de civis e soldados em volta de um corpo. Quando perguntou quem morrera, disseram-lhe: "O Presidente. Ele foi assassinado."

Alguns sonhos são bastante evidentes; outros requerem extrapolação e interpretação. Os sonhos de Coleridge e Lincoln foram bastante literais. O sonho de Elias Howe, como o de Kekulé (as serpentes dançantes engolindo a própria cauda, o que levou à compreensão de que as moléculas de benzeno são círculos fechados), são exemplos de sonhos que exigiram alguma interpretação, mas não muita. Outros sonhos não estão relacionados de maneira tão óbvia com as realidades do estado de vigília. Carl Jung uma vez sonhou que discursava para multidões atentas em vez de conversar em particular com médicos, o que o convenceu, ao despertar, a escrever *O Homem e Seus Símbolos* para o grande público, uma tarefa que estivera relutante em empreender.

Devido ao fato de os sonhos (particularmente temas repetitivos que contêm insistentes mensagens) poderem ser fontes de informação intuitiva, talvez seja uma boa idéia fazer como muitos psicólogos sugerem e anotar seus sonhos ao acordar. Porém, é importante não se deixar levar pelo conteúdo dos sonhos, ou atribuir aos sonhos a responsabilidade por decisões que devem ser tomadas no estado de vigília. Não existe até o momento qualquer evidência de que todo sonho lembrado seja revelatório. É certo que nas mãos de um psicólogo competente qualquer sonho pode ser usado como pista para o conteúdo oculto da psique, mas geralmente o que é mais importante é a reação do paciente ao sonho; o sonho em si pode ser apenas um catalisador, como borrões de tinta.

O grande problema com os sonhos, por certo, é que, via de regra, eles são fortemente simbólicos, o que significa que seu valor depende de interpretação. E interpretações podem ser arriscadas. Na Bíblia, o faraó sonhou com sete vacas magras seguindo sete vacas gordas. José interpretou o sonho e aconselhou o faraó a estocar alimentos durante os sete anos seguintes para enfrentar a escassez dos sete anos subseqüentes. Essa estratégia salvou o Egito da fome. Mas, tal como as mensagens enigmáticas de astrólogos e paranormais, os sonhos podem ser obscuros e as interpretações errôneas, desastrosas.

A menos que você esteja usando os sonhos com um terapeuta treinado como a "estrada real para o inconsciente" como Freud os denominava, tome muito cuidado em considerá-los como uma fonte de intuição. Não há razão para levá-los mais a sério do que as intuições no estado de vigília, particularmente quando a mensagem não for evidente. Ninguém acreditava mais em sonhos do que Carl Jung, de modo que seria prudente observar sua atitude. Como a maioria dos psicólogos contemporâneos, Jung opunha-se a aplicar fórmulas de interpretação ao conteúdo simbólico dos sonhos, e certamente se encolheria frente àqueles livretos de supermercado que pretendem ensinar-nos o significado simbólico de tudo, de abismo a zoológico. "Aprenda tudo que puder sobre simbolismo", Jung dizia a seus discípulos, "depois esqueça tudo ao analisar um sonho".

A razão para a atitude de Jung era esta: "Nenhum símbolo de sonho pode ser separado do indivíduo que o sonha, e não existe nenhuma interpretação definida ou direta para qualquer sonho." Jung insistia que tudo era importante: a individualidade do sonhador e a inteligência, empatia e experiência do interpretador. Embora ressaltando que um interpretador de sonhos não pode ignorar os fatos e a lógica, Jung sustentava que "a intuição é quase indispensável na interpretação de símbolos, e ela pode muitas vezes assegurar que eles sejam imediatamente entendidos pelo sonhador".

Em resumo, temos um paradoxo: os sonhos podem ser uma porta para o conhecimento intuitivo, mas geralmente precisamos de uma boa intuição para abrir a porta.

Para aqueles que estão particularmente interessados em sonhos e querem aumentar sua capacidade de lembrá-los, alguns psicólogos recomendam, antes de dormir, uma suave auto-sugestão de que você vai lembrar seus sonhos. Aparentemente, a mera decisão de se lembrar pode incentivar a lembrança real. As pesquisas indicam que você também pode aprender a especificar o assunto dos seus sonhos, do mesmo modo como pode encomendar à copa do hotel o café da manhã do dia seguinte. Isso, evidentemente, é uma capacidade que algumas pessoas possuem naturalmente. Nenhuma tensão ou força deveria ser usada, e é provavelmente melhor explorar tais procedimentos sob a orientação de um psicólogo experimentado em trabalhar com sonhos.

As pesquisas também sugerem que podemos desenvolver certo controle sobre os nossos sonhos. Algumas pessoas, por exemplo, têm a capacidade de permanecer despertas enquanto sonham, conscientes do que está acontecendo. Evidentemente, pessoas motivadas podem ser treinadas para realizar esse *sonhar lúcido*, como tem sido chamado, e Patricia Garfield dá instruções para isso em *Creative Dreaming*. Tem sido sugerido que o sonhar lúcido pode melhorar a lembrança dos sonhos, permite-nos fazer anotações durante o processo, e até possibilitar que dirijamos o conteúdo à medida que o sonho progride. Alguns psicólogos acreditam que isso pode estimular os impulsos intuitivos.

Eu, pessoalmente, sou meio arredio quanto a essa manipulação dos sonhos. Nós não sabemos tanto assim sobre a função básica dos sonhos ou seus fundamentos psicofisiológicos. Tentar forçá-los poderá possivelmente levar a efeitos colaterais não previstos. Talvez o valor do estado onírico seja diminuído por tal manipulação, ou talvez por excesso de atenção após a ocorrência dos sonhos.

Uma programação não forçada, anterior ao sono, pode aumentar suas possibilidades de ser surpreendido pela intuição ao despertar ou durante os sonhos. Naquele período vago antes de adormecer, você pode jogar uma pergunta, um problema, ou um dilema na sua mente como uma carta numa caixa postal. Não tente articulá-lo claramente, nem insista em ir aos detalhes ou em terminar sua frase se sua mente sair vagando para outros pensamentos ou adormecer. Um rápido pensamento, uma simples idéia, será melhor que uma declaração verbal precisa. Jogue lá dentro e deixe acontecer. Algumas repetições suaves são suficientes para informar ao seu inconsciente o que você está procurando.

MEDITAÇÃO: A ESSÊNCIA INTERIOR

Concordo com o psicólogo Frances Vaughan que "a prática regular da meditação é o meio específico mais eficaz para aumentar a intuição". Mais que uma maneira de incubar quando queremos atrair a intuição, a meditação é uma técnica para expandir a consciência mais eficaz quando praticada rotineiramente (a indicação normal é duas vezes por dia durante cerca de vinte minutos). Essa rotina garante uma incubação regular e eficaz, e também reduz a probabilidade de procurar respostas intuitivas enquanto se medita, o que reduziria seu valor. As percepções realmente surgem durante a meditação, como também surgem pensamentos inúteis e absurdos. É *depois* da meditação, quando a mente está clara e lúcida, que é mais provável a intuição estar em seu melhor momento.

A maioria das pessoas pensa em meditação como uma forma de relaxamento, útil para reduzir a tensão. Apenas isso já seria uma recomendação como auxiliar da intuição, que é prejudicada pela ansiedade e por muita estimulação. Todas as formas de relaxamento são úteis com relação a isso, sendo a meditação muito mais, uma vez que todo o restante que ela produz é excepcionalmente penetrante. Mas o valor real da meditação, e a razão de ser um componente central em praticamente todo caminho espiritual e disciplina da consciência, é que ela nutre o estado de consciência que chamamos de iluminação. Meditação Transcendental (MT), a técnica mais popular e mais pesquisada, é descrita como "tirar a atenção do nível de pensamento consciente e conduzi-la para estados mais sutis de pensamento até a mente chegar à fonte do pensamento, a consciência pura". Em termos de analogia descrita no Capítulo 7, atravessamos o oceano da mente e o transcendemos; ao mesmo tempo, o sistema nervoso atinge uma excepcional estabilidade e coerência.

Uma sessão típica de meditação oscila, tornando-se a fisiologia mais ou menos ordenada e a mente ora calma, ora mais ativa. A transcendência geralmente é instantânea e nebulosa no começo, ficando mais clara e mais pronunciada à medida que a prática diária prossegue ao longo de semanas e meses. No geral, o efeito consiste em purificar a consciência e ativar os níveis mais profundos da mente. Isso permite a quem medita funcionar a partir desses níveis mais profundos, ou seja, com um sistema nervoso coerente. Os praticantes de meditação dizem que levam para o pensamento e para a ação uma mente alerta e em repouso, e que seu núcleo interior de silêncio é, com o tempo, menos provável de ser perturbado por acontecimentos exteriores. Sem nenhuma surpresa, eles também relatam que sua intuição torna-se mais confiável e suas decisões, mais espontâneas e mais apropriadas. Capacidade de aprendizado, criatividade, desempenho acadêmico, e outros indicadores de funcionamento mental que envolvem boa intuição, têm sido positivamente correlacionados com a meditação.

Dezenas de diferentes técnicas de meditação podem ser encontradas em livros, em artigos de revista e em inúmeros institutos e seminários. Infelizmente, esse campo sofre da falta de discernimento. Comentaristas têm embaralhado métodos com semelhanças superficiais, um engano equivalente a ignorar-se as diferenças entre os automóveis porque todos eles têm quatro rodas e transportam o motorista de um lugar para o outro. Praticamente todo estudo científico, por exemplo, tem usado assuntos de MT, mas as descobertas têm sido extrapoladas para qualquer coisa que mesmo remotamente lembre meditação. As diversas técnicas soam parecidas e geralmente professam as mesmas metas, mas há diferenças agudas, muitas das quais não são claramente perceptíveis na superfície. É justo inferir que procedimentos que, ainda que ligeiramente, variam na prática também irão variar nos efeitos. E qualquer método que seja poderoso o suficiente para fazer uma diferença em nossas vidas deveria ser abordado com discernimento.

É impossível num curto espaço descrever ou avaliar todas as técnicas de meditação disponíveis, mas qualquer pessoa não familiarizada com o assunto, ou não comprometida com um programa específico, pode ter em mente as considerações abaixo.

Procedimentos simples de relaxamento (suavizantes mudanças de humor, como imaginar que estamos numa praia deserta, ou o relaxamento em série de grupos de músculos) são úteis quando se está particularmente tenso ou quando se tenta assentar durante uma crise. Mas eles não irão necessariamente induzir a iluminação ou produzir a coerência mental que é favorecida pela intuição.

Cuidado com as técnicas que requerem intensa manipulação mental ou intenso controle. A meditação deve ser natural e sem esforço. Uma técnica que exija concentração, concentrando a percepção num único objeto, idéia ou conceito e evitando que a atenção saia vagando, provavelmente irá manter a mente localizada e ativa. O mesmo acontece com as técnicas de contemplação, ou seja, pensar *sobre* alguma coisa, como Deus ou a Unidade. Muitas técnicas utilizam o esvaziamento da mente, uma tentativa errônea de duplicar o *samadhi*, que é percepção sem pensamento. Mas a experiência transcendental não é simplesmente uma mente vazia: é uma mente iluminada pela consciência pura. Esse estado não pode ser alcançado através de tentativas ou controle, pois o próprio esforço irá evitar que a mente mergulhe em níveis mais calmos e mais universais. Empenho excessivo também pode causar tensão mental.

Os critérios para escolha também devem incluir autenticidade. No Oriente, onde a consciência tem sido o principal foco da investigação intelectual, as disciplinas ligadas à meditação se desenvolveram ao longo dos séculos. No Ocidente, somos, a bem dizer, neófitos, e esse estado deveria nos conferir uma certa humildade. Mas quando a meditação se tornou uma prática respeitável, psicólogos e médicos começaram a inventar suas próprias imitações dos procedimentos orientais. Numa tentativa de tornarem a meditação mais palatável para o ocidental, eles muitas vezes cometem o erro de eliminar ou alterar elementos-chave. Por exemplo, muitos professores substituíram arbitrariamente os mantras tradicionais por palavras das línguas ocidentais ou por sílabas sem sentido; as qualidades vibratórias dos sons dos mantras são, em grande parte, responsáveis pela eficácia de muitas formas de meditação. Com todo o devido respeito, o treinamento profissional em disciplinas científicas ocidentais poderia qualificar alguém para estudar os efeitos da meditação, mas não necessariamente para ensiná-la.

A meditação é uma arte delicada, idealmente transmitida diretamente por um mestre competente a um aluno altamente interessado, de modo que os atributos pessoais possam ser considerados e as perguntas respondidas. Por essa razão, as técnicas ensinadas em livros ou fitas são, via de regra, menos eficazes. Não é incomum transmitir-se instruções errôneas, e assim obter-se resultados medíocres, provocando efeitos colaterais indesejados, como dores de cabeça. Também, a experiência de meditação varia; é importante entender essas variações e como lidar com elas adequadamente. A disponibilidade de acompanhamento é um elemento importante; você deveria ter um lugar para procurar informações e orientação.

Com essas diretrizes você deverá ser capaz de encontrar uma técnica de meditação que sirva como base de um regime para desenvolver a intuição. Isso tornará todos os outros procedimentos mais eficazes. Se me pedissem para ser mais específico, eu recomendaria MT porque ela é bastante divulgada e seus efeitos têm sido bem documentados.

SENTINDO O FÍSICO

Em certas ocasiões, é necessária uma decisão, mas não há tempo ou sentido em se procurar mais dados ou fazer mais análises. Nessas ocasiões, ao sentir um forte desejo de orientação intuitiva, você deveria procurar o silêncio que favorece a intuição, mas por força do hábito sua mente está fervendo de preocupação, apreensão, ou enroscada nas voltas da razão. Você pode sentir-se tentado a forçar os pensamentos para fora da mente, esvaziando-a, ou de algum outro modo obrigando-a ao silêncio, mas é isso exatamente o que deveria ser evitado.

Tentativas forçadas de aquietar a mente são uma contradição. Tentar é uma condição ativa, talvez até mais ativa do que o raciocínio que está tentando eliminar. Os pensamentos que você substitui poderão ser mais agradáveis, talvez até mesmo uma diversão bem-vinda, mas o esforço irá manter a mente estimulada. Isso pode ser evitado usando-se meios físicos para criar uma calma coerente que favoreça o surgimento da intuição. Devido à íntima correspondência entre as condições mentais e físicas, o nível mental de ruído irá diminuir naturalmente, e você evitará a fadiga e a tensão que geralmente resultam de se fazer exigências não naturais à mente.

Durante esses procedimentos, não procure pela intuição nem tente induzi-la de qualquer maneira. Como já dissemos repetidas vezes, a intuição deve ser tentada, e não persuadida. Não esperar por ela pode ser querer demais, mas mesmo esperar demais pode ser um empecilho. Os procedimentos recomendados são boas maneiras de se criar um estado de alerta em repouso, e terão um efeito positivo e estimulador da intuição, quer conduzam quer não a um estalo intuitivo imediato. Enquanto estiver seguindo esses procedimentos, deixe sua atenção deslocar-se para a atividade física, mas não tente interromper seus pensamentos. Sempre que você tomar consciência de que sua atenção está enroscada com ruído mental, mude-a suavemente para o procedimento físico.

Os Exercícios de Alongamento Ajudam a Desenvolver a Intuição

Asanas (posturas) de ioga constituem uma maneira eficaz de diminuir a tensão e acalmar a mente; executadas corretamente, irão também aumentar a vigilância mental. Aulas de ioga podem ser encontradas em todo lugar e, quando ministradas por um instrutor qualificado, são a melhor maneira de aprender. Ofereço aqui algumas posições simples e seguras que julguei úteis. Elas devem ser realizadas lentamente e sem nenhum esforço ou tensão. O corpo não deve ser forçado a assumir uma posição desconfortável ou dolorosa. Nunca tente dobrar-se ou esticar-se além da sua capacidade. Simplesmente mova-se em direção à postura da ilustração e mantenha a posição quando começar a sentir tensão. Seu corpo gradualmente irá tornar-se mais flexível. Os exercícios devem ser feitos com roupas soltas e sobre um tapete ou tatami. Normalmente feitas antes da meditação, as posturas de ioga são uma maneira excelente de incubar diariamente, e terão um efeito cumulativo na sua intuição.

Alongamento das Costas. Sente-se no chão com as pernas esticadas para a frente. Dobre lentamente o corpo para a frente, escorregando as mãos por cima das pernas. Segure o dedão de cada pé. Se for impossível, segure os calcanhares ou as canelas, o ponto mais próximo dos pés que o deixe confortável. Sem dobrar os joelhos, empurre o tronco um pouco mais para baixo na direção das pernas, usando os braços e não os músculos das costas. Esse procedimento deve ser suave, sem forçar, nem movimentos súbitos. Dobre-se para a frente o máximo possível, sem tensão (ver Fig. 6). Na posição ideal, a testa irá tocar os joelhos. Fique na posição final, relaxando o corpo todo durante uns dez segundos, antes de voltar à posição inicial. Isso pode ser repetido duas ou três vezes. Com o tempo, vá aumentando aos poucos a duração.

Parada de Ombro. Deite-se de costas com os pés juntos e os braços do lado. Comprima a palma das mãos contra o chão, contraia o abdômen

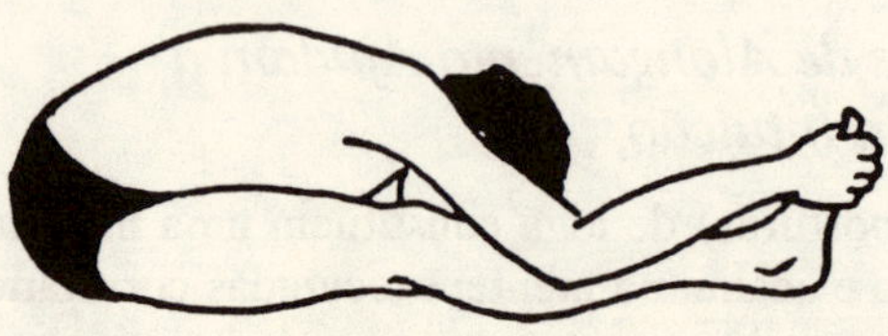

Figura 6. Alongamento das costas

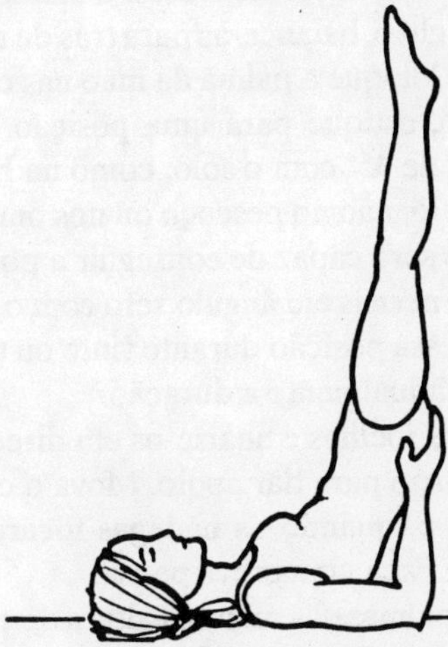

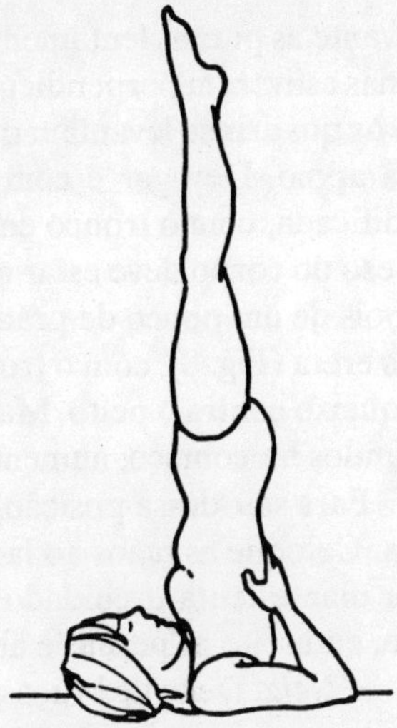

Figura 7. Parada de ombro modificada.
Figura 8. Parada de ombro

Figura 9. A naja

e levante as pernas lentamente, mantendo os joelhos retos. Quando suas pernas estiverem perpendiculares ao chão, balance-as para trás de modo que os quadris se levantem do chão. Coloque a palma da mão nas costas para apoio. Devagar e com cuidado, estique para uma posição ereta modificada, com o tronco em ângulo de 45° com o solo, como na Fig. 7. O peso do corpo deve estar no cotovelo, não no pescoço ou nos ombros. Depois de um pouco de prática, você será capaz de conseguir a posição mais ereta (Fig. 8), com o tronco e as pernas em ângulo reto com o chão e o queixo contra o peito. Mantenha essa posição durante vinte ou trinta segundos no começo, aumentando gradualmente a duração.

Para sair dessa posição, dobre os joelhos e abaixe-os em direção à testa. Coloque as mãos ao lado do corpo para dar apoio. Mova o corpo para diante lenta e cuidadosamente e, quando as nádegas tocarem o chão, endireite as pernas e abaixe-as. Faça uma breve pausa.

A Naja. Deite de bruços com as palmas das mãos na altura do peito, voltadas para baixo, e a testa sobre o chão. Levante a cabeça e os ombros lentamente, como se estivesse fazendo o máximo de esforço para enxergar alguma coisa atrás de você (ver Figura 9). Tente erguer os ombros apenas com os músculos das costas, sem usar os braços. Depois, usando os braços, dobre lentamente as costas. Pare quando o umbigo desencostar do chão. Mantenha-se nesta postura durante 10 segundos e vá aumentando o tempo à medida que for fazendo progressos. Retorne lentamente à posição inicial abaixando primeiramente o tronco e depois os ombros, o pescoço e a cabeça, até que a testa volte a apoiar-se sobre o chão. O exercício pode ser repetido uma ou duas vezes após uma breve pausa.

Ioga Mudra. Sente-se na posição de lótus (Figura 10), de meio-lótus (Figura 11) ou, simplesmente, de pernas cruzadas. Segure um pulso atrás das costas com a outra mão e relaxe os braços. Respire fundo e prenda a respiração. Dobre devagar o tronco para frente até a testa tocar ou aproximar-se do chão, parando caso sinta que está fazendo um esforço excessivo (Figura 12). Mantenha-se assim durante 10 segundos e expire enquanto volta à posição inicial. Este exercício pode ser repetido duas ou três vezes.

Uma forma alternativa é não prender a respiração, expirar à medida que o corpo vai sendo dobrado para frente e respirar normalmente enquanto a posição final é mantida durante o tempo que for possível sem causar desconforto.

Figura 10. Posição de lótus

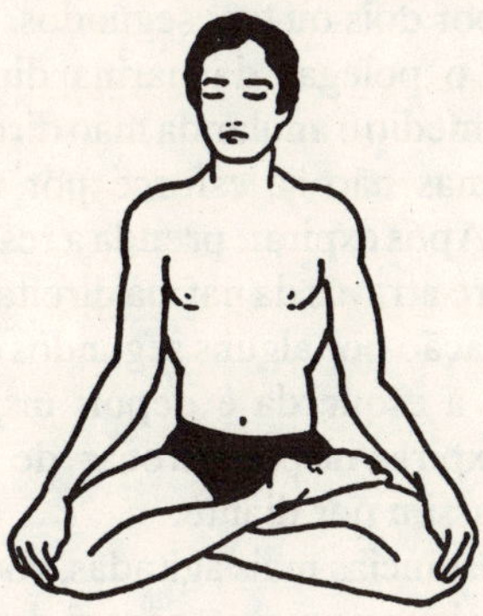

Figura 11. Posição de meio-lótus.

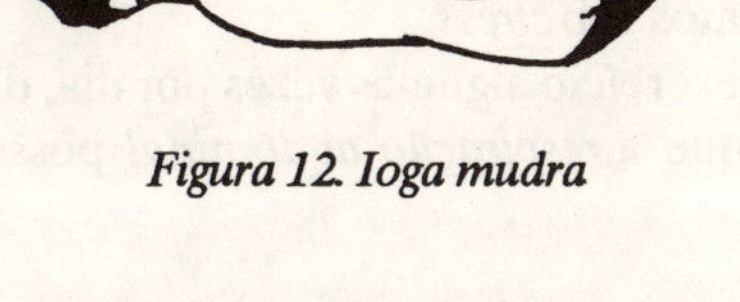

Figura 12. Ioga mudra

Respiração para Inspiração

Os exercícios de respiração podem acalmar e vivificar o sistema nervoso; não é por coincidência que a palavra *inspiração* significa tanto inalação de oxigênio como criatividade. A *técnica das narinas alternadas* é um exercício tradicional da ioga geralmente praticado após *asanas* e antes da meditação. Descobri que, quando estou tenso, este exercício é útil para uma breve incubação (um período de cinco minutos é aproximadamente o máximo para quem ficou sem praticar esta técnica durante algum tempo).

Com os olhos fechados, sente-se ereto e de forma que se sinta confortável. Feche a narina direita com a ponta de seu polegar direito. Inspire lenta e profundamente através da narina esquerda. Sem fazer um esforço excessivo, inale um volume de ar um pouco maior que o normal e prenda a respiração por dois ou três segundos.

Em seguida, tire o polegar da narina direita e feche a narina esquerda com os dedos médio e anular da mão direita. Expire lentamente e sem fazer barulho, mas não se esforce por manter um ritmo que provoque desconforto. Após expirar, prenda a respiração por um ou dois segundos e depois inspire através da narina direita, mantendo a esquerda tapada. Prenda a respiração por alguns segundos e troque novamente de narina, expirando com a esquerda e depois inspirando. Repita novamente a seqüência: expirar/inspirar/trocar de narina; expirar/inspirar/trocar de narina, e assim por diante.

Mesmo nas circunstâncias mais agitadas, você deve encontrar tempo para fazer ao menos algumas respirações abdominais profundas. Este exercício poderá proporcionar-lhe uma grande incubação num período de tempo muito curto. A maioria de nós tem a respiração curta e rápida, principalmente quando estamos sob *stress*. Conseqüentemente, o ar viciado deixa de ser completamente expelido e a oxigenação dos tecidos é inadequada. Isto afeta não apenas nosso nível de tensão mas também nossas funções mentais; o cérebro utiliza 20 por cento de todo o oxigênio que absorvemos. Quando aprendemos a respirar com o abdômen, em vez de apenas expandir o peito, a distribuição de energia pode ser melhorada. Esta deveria ser a nossa maneira normal de respirar, especialmente quando estamos sob *stress*.

Pratique este exercício algumas vezes por dia, da maneira apresentada a seguir, até que a *respiração abdominal* possa ser feita naturalmente. Coloque as mãos sobre o abdômen logo abaixo do umbigo, com as pontas dos dedos médios se tocando. Respire pelo nariz, inspirando lentamente, e empurre o abdômen para fora como se ele fosse um balão sendo enchido. Seus dedos devem se afastar um do outro. À medida que o abdômen se expande, o diafragma irá mover-se para baixo, permitindo que o ar fresco penetre no fundo dos pulmões. Manter as costas eretas facilita o processo.

Expanda o peito à medida que for respirando. Um maior volume de ar deve ser inalado, enchendo a parte média dos pulmões. Contraindo ligeiramente o abdômen, erga os ombros e as clavículas. Isto encherá a parte superior dos pulmões. Prenda a respiração por alguns segundos, sem forçar. Expire lentamente pelo nariz, contraindo o abdômen. Sua caixa torácica, que estava expandida, voltará à posição normal e seus pulmões ficarão vazios. Ao expirar completamente, todo o ar viciado será expelido. Repita este procedimento algumas vezes.

As primeiras sessões de exercícios poderão causar uma ligeira tontura. Isso é normal. Não procure prender a respiração ou respirar mais lentamente que o necessário para sentir-se cômodo.

Controlando o Tônus Muscular para Facilitar a Intuição

Quando você quer atrair a intuição e está propenso a deitar-se, um estado de profunda tranqüilidade pode ser conseguido com a ajuda desta técnica de redução de tensão muscular. Esta é também uma boa maneira de pegar no sono quando a tensão interfere com esta forma de incubação.

Deite-se de costas, com os olhos fechados e os braços estendidos ao lado do corpo, com as palmas voltadas para baixo. Não cruze as pernas. Depois de alguns segundos para se acalmar, enrijeça os músculos dos braços e das mãos, cerrando os punhos e erguendo ligeiramente os braços. Mantenha-se nessa posição de dez a vinte segundos. Em seguida, deixe subitamente os braços relaxarem. Repita o procedimento após cerca de vinte segundos, mas desta vez relaxe os músculos gradualmente.

Agora retese os músculos das pernas, empurrando os dedos dos pés para longe de você o máximo que for possível. Fique assim por cerca de dez a vinte segundos e depois libere de uma vez a tensão. Repita o procedimento, relaxando os músculos gradualmente. Em seguida, retese os músculos das pernas, puxando os dedos dos pés em direção aos joelhos. Libere a tensão subitamente e depois repita o exercício, relaxando os músculos gradualmente.

Respire fundo e prenda a respiração com o peito expandido. Depois, expire e deixe o peito ficar subitamente relaxado. Repita o procedimento, relaxando os músculos do peito gradualmente.

Com os olhos ainda fechados, erga as sobrancelhas, mantenha-se assim durante cerca de dez segundos e depois relaxe subitamente. Faça o movimento contrário, franzindo a testa, e depois relaxe. Repita o procedimento, relaxando gradualmente. Abra a boca o máximo que puder. Mantenha essa posição e depois relaxe. Repita o procedimento, relaxando gradualmente.

IMAGINANDO E INTUINDO

O uso da visualização interior tornou-se comum na psicoterapia; as evidências indicam que ela pode gerar uma melhor compreensão dos sentimentos e características da personalidade e também ajudar a produzir as desejadas mudanças de atitude, percepção, comportamento e, até mesmo, de fisiologia. Os métodos de visualização também podem ser usados para evocar fenômenos mentais espontâneos que às vezes contêm um significante *input* intuitivo. A propósito, as técnicas de formação de imagens mentais devem ser usadas criteriosamente, em especial na ausência de uma supervisão competente. Minha sugestão é que elas sejam usadas quando se tem de tomar uma decisão importante ou quando sentimos que há uma resposta dentro de nós tentando manifestar-se. O resultado deve ser avaliado da mesma forma que qualquer outro pressentimento ou intuição espontânea.

Existem boas razões para a prudência. Em primeiro lugar, na vida cotidiana é bastante difícil saber a diferença entre a intuição autêntica e a fantasia, o medo ou o desejo. Além disso, a dificuldade pode ser ainda maior quando você está criando intencionalmente situações imaginárias. É preciso prática e capacidade de percepção para fazer a distinção entre as visualizações espontâneas, que poderiam ser produto da mente intuitiva, e as intencionais.

Além do mais, tal como acontece nos sonhos, o significado das imagens mentais evocadas pode não ser óbvio. A interpretação muitas vezes requer considerável percepção, capacidade de análise e, naturalmente, intuição. O conteúdo pode ser simbólico e obscuro. Ela também pode ser profundamente pessoal e carregada de emoção, motivo pelo qual algumas técnicas de visualização funcionam melhor na presença de um conselheiro treinado ou de um grupo de apoio. Frances Vaughan, que dedicou um capítulo inteiro ao assunto em *Awakening Intuition*, adverte que "nos estágios iniciais do trabalho com imagens mentais, a interpretação pode causar problemas. Ela não apenas interfere com o fluxo espontâneo das imagens, como também pode levar a pressuposições prematuras e equivocadas que mais contribuem para a auto-ilusão do que para o conhecimento intuitivo".

Outro possível problema é o de se interpretar a imaginação de forma demasiado literal. Alguns dos métodos para evocar a intuição apresentados em revistas e seminários fazem com que você imagine, por exemplo, estar além do espaço e do tempo ou comunicando-se com o "Eu superior". Embora este tipo de sugestão às vezes seja útil, ele também pode ser perigoso se você presumir que, ao fazê-lo, *está* realmente além do espaço e do tempo ou em contato com o Eu superior. As interpretações corretas dessas experiências transcendentes derivam do atingimento de um estado superior de consciência, e não meramente da imaginação. Se você sugerir a si mesmo que é um rei, isso talvez o faça sentir-se mais poderoso e confiante; todavia, não espere que alguém vá fazer-lhe reverências. Da mesma forma, seria um grande erro presumir (e já vi isto sendo encorajado) que tudo aquilo que provém da fantasia majestática deva ser aceito como produto da inteligência cósmica.

Por fim, a excessiva utilização das imagens mentais para se alcançar a intuição pode causar dependência. Você poderia começar a crer que a única maneira de entrar em contato com a mente intuitiva consiste em criar primeiro uma determinada disposição de espírito ou artifício de imaginação. Isto iria obviamente interferir com a espontaneidade e a inocência. A intuição não é um eletrodoméstico que você liga quando precisa usar; ela assemelha-se mais a uma rede telefônica com a qual você deve estar sempre ligado. É por esta razão que tenho dado ênfase às técnicas de expansão de consciência como, por exemplo, a meditação.

Tendo estas advertências em mente, posso recomendar algumas técnicas de visualização para suscitar *inputs* intuitivos em determinadas situações. Elas sempre devem ser precedidas por um período de relaxamento ou meditação – a fim de criar uma condição receptiva – e ser aplicadas com tanta inocência quanto possível. Seria irreal esperar um grande progresso todas as vezes e, como já disse e repeti, um senso de urgência pode ser contraproducente. Mesmo se a visualização não produzir nenhuma imagem específica, ainda assim, o seu tempo terá sido bem empregado; a mente intuitiva terá sido preparada e irá responder quando estiver pronta. Além do mais, mesmo a ausência de resposta é um tipo de indicação; sua mente intuitiva poderá estar lhe dizendo que é preciso mais informações, análise e tempo.

Uma Viagem Mental

Sendo uma forma relaxante e inspiradora de se fazer um convite direto à intuição, uma viagem mental pode ser facilitada por meio de instruções passo a passo dadas por uma outra pessoa, de modo que você possa deixar-se levar pelas imagens mentais sem ter de pensar no que vem a seguir. Eu sugiro que você crie o seu próprio processo e memorize ou faça uma gravação que possa tocar para si mesmo. Uma música suave e discreta (instrumental, já que a letra poderia começar a fazer você pensar no significado das palavras e, assim, interferir) constitui um excelente acompanhamento. Estes são os passos básicos:

1. Sente-se ou deite-se numa posição confortável, com os olhos fechados. Respire fundo e relaxe completamente.
2. Imagine-se saindo de onde estiver e iniciando uma viagem. Você terá de decidir antecipadamente de que modo irá viajar – voando (numa aeronave ou por si mesmo), a pé, de barco ou em qualquer espécie de veículo que você imaginar – e um trajeto, seja através do deserto, cruzando florestas, ultrapassando montanhas, cortando o ar e assim por diante. Evoque a sensação de estar realmente se deslocando e repare em detalhes como o vento em seu rosto, o cheiro do ar e a paisagem a sua volta. Ela deve ser uma viagem agradável, e não uma penosa aventura.
3. Chegue ao destino que você havia escolhido antecipadamente – um oásis, uma clareira, o topo de uma montanha, uma ilha, um planeta. Ele deve ser um lugar com um significado especial para você.
4. Vá até alguma espécie de santuário – uma cabana, uma caverna, uma capela ou alguma coisa fantástica e sem igual.

O local é apenas seu e tem uma significação sagrada para você. Ele deve ser um santuário que você realmente goste de ter, um lugar para onde ir sempre que precisar de orientação.

5. Dentro do santuário há uma fonte de sabedoria. Ela também deve ser algo que tenha um significado especial para você: uma voz desencarnada, um símbolo, um altar, uma máquina ou aparelho, uma pessoa. Esta fonte é realmente parte do seu ser; você pode confiar e ser completamente honesto com ela.
6. Faça a sua pergunta à fonte ou exponha-lhe o seu problema. Deixe que ela lhe responda. Não force nem imponha nada. Simplesmente observe o que acontece. Quando algo for evocado – e isso pode ser alguma coisa mundana, absurda, nebulosa, ambígua ou, até mesmo, uma ausência de resposta – aceite-a sem análise ou julgamento.
7. Deixe o seu santuário com um sentimento de gratidão e retorne lentamente ao ponto de partida, voltando sobre seus passos.

Intuição Instantânea

Neste processo, você relaxa, fecha os olhos e imagina-se numa situação em que tem de resolver um problema ou tomar uma decisão acerca de um assunto que lhe diga respeito. Torne o cenário tão realista quanto possível, a fim de afastar a possibilidade de ver-se numa situação sem saída, e dedique-se ao exercício com seus sentidos e emoções. Imagine o que você iria realmente ver e ouvir e como você se sentiria por dentro. Se houver outras pessoas envolvidas, imagine-as agindo como acha que fariam nessas circunstâncias. Não passe logo para o clímax. Deixe a cena fluir vagarosamente, permitindo que os acontecimentos e personagens adquiram vida própria. Dê início à representação e depois torne-se um espectador, como se estivesse assistindo à ação numa tela. No momento apropriado, faça o seu próprio personagem defrontar-se com um problema ou decisão. A resposta talvez seja a solução que você estava procurando.

Esse procedimento pode ser usado para qualquer tipo de situação. Se for uma decisão de negócios, por exemplo, você poderia imaginar-se numa reunião com seus colegas ou com seu patrão e sendo solicitado a votar ou a declarar sua posição sobre o assunto. Se estiver decidindo se deve ou não se casar, imagine-se na cerimônia de casamento dizendo o "sim". Se estiver resolvendo se deve cursar Direito, imagine-se na secretaria da faculdade prestes a pagar a taxa escolar. Se o problema for de relacionamento interpessoal, você poderia imaginar-se sentado diante da outra pessoa num jantar e observar como você expressaria suas opiniões a respeito de um assunto delicado. Se estiver procurando resposta para um problema profissional, você poderia imaginar-se discursando para uma platéia de colegas ávidos por ouvir a sua solução. Se o problema for a escolha entre alternativas, imagine-se numa encruzilhada sem nenhuma maneira de recuar. Se precisar de uma predição, projete-se para a época futura em que o acontecimeno está ocorrendo.

O que aparece na tela da sua mente poderá ser produto de sua intuição ou uma projeção de seus temores e desejos. Com o tempo, você terá mais facilidade para perceber a diferença. Não se pode esquecer, porém, que qualquer indicação nítida de seus sentimentos pode ser um dado esclarecedor. Uma editora que experimentou esta técnica imaginou-se sentada à mesa com um agente literário que lhe pedia uma definição a respeito de um livro que fora oferecido a ela. A editora viu-se suando profusamente e tremendo de medo, quando se imaginou em vias de fechar o negócio, e experimentou uma sensação de alívio igualmente forte quando se viu rejeitando a proposta. Isto convenceu-a a não publicar o livro.

Você também poderia descobrir coisas a respeito de outras pessoas. Em seus roteiros, você pode forçar outras pessoas a agir de determinada maneira e as reações delas na sua tela mental podem revelar informações a respeito de suas estratégias, sentimentos e segredos de que você, inconscientemente, tinha conhecimento. Poderá haver dificuldades com a interpretação, conforme já dissemos anteriormente, mas elas não serão maiores do que aquelas que surgem com qualquer outro *input* intuitivo. Além do mais, os resultados deverão ser avaliados cuidadosamente antes que se tome qualquer atitude.

A CHEGADA DO ARAUTO

Tal como um personagem real, a intuição muitas vezes é precedida por uma arauto – só que neste caso o anúncio é discreto, mal chegando talvez a um sussurro. Muito freqüentemente ocorre uma alteração emocional quase imperceptível. "Costumo chamar a intuição de pescaria cósmica", escreveu Buckminster Fuller. "Você sente um mordisco e depois consegue fisgar o peixe." Ela pode chegar durante os exercícios descritos anteriormente ou aparecer quando menos se espera. É importante aprender a reconhecer e a reagir ao chamado da intuição, e a melhor forma de fazer isso é com esta filosofia de *Huckleberry Finn*: "Nada havia a fazer a não ser ficar imóvel, e procurar estar pronto para se erguer do chão quando o raio o atingisse."

O precursor pode ser tão sutil e efêmero a ponto de passar despercebido, e o mesmo aconteceria com a própria intuição. Se você for uma pessoa observadora, sentirá o arauto mais rapidamente. Você terá sua atenção momentaneamente distraída por alguma coisa no canto da sua mente, tal como uma sombra numa rua ou um pássaro cruzando a periferia de seu campo de visão. Ele talvez não seja mais do que uma sutil coroa nas bordas da consciência. Você não quer ignorar o arauto, mas tampouco deseja saltar sobre ele. Como Huck sugeriu, é preciso permanecer imóvel mas também há necessidade de se estar pronto para agir.

Nessas ocasiões a sua tendência poderia ser a de agarrar a intuição ou ficar ansioso com a perspectiva de perdê-la. A melhor atitude é a de rendição. Você deve tornar-se um espectador e adotar uma postura receptiva, como se fosse uma testemunha, preferivelmente relaxando e fechando os olhos. Se a mente fosse um automóvel, nessas ocasiões você faria uma mudança de marcha e a passaria para o ponto morto, sem pisar no acelerador nem desligar o motor. É importante não tornar mais concreta a presença amorfa, pois isto iria ocupar e ativar sua mente, tornando-a menos receptiva. Deixe que a mensagem assuma a sua própria forma ou permaneça informe; se você impuser uma estrutura, ela será alterada e se transformará em outra coisa que não o impulso intuitivo anunciado.

A melhor estratégia consiste em deixar a atenção fixar-se no seu corpo. Isso ajudará a prevenir a manipulação. Se determinadas sensações atraírem a sua atenção, obedeça ao comando do corpo. Muito provavelmente, uma área ou outra virá a ser associada ao arauto. Em algum momento surgirá um senso de significado, como um sussurro na escuridão. Ele pode assumir qualquer das linguagens da intuição – uma palavra, uma imagem, uma emoção. Dirija o pensamento para ela, mas não procure analisá-la nem fazer uma avaliação.

Veja como o seu corpo reage à compreensão inicial do significado da mensagem. Houve uma mudança nas sensações que você estava experimentando? E quanto ao senso de antecipação que o alertou pela primeira vez? Ele desapareceu e foi substituído por uma sensação de perfeição e equilíbrio? Se for este o caso, o significado que chegou até você foi aquele que se pretendeu enviar. Se ainda houver uma sensação de desconforto ou de coisa incompleta, talvez esteja prestes a surgir um novo desenvolvimento ou um significado alternativo. Continue em ponto morto, deixando sua atenção concentrar-se nas sensações corporais, tal como estava fazendo antes, até que surja um novo senso de significado. (O livro *Focusing*, de Eugene Gendlin, trata de um processo bem estudado, muito semelhante a este.)

Um sentimento de inteireza, equilíbrio e perfeição é um bom guia para se saber se a intuição já seguiu o seu curso. Com a experiência, você irá saber quando é inútil que ela volte a se manifestar. Se depois de um minuto ou dois nada de satisfatório estiver acontecendo, o melhor é retomar a atividade. Pode ser que tenha sido um alarme falso ou que seja necessário um período maior de incubação. Se permanecer nesse estado de expectativa durante um tempo excessivamente longo, você poderá ficar impaciente, começar a esperar que alguma coisa aconteça, ou suplicar para que o processo seja apressado. Isto às vezes pode produzir *stress*, o que não fará nenhum bem à sua saúde ou à sua intuição. É sempre melhor deixar que a intuição desempenhe o papel de predador.

Por enquanto nos preocupamos com o cerimonial destinado a convidar a intuição a nos visitar. Todavia, nada do que dissemos nesta seção ou em qualquer outra parte do livro nos garante que o que quer que apareça diante de nós seja uma coisa autêntica e não uma impostura. Este é o tema do próximo capítulo.

Capítulo 10

Seguir ou Rejeitar a Intuição?

Numa noite de 1893, James Couzens, modesto funcionário de uma companhia carvoeira de Detroit, viu alguém descendo a rua numa barulhenta engenhoca que havia sido montada no fundo de um quintal a partir de peças recuperadas e rodas de bicicleta. Enquanto os circunstantes riam, Couzens sentiu que o estranho veículo e o senhor excêntrico ao volante representavam mais do que uma simples fonte de diversão. Ele pegou mil dólares que havia economizado e comprou à vista um lote de ações da companhia do inventor, além de assumir o compromisso de arranjar outros 9 mil dólares para elevar seu investimento a cem ações. Em 1919 Couzens vendeu suas ações à companhia de Henry Ford por 35 milhões de dólares.

Nessa época, mil dólares era muito dinheiro para um simples funcionário assalariado, de modo que Couzens estava assumindo um grande risco ao guiar-se pelo seu pressentimento. Felizmente para ele, a decisão revelou-se acertada. Isso nem sempre acontece, como a maioria de nós já teve a oportunidade de descobrir. Há ocasiões em que você poderá sentir-se absolutamente certo a respeito de uma intuição, apenas para descobrir depois que foi enganado. Outras vezes, a intuição não é assim tão convincente e você volta as costas para ela... para arrepender-se posteriormente de sua decisão. Um ponto importante, portanto, é: o que fazer com uma intuição depois que ela se manifesta. Abordaremos este problema neste capítulo, começando com algumas das razões pelas quais rejeitamos intuições válidas e aceitamos outras erradas.

POR QUE DEIXAMOS A INTUIÇÃO ESCAPAR

No manuscrito original que descrevia o seu sistema solar heliocêntrico, Copérnico mencionou a possibilidade de que os movimentos planetários fossem elípticos e não circulares. Ele deixou de lado este palpite. A história credita a descoberta a Johannes Kepler, que também virará as costas à idéia por três anos antes de aceitá-la. "Por que não deveria eu falar sem rodeios?", escreveu Kepler. "A verdade da Natureza, que eu havia rejeitado e enxotado, voltou sorrateiramente pela porta dos fundos, disfarçando-se para poder ser aceita. Que grande tolo eu fui!" Kepler finalmente abriu a porta ao movimento elíptico mas, por sua vez, fechou-a para a gravitação universal, deixando essa pérola para Newton.

Quando se vir rejeitando uma idéia intuitiva, você talvez esteja agindo como um "tolo". Nessas situações, você poderia considerar as seguintes possibilidades antes de tomar uma decisão final.

A intuição é alguma coisa que você não quer saber? A intuição às vezes funciona como uma espécie de alerta avançado. Infelizmente, nem sempre queremos tomar conhecimento dos fatos, preferindo uma mentira segura a uma verdade incômoda. Por exemplo: uma importuna voz interior lhe diz que determinados problemas de um relacionamento são inconciliáveis, mas você rejeita a mensagem porque não quer enfrentar a responsabilidade de terminar o relacionamento e ficar sozinho. Ou então sua intuição lhe diz constantemente que você deve procurar um médico, para verificar o que são aquelas dores no peito, e mesmo assim você atribui o problema a uma azia porque não pode lidar com a idéia de ter uma doença séria. Pode ser ainda que sua intuição lhe diga para minimizar suas perdas numa decisão de negócios e que você a repila porque não consegue admitir que cometeu um erro.

Você tem medo de ser censurado? Principalmente quando fazem parte de uma organização, as pessoas repelem as idéias intuitivas – em especial as heterodoxas – porque têm necessidade de serem aceitas como membros do grupo ou não querem ofender uma determinada pessoa. Quando pediram ao presidente de uma grande companhia que citasse a principal característica dos executivos dotados de intuição, sua resposta foi: "Eles não dão a mínima para o que os outros pensam." Além de não querermos entornar o caldo, muitos de nós acham que têm de projetar uma imagem de fria racionalidade, de modo que acabamos fracassando por tentarmos parecer precisos, sensatos e realistas. Assim, quando os fatos e números não apóiam a intuição, o medo do ridículo ou da rejeição aumenta.

Você está se submetendo cegamente à autoridade? Quando a intuição é contestada pela convenção ou autoridade, sua aceitação torna-se muito mais difícil. Como a história repetidamente demonstra, porém, uma das principais funções da intuição consiste em produzir idéias e descobertas que não se ajustam aos pontos de vista comumente aceitos pelas pessoas que viviam na época em que esses conceitos foram formulados. Diz a lenda, por exemplo, que Edwin Land estava passeando numa praia com sua filha quando parou para tirar uma fotografia da menina. "Por que não posso ver a foto agora?", perguntou ela. Segundo consta, Land transformou a inocente pergunta em algo mais que uma anedota paterna: a primeira câmera instantânea já inventada. A idéia foi rejeitada pela Eastman Kodak Company, forçando Land a criar a Polaroid.

É longa a relação dos cientistas cujas idéias foram objeto de escárnio ou, até mesmo, "refutadas" por evidências incontestáveis. Para Simon Newcomb, que em 1903 era vice-presidente da Academia de Ciências dos Estados Unidos, a impossibilidade de existência de máquinas voadoras era "tão completa quanto pode ser a demonstração de qualquer fato físico". Para o grande físico Lord Kevin, a teoria de Darwin era impossível porque a Terra não poderia ter existido durante um tempo tão longo. A teoria de sistemas foi rejeitada nos anos quarenta por ser "falsa, enganadora, inconsistente e destituída de importância". O que a intuição faz melhor é ir além daquilo que é conhecido; muitas vezes, porém, é difícil não sermos dissuadidos pelos peritos, já que eles alcançaram esta posição por estarem certos na maioria das vezes.

Você está se autocensurando? Você talvez rejeite uma mensagem intuitiva porque não gosta da idéia de haver tido esse pensamento ou suspeita que ele veio de uma parte de você que você desaprova. Por exemplo: você tem a nítida sensação de que o seu cônjuge está lhe escondendo alguma coisa mas, em vez de levar a intuição a sério, você se recrimina por estar sendo desconfiado ou assumindo uma atitude de julgar os outros. Na verdade, você talvez tenha sido excessivamente desconfiado em relação a si mesmo.

Eis aqui dois exemplos reais. Steve Roach, um músico que compõe com sofisticados sintetizadores, havia acabado de programar uma importante composição num computador e estava prestes a fazer uma pausa. O pensamento "Copie esse material num disquete" passou rapidamente pela sua cabeça. Sua reação imediata foi "Isto é bobagem – você está sendo paranóico". Uma oscilação de corrente destruiu todo o seu trabalho. O outro exemplo me foi relatado pela advogada Julia Mackey: "Estacionei meu carro numa rua secundária de Nova York e, quando fechei a porta, vi um negro olhando na minha direção. Alguma coisa dentro de mim disse: 'Pegue a maleta que está no banco de trás e leve-a com você.' Imediatamente me repreendi pelo que suspeitei ser um racismo latente. Quando voltei, uma hora depois, a maleta havia sido roubada."

Você tem medo de coisas novas? Em seu livro *The Courage to Create*, o psicólogo Rollo May diz que uma ruptura experimentada por ele "não apenas derrubou minhas hipóteses anteriores como também abalou o relacionamento com meu próprio mundo. Nessa época, vi-me obrigado a procurar uma nova base para a minha vida, a qual, até agora, não sei qual é. Esta é a origem da sensação de ansiedade que surge no momento da ruptura; não é possível o aparecimento de uma idéia genuinamente nova sem que esse abalo ocorra em determinado grau".

A intuição pode ser perturbadora quando questiona uma cômoda pressuposição ou uma crença que nos é cara. Se temos dificuldade para lidar com o período entre a destruição do antigo e a estabilização do novo, nós talvez lutemos contra a intuição numa tentativa de conservar nosso equilíbrio psíquico.

Você está sendo demasiado exigente? Freqüentemente rejeitamos intuições porque elas não satisfazem a todos os nossos padrões de precisão, confiança ou inteireza, esquecendo-nos de que a intuição muitas vezes nos proporciona um padrão global, uma orientação ou uma nova perspectiva, cujos detalhes serão fornecidos posteriormente. Além disso, nós talvez interpretássemos equivocadamente a mensagem um tanto amorfa, completando-a com detalhes errôneos.

Por exemplo: você poderia ter a idéia de abrir uma galeria de arte e logo em seguida esquecer o assunto porque não tem respostas imediatas para perguntas como "Onde seria a sua localização?" ou "Como arranjarei o dinheiro necessário?" Ou, então, pode ser que você tenha um claro pressentimento de que sua empresa não deveria assinar um contrato para um determinado negócio mas, como na hora não lhe ocorrem razões suficientes para justificar seu palpite, você o deixa de lado. Você também poderia abandonar um impulso intuitivo porque não consegue expressá-lo em palavras ou explicar como chegou a ele. Tranqüilize-se com as palavras do psicólogo Eric Berne: "Para compreendermos a intuição parece ser necessário evitar a crença de que, para conhecer alguma coisa, a pessoa deve ser capaz de expressar verbalmente o que sabe e conseguir explicar como veio a adquirir esse conhecimento."

Às vezes nossa interpretação inicial de uma intuição é equivocada. Ao descobrir isto, poderíamos rejeitar toda a mensagem em vez de procurar reinterpretá-la. Aqui nós poderíamos nos beneficiar com uma lição extraída da vida de São Francisco de Assis, o qual certa vez ouviu uma voz interior lhe dizer: "Vá e restaure a minha igreja." No início, ele pensou que fosse a voz de Deus mandando-o consertar uma capela em ruínas; mais tarde percebeu que sua missão era restaurar a própria instituição da Igreja.

Eis aqui um comovedor exemplo de problema de interpretação ocorrido com uma mulher de Chicago:

> Certa noite senti que havia alguma coisa errada com meu marido. Então, pouco antes de pegar no sono, percebi que ele estava tendo um caso com sua assistente. A desconfiança cresceu ao longo dos dias seguintes: quando eu ligava para o seu escritório, a voz da assistente parecia estranha. Então, numa noite em que meu marido me dissera que ia jantar com um amigo, eu o segui, convencida de que iria se encontrar com a assistente. Ao vê-lo num restaurante com outro homem, concluí que apenas estava sendo uma esposa ciumenta e insegura, e deixei de me preocupar com isso. Logo descobri que minha intuição estava trabalhando num nível diferente. Meu marido estava em dificuldades e a assistente tinha algo a ver com isso: ela havia desviado dinheiro e, quando meu marido descobriu, o amante dela, diretor da companhia, ameaçou demiti-lo se ele não ficasse de boca fechada.

Você não está se subestimando? Muitos de nossos exemplos retrataram a intuição como um mecanismo protetor, fornecendo informações desagradáveis a título de advertência. A intuição, com a mesma freqüência, nos proporciona o oposto: boas novas, informações encorajadoras, oportunidades, etc. Esses *inputs* – uma idéia súbita a respeito de seus próprios méritos, uma forte sensação positiva acerca de um relacionamento, um palpite em relação a uma oportunidade profissional – poderiam ser rejeitados por causa de uma tendência pessimista, ou por você sentir-se incapaz ou indigno de merecê-los. Sua intuição poderia estar empurrando você para um romance que provavelmente seria um desafio ou para um empreendimento cujo sucesso representaria uma grande realização. Você poderia rejeitar essas intuições por considerá-las "irreais" ou uma mera fantasia, quando o seu verdadeiro problema é um sentimento inconsciente de inadequação ou uma profunda falta de confiança em si mesmo. Sua intuição poderia conhecer as suas verdadeiras capacidades melhor que sua mente consciente.

Você tem medo de correr riscos? Seguir uma intuição inovadora ou incomum pode acarretar um considerável risco. Um palpite de negócios pode resultar em grandes perdas financeiras ou uma hipótese científica consumir muito tempo e dinheiro apenas para ser refutada. Em ambos os casos ocorre também uma perda de prestígio. Outras intuições colocam em risco o relacionamento entre as pessoas, como no caso da esposa desconfiada. De fato, para alguns indivíduos, o simples risco de estar errado é intolerável, e o risco de parecer tolo pode ser o maior risco de todos.

É falta de confiança? Talvez a mais ubíqua forma de resistência, e provavelmente a mais fácil de superar, seja a descrença na intuição. Em virtude da nossa reverência cultural pela racionalidade e pelos dados passíveis de demonstração, é fácil compreender por que poderíamos responder à intuição com um "Deixa de bobagem!" Isto é especialmente verdadeiro, obviamente, se a intuição não é apoiada pelos fatos ou pela lógica ou quando não conseguimos imaginar como poderíamos ter chegado ao conhecimento a que tivemos acesso através da intuição. Muitas vezes, a maior barreira ao acolhimento da inspiração intuitiva é uma convicção ideológica de que essas coisas simplesmente não acontecem.

TOMANDO O JOIO POR TRIGO

O problema oposto, naturalmente, também acontece. Em *The Act of Creation*, Arthur Koestler observa que Faraday, Darwin, Huxley, Planck e outros grandes cientistas admitiram ter sido enganados em mais de uma ocasião por falsas inspirações. Einstein contou ter perdido "dois anos de trabalho duro" por causa de uma delas. Vejamos algumas perguntas que talvez o ajudem a não se deixar iludir pelo que apenas parece ser uma boa intuição.

Você quer que ela seja verdadeira? É muito fácil confundir desejo com intuição. Você sente com muita clareza que Diane, do departamento de vendas, sente atração por você. Será intuição ou a racionalização de um desejo? Você tem a nítida sensação de que o mercado imobiliário está prestes a subir muito: trata-se de um grande palpite ou de uma grande esperança? É provavelmente uma boa idéia ter um cuidado especial antes de aceitar qualquer idéia intuitiva na qual você esteja desejoso de acreditar.

Trata-se de intuição ou de impulsividade? Como assinala o psicólogo italiano Roberto Assagioli, o conceito de vontade caiu em tal descrédito que a reação "oscilou para o outro extremo: uma tendência para recusar qualquer espécie de controle e disciplina dos impulsos, anseios, desejos e caprichos – um culto à 'espontaneidade' desenfreada". O que parece ser intuição pode ser um comportamento reativo, talvez derivado de uma ideologia que desdenha o autocontrole.

Trata-se de intuição ou de encenação para vender uma imagem? Algumas pessoas – executivos autocráticos, por exemplo – desejam tanto transmitir a impressão de serem pessoas decididas, confiantes e seguras de si que sempre negarão estarem se sentindo confusos ou em dúvida. Tamanho é o desejo desses indivíduos de preservarem uma imagem de infalibilidade que defenderão de forma inflexível qualquer ponto de vista que lhes venha à mente da parte de uma intuição superior (embora em muitos círculos eles usem os termos "discernimento" ou "sensatez"). Da mesma forma, pessoas que optaram por trilhar o caminho espiritual freqüentemente tomam as experiências intuitivas como uma indicação de progresso e irão encontrar maneiras de exibir suas proezas aos companheiros de jornada.

Trata-se de intuição ou de rebeldia? Uma necessidade excessiva de ser diferente, de combater a autoridade ou de não aparentar que está se submetendo ao "sistema" pode fazer com que muitas pessoas se apeguem a uma idéia intuitiva heterodoxa. Nesses casos, quanto mais escandalosa a idéia, mais vigorosamente ela será defendida, mesmo diante de evidências contrárias.

Trata-se de intuição ou de preguiça intelectual? As pessoas que estão predispostas a aceitar a intuição podem usá-la como uma justificativa para adotarem a saída mais fácil. Em vez de analisar o problema ou apurar os fatos, elas aceitam a primeira intuição plausível que lhes vem à cabeça, sem antes submetê-la a uma verificação.

Trata-se de intuição ou de medo da incerteza? Vimos que a intolerância em relação à incerteza pode limitar a mente intuitiva; isto às vezes produz o resultado contrário. Você poderia aceitar incondicionalmente uma solução porque ela evita o sofrimento causado pela indecisão ou pela ambigüidade. O reconhecimento franco da verdadeira complexidade de uma situação pode exigir a suspensão de um juízo sobre as primeiras intuições a fim de se poder reunir mais informações e gerar alternativas.

Trata-se de intuição ou de emoção? As emoções comuns produzidas pelas interações humanas podem distorcer a mente intuitiva. Você poderia ficar zangado com alguém e "intuir" que essa pessoa está fazendo alguma coisa de mal. Você poderia sentir-se intimidado por seu empregador e "intuir" que ele vai demiti-lo (este tipo de erro pode facilmente transformar-se numa profecia auto-realizável). Você poderia achar que tem uma forte "intuição" de que alguma coisa horrível está para acontecer e, na verdade, estar apenas expressando uma necessidade de se sentir uma vítima dos acontecimentos.

Conheço um advogado que estava absolutamente convencido de que seus amigos não ganhariam a disputa por uma herança que lhes resolveria a vida para sempre. Como sabia disso? "Intuitivamente", respondeu ele, exibindo grande confiança. Ele estava errado e posteriormente admitiu que se tratava de um caso extremo de inveja. Felizmente, os amigos também haviam contratado um outro advogado.

CONFIRMANDO A INTUIÇÃO

A melhor maneira de prevenir qualquer tipo de erro – rejeitar intuições válidas ou úteis ou aceitar outras, falaciosas – consiste em elevar o seu nível de consciência para que sua mente cometa menos equívocos. Embora esta possa parecer uma saída fácil, ela é na verdade a melhor abordagem, da mesma forma que o fortalecimento do corpo é a melhor proteção contra a doença. Todavia, já dissemos tudo que pode ser dito a respeito da importância de se expandir a consciência a fim de se desenvolver a capacidade intuitiva.

Como sugerem as perguntas apresentadas nas duas seções anteriores, a auto-ilusão é um notório obstáculo ao uso eficaz da intuição. Depreende-se que autoconsciência seria o principal predicado. Compreender suas forças, fraquezas, tendências, hábitos, vulnerabilidades e pequenas neuroses é a melhor maneira de impedir que os aborrecimentos prejudiquem sua intuição. Embora o espaço aqui disponível não nos permita uma discussão detalhada deste assunto, o leitor é encorajado a ser honestamente introspectivo e a tomar todas as providências necessárias para aumentar sua compreensão a respeito de si mesmo. Seguindo estas recomendações, você gradualmente irá adquirir uma maior sensibilidade para com os seus padrões de interação com a intuição; dessa maneira, quaisquer fatores psicológicos que estiverem servindo de obstáculo serão revelados.

As nuanças da própria experiência intuitiva são importantes para a decisão de se levar ou não em conta uma intuição. O grau de certeza e a intensidade do sentimento talvez sejam acentuadamente diferentes, conforme a intuição seja ou não correta. Todavia, isto talvez o faça incorrer em erro, pois emoções como aquelas discutidas na seção anterior podem ser igualmente poderosas. Duas importantes considerações, como vimos na história de Kepler, são a persistência e a repetição. Se um sentimento ou idéia não cede e continua a visitá-lo nas ocasiões mais inesperadas, a mente intuitiva provavelmente está captando uma forte mensagem. A experiência e a manutenção de um diário (descrito posteriormente neste capítulo) o ajudará a determinar as correlações físicas e mentais de suas boas intuições e também as diferenças entre as intuições e os desejos, temores e outras emoções.

Sempre que for possível, você deveria submeter uma intuição a todos os testes analíticos e quantitativos disponíveis. Para se confirmar e avaliar uma intuição, os métodos empírico-racionais do cientificismo são o que há de melhor. Na verdade, pode-se argumentar que eles foram criados com este propósito. Ainda que em muitas situações pessoais os procedimentos sofisticados não sejam factíveis nem desejáveis, pode-se adotar a atitude objetiva da ciência e utilizar suas ferramentas básicas. A objetividade é especialmente importante quando o indivíduo está avaliando uma intuição na qual quer acreditar, ou quando resiste a uma idéia porque ela lhe parece demasiado perigosa. Em tais casos, uma atitude que pode ajudá-lo consiste em afastar-se e perguntar a si mesmo como se sentiria se a intuição fosse de alguma outra pessoa que não tivesse nada a ver com você.

Particularmente quando se tratar de situações importantes, deve-se recorrer à racionalidade antes de adotar qualquer idéia intuitiva. Obrigue-se a defendê-la racionalmente, mesmo que o júri seja constituído apenas por você mesmo. Analise objetivamente os fatos e números disponíveis para verificar se eles apóiam a intuição. Pese cuidadosamente todas as conseqüências do acerto ou do erro. Consulte especialistas no assunto e considere todos os fatores que possam afetar o resultado final. Sempre que possível, teste sua intuição antes de tomar uma decisão que envolva grandes riscos.

Não se esqueça, porém, que os procedimentos empírico-racionais não são à prova de falha, especialmente quando o tempo e os recursos são limitados. Além das debilidades inerentes às informações propriamente ditas – sua validade e confiabilidade, a solidez das premissas nas quais elas se baseiam – ainda é possível que sejamos excessivamente subjetivos em nossa interpretação dos dados. Isto é especialmente verdadeiro quando temos de lidar com nebulosos problemas pessoais ou quando houver o envolvimento de imprevisíveis seres humanos.

Muitas de nossas intuições – e de nossas avaliações a respeito das intuições – baseiam-se em suposições acerca de conceitos como causalidade e probabilidade. Entretanto, as pesquisas indicam que a maioria de nós tem uma limitada compreensão dessas variáveis e que muitas vezes nos atrapalhamos ao lidar com elas. Com relação a nossa capacidade de formar opiniões acerca da causalidade, por exemplo, o psicólogo Robert Sternberg, da Universidade Yale, descobriu que "as pessoas estão mais inclinadas a atribuir suas próprias falhas a fatores externos (má sorte, por exemplo), porém imputam os erros de outros a fatores internos (a incompetência dessas pessoas, por exemplo)".

Outro erro comum consiste em confundir correlação com causalidade: quando duas coisas acontecem simultaneamente, nós tendemos a presumir que uma foi causa da outra. Você poderia tomar o tom frio na voz de alguém como uma confirmação da sua idéia intuitiva de que essa pessoa não concorda com você quando, na verdade, ele aprova o que você diz, mas está fumegando por dentro porque suas observações a fizeram recordar-se de uma briga que teve com a esposa. Eis aqui um exemplo, relatado por um gerente chamado Hal Morrison: "Dei um emprego a Ted porque tive o palpite de que ele possuía fortes qualidades de liderança. Quando o vi nas reuniões das manhãs de terça-feira, porém, e ele me pareceu inexpressivo, indeciso, achei que a minha intuição estava errada. Deduzi que ele ficava inibido na presença de grandes grupos de pessoas. Posteriormente ficou comprovado que, embora ele realmente *fosse* um bom líder, o futebol das noites de segunda-feira fazia com que ele ficasse cansado nas manhãs de terça."

Na ausência de um treinamento formal, nós também tendemos a estimar as probabilidades de forma incorreta, uma consideração importante já que muitos de nossos juízos intuitivos baseiam-se na probabilidade de que alguma coisa aconteça. Um erro comum está relacionado com a disponibilidade. No livro *Human Inference*, os psicólogos sociais Richard Nisbett e Lee Ross observam que "objetos ou acontecimentos são considerados freqüentes ou prováveis, ou infreqüentes ou improváveis, dependendo da presteza com que chegam à mente de quem estiver formando o conceito". Assim, as pessoas da Pensilvânia, por exemplo, sempre se espantam com o número de pensilvanianos que ocupam posições de destaque, deixando de perceber que elas simplesmente têm maior probabilidade de reparar nos pensilvanianos. Dessa forma, se essas pessoas tiverem a intuição de que um determinado indivíduo será bem sucedido, elas poderiam tomar o fato de ele ser da Pensilvânia como uma confirmação.

Também nos inclinamos a buscar seletivamente informações que confirmem nossas opiniões e a ignorar, esquecer ou racionalizar as evidências contrárias. A mulher que pensou que o marido estivesse tendo um caso extraconjugal poderia tomar como confirmação cada palavra elogiosa dita a respeito da assistente dele. Ela poderia ignorar as coisas negativas que ele tivesse mencionado ou tomá-las como prova de uma tentativa de acobertamento. De forma semelhante, se uma intuição nos agrada ou se *desejamos* que ela seja verdadeira, iremos inconscientemente procurar por fatos que a comprovem. O psicólogo Leon Festinger descobriu que quando as pessoas apresentam uma *dissonância cognitiva* – a tensão criada por nos apegarmos a duas idéias contraditórias –, elas procuram reduzi-la adotando estratégias como a racionalização. Por exemplo: os membros das seitas que acreditam na ocorrência do fim do mundo numa determinada data não renunciam às suas idéias quando o dia previsto passa. Eles tornam-se ainda mais unidos, encontram uma explicação para o erro de cálculo e fazem uma nova previsão. Nós faríamos bem em imitar os cientistas, que planejam experimentos para *refutar* hipóteses.

Ao analisar nossas intuições, freqüentemente perscrutamos o futuro com pessimismo. As ferramentas analíticas formais podem nos ajudar a identificar tendências e a utilizar as lições do passado. Todavia, não nos podemos esquecer das limitações dos prognósticos baseados em dados objetivos. Embora nos forneçam probabilidades e aproximações, eles não nos dizem inequivocamente o que irá acontecer num caso específico. Além do mais, os dados estatísticos são obtidos e interpretados por especialistas que têm pontos de vista e interesses pessoais. Não só as previsões dos especialistas se contradizem mutuamente o tempo todo, como também existem estudos mostrando que a maneira de apresentar os questionários influencia as respostas. As mesmas perguntas feitas de forma diversa provavelmente irão provocar reações diferentes.

Além disso, segundo J. Scott Armstrong, da Faculdade Wharton, da Universidade da Pensilvânia, "Dezenas de estudos minuciosos demonstraram que, acima de um limite mínimo, o conhecimento é de pouca valia na previsão de mudanças". Armstrong afirma que pesquisas na área da psicologia, da economia, da medicina, dos esportes, da sociologia e do mercado de valores confirmam essa conclusão.

Embora a experiência e o conhecimento especializado sejam obviamente uma vantagem quando se faz previsões, Armstrong e outros acreditam que os participantes dos processos de tomada de decisões freqüentemente exageram a importância desses fatores. A história está cheia de exemplos de previsões furadas feitas por especialistas: os mandachuvas da música que disseram aos Beatles que grupos com guitarra não tinham futuro; o homem que vendeu metade da Coca-Cola porque achou o nome "pouco atraente"; os cientistas que, numa pesquisa realizada em 1948, previram que poderíamos colocar um homem na Lua por volta de 2148, se fizéssemos disso uma prioridade nacional; os entendidos que, em 1899, previram que a carruagem sem cavalos, na qual James Couzens investiu todo o seu dinheiro, jamais chegaria a ser tão popular quanto a bicicleta.

Obviamente, as falhas nas previsões dos especialistas nem sempre são divertidas. Em 1973 Golda Meir – então primeira-ministra de Israel – foi dissuadida de sua convicção sobre a iminência da guerra. Pouco depois, a Síria e o Egito atacaram e o exército israelense, despreparado, sofreu pesadas baixas. Meir revelou posteriormente que, nessa época, havia considerado a possibilidade de se suicidar. "Eu não podia me perdoar", disse ela, "por não ter seguido a minha intuição em vez de aceitar a opinião dos especialistas."

A INTUIÇÃO AVALIANDO A INTUIÇÃO

Essas advertências a respeito dos métodos empírico-racionais não visam desacreditá-los, e sim chamar a atenção para a insensatez de atribuir-lhes toda a responsabilidade de comprovar a validade de uma intuição. Conforme já dissemos várias vezes, a intuição não serve apenas para nos abastecer de descobertas e idéias criativas. Ela também opera ao lado das nossas faculdades racionais a fim de avaliar suas próprias contribuições. E, assim como os métodos analíticos nos proporcionam uma resposta a respeito da intuição, esta também nos proporciona uma resposta acerca dos procedimentos analíticos. Nós devemos recorrer a ela nessas fases finais da solução de problemas e dos processos de tomada de decisão.

Quando um cientista formula uma hipótese, ele pensa: "Se a hipótese for verdadeira, quando ocorrer X, seguir-se-á Y." Os empresários fazem as mesmas coisas com suas idéias; eles fazem pesquisas de mercado ou operações limitadas de vendas para verificar se um produto ou uma estratégia de comercialização apresenta os resultados esperados. Muitas vezes podemos fazer o mesmo com nossas intuições. A esposa ciumenta mencionada anteriormente, por exemplo, testou sua intuição com o seguinte raciocínio: "Se meu marido diz que não vem jantar em casa, então ele está tendo um encontro com sua assistente." Ao segui-lo, ela estava realizando um experimento.

Esta abordagem empírica, sempre que possível, deve ser usada para confirmar as intenções. Todavia, muitas vezes deixamos de apreciar o papel da intuição no planejamento de experimentos. Não obstante Benjamin Franklin quisesse desesperadamente estabelecer contato físico com uma nuvem carregada de eletricidade, nenhuma torre era suficientemente alta para isso. Durante algum tempo, suas idéias foram previsíveis – flechas, longas hastes de ferro – e inúteis. Certo dia, quando estava descansando, ele deixou-se levar por um devaneio e a lembrança das vezes em que empinava papagaios de papel passou por sua mente. O restante da história todos os norte-americanos aprenderam na escola primária.

Em 1903, da mesma forma, Otto Loewi concebeu uma teoria acerca do papel das substâncias químicas na transmissão dos impulsos nervosos, mas não pôde imaginar nenhuma maneira de testá-la empiricamente. Ele deixou o problema de lado até uma noite em 1920, quando, conforme suas palavras:

> Acordei, acendi a luz e fiz algumas anotações numa pequena tira de papel fino. Em seguida, voltei a dormir. Às 6 horas da manhã, ocorreu-me que durante a noite eu havia escrito alguma coisa de extrema importância, porém não fui capaz de decifrar os garranchos. Na noite seguinte, às 3 da madrugada, a idéia voltou. Era o esboço de um experimento para testar se a hipótese da transmissão química, que eu propusera há 17 anos, era correta. Levantei-me imediatamente, fui para o laboratório e, seguindo o sonho noturno, realizei um experimento simples num coração de rã.

A descoberta dos impulsos inibitórios e excitatórios nas terminações nervosas, feita por Loewi, valeu-lhe um Prêmio Nobel e o experimento foi considerado pelo fisiologista Walter B. Cannon "um dos mais simples, elegantes e conclusivos da história da biologia".

Curiosamente, Loewi disse que teria rejeitado o esboço do experimento se, em vez de agir imediatamente, tivesse parado para analisá-lo. Existe aqui uma importante lição: embora a racionalidade possa rejeitar uma intuição, isto nem sempre significa uma escolha acertada. Mesmo que utilizemos procedimentos sofisticados, os números podem ser incompletos ou ambíguos, os especialistas podem discordar entre si, as projeções podem apontar em diferentes direções. A intuição nos ajuda a identificar erros de análise, descobrir preconceitos, reinterpretar dados e assim por diante. E no fim, quando a intuição e a análise já tiveram a oportunidade de se manifestar e chega o momento de agir de uma maneira ou de outra, nós geralmente recorremos à função avaliativa da intuição. Mesmo quando pensamos estar sendo perfeitamente racionais, é possível que na verdade a nossa intuição esteja nos dizendo que a análise é correta. Robert P. Jensen, presidente da General Cable Corporation, contou à revista *Fortune* da ocasião em que se viu diante de cinco decisões envolvendo 300 milhões de dólares: "Em cada decisão a análise matemática apenas levou-me a um ponto a partir do qual minha intuição tinha de assumir o controle." Trata-se de uma experiência típica.

Com os procedimentos discutidos no Capítulo 9, você pode usar os *inputs* intuitivos para ajudá-lo a avaliar uma intuição. O processo de avaliação resume-se basicamente à previsão do resultado de cada alternativa, coisa que é mais fácil de falar que de fazer. Em situações relativamente complexas, o resultado final é afetado por fatores externos sobre os quais temos pouco ou nenhum controle. Assim, você tem de imaginar o que irá acontecer se você seguir o seu palpite *e* ocorrer X, Y e Z, e comparar o resultado com o que irá acontecer se você rejeitar a intuição. Quanto mais complexo o processo, mais você irá necessitar da sua intuição.

Suponha, por exemplo, que você é um James Couzens contemporâneo e tem o palpite de que aquele estranho jovem e seu helicóptero pessoal irão modificar o futuro dos meios de transporte. Decidir se investe ou não suas economias no negócio significa considerar todas as variáveis significativas que podem afetar o destino do empreendimento. Você poderia usar o processo de sugerir idéias livremente num debate, a fim de produzir um grande número delas: a energia solar torna o veículo viável, a General Motors transforma-se em sócia minoritária da companhia, uma nova liga metálica reduz o peso, o protótipo é completado dentro do prazo, o governo proíbe o uso de helicópteros pessoais, os fabricantes de automóveis sabotam a invenção, os custos de produção excedem as estimativas atuais, o inventor foge com o capital e quaisquer outras idéias que a sua imaginação puder conceber.

Em seguida, você pode usar o método da escrita espontânea para imaginar as conseqüências de cada evento contingente. Uma forma de estimular o processo consiste em começar com uma sentença incompleta, tal como: "Se eu investir minhas economias e X acontecer, então..." ou "Se eu não investir e Y acontecer, então..." É óbvio que essas variáveis externas podem ocorrer de forma combinada, existindo muitas permutações possíveis. Se você reconhecer a verdadeira complexidade de uma decisão a sua escrita será desordenada, o que é excelente para os propósitos do procedimento. Você está recorrendo a esta técnica para dar à sua intuição a oportunidade de contribuir para o processo de avaliação. Poderão surgir novos palpites a respeito da decisão e novas introvisões acerca de toda a situação.

É claro que a sua decisão será baseada não apenas no que *pode* ocorrer como também na *probabilidade* de que isso efetivamente ocorra. Embora os dados quantitativos e as análises feitas por especialistas possam ajudá-lo a determinar as probabilidades, eles talvez não sejam tão completos quanto seria necessário, razão pela qual a administração muitas vezes é descrita como "a arte de tomar decisões com base em informações insuficientes". Você talvez queira usar a visualização para acrescentar uma avaliação intuitiva do processo. Por exemplo: você poderia imaginar-se participando de um programa de perguntas e respostas. O apresentador diz: "Valendo o grande prêmio, numa escala de 1 a 10, qual a probabilidade de o governo proibir o uso de helicópteros particulares?" Conceda a si mesmo não mais do que alguns segundos para apresentar a resposta.

Uma razão pela qual as predições intuitivas são importantes é que as teorias nas quais se baseiam os processos formais de tomada de decisão partem da premissa de que a pessoa que toma a decisão não influencia o resultado do processo. Em muitos casos, porém, o que você *quer* que aconteça ou *acredita* que irá acontecer produz um grande impacto sobre os verdadeiros resultados. Se você se transformar num ativo participante do arriscado empreendimento com o helicóptero, por exemplo, talvez possa deixar nele a sua marca e, portanto, influenciar o futuro. Se você está resolvendo se deve ou não obedecer à sua intuição e fazer uma proposta de casamento, seus desejos e intenções devem pesar mais do que as estatísticas de divórcio. (O papel da crença e da influência pessoal nos faz recordar a importância do nível de consciência do indivíduo; em teoria, à medida que a consciência se expande os desejos correspondem mais estreitamente à realidade, e a ocorrência daquilo que acreditamos que irá acontecer torna-se realmente mais provável.)

É óbvio que você nem sempre tem tempo suficiente para empregar de forma apropriada os métodos analítico-racionais ou mesmo para usar os procedimentos de estimulação dos *inputs* intuitivos. E, mesmo que *tivesse* tempo, ainda assim você poderia ficar ambivalente ou inseguro. Nesse caso, você poderia empregar a visualização – viajando para o seu santuário ou colocando-se numa situação na qual você é obrigado a se decidir – e recorrer à função avaliativa da intuição para chegar à decisão final.

Como já dissemos muitas vezes, familiarizar-se com as nuanças da sua intuição e com as maneiras pelas quais você reage a elas é um dos principais ingredientes necessários para se usar eficazmente esta capacidade. O diário da intuição é um meio prático para a aquisição desta sensibilidade.

O DIÁRIO DA INTUIÇÃO

Na noite anterior à assinatura dos papéis de um grande projeto imobiliário, George Naddaf acordou e disse à esposa: "Vou desistir desse contrato." Na manhã seguinte, ele mudou de idéia e fechou o negócio. Foi um desastre. "Desde então", diz George, "sempre que tenho essas vibrações eu desisto da transação." Embora George não consiga ser mais específico acerca de suas vibrações, ele sabe reconhecê-las e reagir a elas.

Essas respostas lhe ensinam como reagir à sua intuição. A manutenção de um diário lhe permitirá descobrir quais fatores correspondem a intuições bem-sucedidas e quais estão associados a intuições falhas. Mantendo um registro cuidadoso, você poderá tornar-se mais consciente dos sinais indicativos de que a sua intuição o está conduzindo na direção certa. Isto, por sua vez, aumentará sua confiança na intuição e fará com que você se torne mais sensível a ela, aprimorando sua eficácia.

Anote as informações seguintes num caderno do tipo universitário, mantendo sempre o mesmo sistema de numeração para facilitar a consulta:

1. Data e hora.
2. O conteúdo da intuição. Qual era basicamente a mensagem?
3. A intuição dizia respeito a: Questões profissionais? Uma outra pessoa? Você mesmo? Política? Filosofia? Outros assuntos?
4. A intuição era: Um aviso? Uma oportunidade? Uma afirmação? A contestação de uma crença? Informação positiva? Negativa? De outra natureza?
5. A função da intuição (conforme foi discutido no Capítulo 3): descoberta, criativa, preditiva, operacional, avaliativa, escla-

recedora. Tenha em mente que essas funções podem ocorrer de forma combinada.

6. Estrutura: A intuição era basicamente verbal, visual, cinestética, simbólica ou apenas uma idéia vaga e indistinta. Descreva-a da melhor forma que puder.
7. Foi coisa rápida ou uma experiência demorada?
8. Foi: Muito intensa? Clara? Um tanto obscura? Bastante confusa?
9. A mensagem foi óbvia ou precisou ser interpretada? Como você a interpretou?
10. O que você estava fazendo imediatamente antes de ter a intuição? Sua atividade estava relacionada com a intuição? Você a havia incubado intencionalmente?
11. Houve um chamamento ou arauto antes da intuição? Em caso positivo, descreva o que sentiu e como reagiu a isso.
12. Como você se sentiu imediatamente depois da intuição? Você teve uma sensação de alegria? De alívio? De felicidade? De integridade? De paz?
13. Qual o nível de certeza da intuição? Indubitável? Grande certeza? Razoável certeza? Duvidosa?
14. Qual foi a sua reação inicial? Ceticismo? Rejeição? Reserva? Crítica? Hesitação? Inequívoca aceitação?

Os itens anteriores podem ser anotados no momento da intuição. Numa ocasião posterior, acrescente ao seu diário o seguinte:

15. Ela representou uma divergência em relação aos costumes ou a algum tipo de autoridade?
16. Foi contra os fatos ou a lógica?
17. Era alguma coisa que você queria ouvir?
18. Era alguma coisa que você não queria ouvir?
19. Ela se manifestou em diversas ocasiões? Quando? Com que freqüência? Com que insistência?
20. Você fez uma análise da sua intuição? Reuniu informações para apoiá-la ou refutá-la?
21. Tentou ser objetivo em sua avaliação?

22. Procurou ouvir outras opiniões?
23. Sua impressão a respeito da validade da intuição alterou-se com o tempo? Em caso positivo, o que provocou essa mudança?
24. A situação ou assunto objeto da intuição eram: Extremamente importantes? Muito importantes? Moderadamente importantes? Não muito importantes? Triviais?
25. Você estava sendo pressionado para tomar uma decisão ou dar uma resposta?
26. Seguir a intuição representava: Um grande risco? Um risco moderadamente elevado? Algum risco? Um pequeno risco? Qual exatamente era o risco envolvido?
27. Você alguma vez chegou a sentir medo de seguir a intuição? Em caso positivo, de que você tinha medo?
28. Você acabou seguindo a intuição? Em caso positivo, consegue dizer por quê?
29. Você a rejeitou? Consegue dizer por quê?
30. Como sua intuição acabou se saindo? Ela foi confirmada ou refutada pela experiência?
31. No caso de haver rejeitado uma boa intuição, você é capaz de compreender por que a avaliou de forma incorreta?
32. Caso tenha seguido uma intuição que se revelou equivocada, você é capaz de compreender por que o fez? (Para responder as perguntas 31 e 32, consulte o início deste capítulo.)
33. Vendo as coisas em retrospecto, você hoje teria agido de forma diferente?
34. Qual foi a principal lição aprendida com essa experiência?

Quando estiver avaliando a sua intuição, tenha em mente que ela talvez esteja se expressando em diversos níveis. Embora parte dela – ou sua interpretação subseqüente – possa estar errada, em outro nível ela talvez esteja trabalhando a seu favor. Considere esta experiência. Jane estava passeando num *shopping center* e sentiu-se irresistivelmente atraída por uma loja que vendia equipamentos e roupas para dança e ginástica. Ela não precisava de nada do que se vendia na loja mas, como o sentimento persistisse, acabou indo até lá. Ela achou que sua intuição a estava alertando para a possibilidade de uma compra especialmente boa ou para alguma mercadoria especial. Embora estivesse errada, ela apreciou a conversa com Sherri, a vendedora, o suficiente para combinarem de almoçar juntas. Dois dias depois, Jane perdeu o emprego. Deprimida, telefonou para sua nova amiga para cancelar o almoço. Sherri disse que estava saindo do emprego e Jane ficou com a vaga.

Você também deve deixar espaço em seu diário para observações aleatórias e para itens importantes que não foram incluídos no modelo apresentado aqui. O ideal é que as anotações sejam revistas periodicamente, quem sabe uma vez por mês. Registre suas observações de imediato, observando a ocorrência de qualquer tipo de padrão que você venha a encontrar, tal como: "Minhas intuições parecem ser mais precisas em questões profissionais do que em meus relacionamentos." Se suas revisões o levarem a tomar uma resolução – por exemplo: "Da próxima vez que sentir aquela sensação no estômago vou seguir o meu palpite" – registre-a em seu diário. Além disso, anote também qualquer melhoria que você tenha observado na qualidade da sua intuição. Utilizando corretamente o seu diário, haverá muitas oportunidades para isto.

A PRÁTICA LEVA À PERFEIÇÃO

As idéias práticas que se seguem constituem agradáveis oportunidades para você aumentar seus conhecimentos a respeito dos seus padrões de pensamento e das nuanças da sua intuição. Na maioria dos casos, você estará dando respostas ou tomando decisões com tempo e informações insuficientes para raciocinar de forma adequada. Sempre que for o caso, use o diário da intuição para registrar suas experiências.

1. Pratique a tomada de decisões rápidas com assuntos de pequena importância. Estabeleça para si mesmo um limite máximo de dez segundos para, por exemplo: fazer um pedido num restaurante, resolver o que vai vestir, selecionar um itinerário para chegar a algum lugar de carro, escolher um filme, optar pela compra de uma determinada peça de roupa.
2. Pratique a realização de previsões utilizando o primeiro pensamento que lhe passar pela cabeça. Prediga, por exemplo, quem está ligando quando o telefone toca; os resultados de eventos esportivos; o assunto da manchete principal do

jornal de amanhã; o desempenho das ações de determinada companhia; que roupa um colega de trabalho irá usar no dia seguinte; qual fila o levará mais rapidamente ao guichê do banco; o que haverá na correspondência de amanhã; quem serão os ganhadores de diversos prêmios.

3. Cubra as legendas de fotografias de jornais e diga rapidamente o que está acontecendo. Alternativamente, cubra os dizeres dos cartuns e escreva o seu próprio texto. Esses exercícios podem ser abordados de duas formas: tentando acertar e tentando ser criativo.
4. Desligue o som do televisor e, depois de assistir às imagens durante cinco minutos, descreva a história. Outra possibilidade é desligar o som durante um comercial e, supondo que nunca o tenha visto antes, procurar adivinhar o nome do produto. A melhor forma de praticar este exercício é fazê-lo com um amigo que fique escutando com fones de ouvido para verificar o que foi dito.
5. Depois de um breve contato com pessoas desconhecidas, tente descrevê-las detalhadamente: tipo de família; que espécie de estudantes eram; quais são os seus passatempos; como são os seus relacionamentos; o que eles pensam de si mesmos; seus hábitos pessoais e gostos em matéria de leitura, cinema, decoração, comida, e assim por diante. Para verificar o acerto da descrição, recorra a um amigo em comum ou às próprias pessoas, se elas estiverem dispostas a colaborar.
6. Realizando o exercício junto com um amigo, use fotografias ou informações superficiais (nomes, profissões e idades) e proponha que cada elemento da dupla descreva os conhecidos do outro.
7. Leia romances policiais e prediga a solução.
8. Procure imaginar as soluções (viáveis ou não) mais diferentes possíveis para os seguintes problemas: animais de estimação perdidos; carregar pacotes na chuva; carros roubados; ler mapas rodoviários ao volante; pneus murchos; desemprego; *déficit* no orçamento federal; vazamentos em

torneiras; umidade; ruas sujas; estudantes que não conseguem ler; limpar janelas de arranha-céus; higiene diária.

9. Use a mesma lista para praticar a redefinição de problemas.

Alguns destes exercícios podem ser feitos em grupo, o que não só é mais divertido como também nos proporciona a oportunidade de inventar novas práticas. Um grupo de apoio que se reúna periodicamente, composto por pessoas que se interessam por desenvolver a intuição, é de fato uma excelente idéia. O grupo pode discutir as experiências de cada membro, compartilhar os pontos de vista derivados da manutenção de diários da intuição e, até mesmo, proporcionar sugestões intuitivas para os problemas e as decisões a serem tomadas por seus componentes. Ele poderia também atacar problemas de maiores dimensões, tal como o que a sociedade pode fazer para aperfeiçoar a intuição de nossos líderes e cidadãos, um tema que discutiremos a seguir.

Capítulo 11

Como Tornar o Mundo Seguro para a Intuição

Se uma época da história alguma vez precisou do saber intuitivo, esta época é a nossa. Todavia, as instituições educacionais que nos ensinam a utilizar nossas mentes e as organizações nas quais a utilizamos não foram estruturadas para estimular a intuição. Precisamos modificar este estado de coisas e conferir uma alta prioridade à compreensão do funcionamento da nossa mente intuitiva. Este empreendimento acarreta implicações que transcendem a felicidade e o sucesso pessoal. Criando condições para o surgimento de entendidos cujas habilidades intuitivas se igualem em precisão e confiabilidade aos nossos métodos objetivos, poderemos passar a utilizar um recurso de vital importância para a humanidade.

Os especialistas são unânimes em afirmar que as décadas vindouras serão mais complexas e imprevisíveis do que nunca e que teremos de processar informações não apenas extremamente vastas mas também voláteis. Nessas condições teremos de tomar decisões rápidas com base em informações limitadas, e os erros serão não apenas mais prováveis como também potencialmente mais catastróficos. Isto tem especial importância, obviamente, nos centros de poder. Em suas memórias, recentemente publicadas, o ex-assessor de segurança nacional, Zbigniew Brzezinski, escreveu: "A tomada de decisões internas tendo em vista as condições internacionais implica uma grande coerência e exige um planejamento extremamente sistemático. A verdade é que os responsáveis pela condução da política nacional estão cada vez mais sobrecarregados por fatos e informações."

Embora os computadores sejam de grande ajuda, a intuição humana tem de orientar sua utilização e incumbir-se das tarefas que as máquinas lógicas não conseguem realizar. Tanto na esfera pública como na iniciativa privada, precisamos de pensadores criativos e não afetados pela "psicoesclerose", líderes dotados de inteligência e sintonizados com ideais elevados e a inteligência cósmica. Platão, creio eu, tinha isso em mente quando procurou dar poderes aos "filósofos", uma palavra que naquela época tinha um significado diferente: "Aqueles que têm a capacidade de aprender o que é eterno e imutável... que enxergam a verdade absoluta e, tendo sempre como referência esse ideal, implantam também neste mundo as leis da beleza, da justiça e do bem."

Não é apenas entre os poderosos, porém, que a intuição é necessária. Às vezes nos esquecemos de que cada um de nós é uma célula do cérebro coletivo. O modo como pensamos e as coisas que sabemos moldam o nosso comportamento, e o fato deste ser generoso ou torpe produz um grande impacto sobre as condições sociais. Não basta simplesmente pedir que as pessoas ajam de acordo com a ética e a moralidade ou que aceitem sua parcela pessoal de responsabilidade pelas condições sociais, econômicas ou ecológicas. Esta abordagem nunca funcionou, nem mesmo sob a ameaça da condenação às penas eternas.

A clara mudança de valores, incluindo um crescente respeito pela intuição, é encorajadora. Nas últimas duas décadas, grandes segmentos da sociedade rejeitaram o materialismo, que havia se tornado sinônimo de qualidade de vida, e começaram a buscar um significado e um propósito superior para a existência. Mais recentemente, aqueles que buscam a realização pessoal começaram a compreender que suas metas não são incompatíveis com a responsabilidade pessoal e planetária; de fato, a verdadeira auto-realização implica um sinergismo harmonioso entre personalidade de cada um e as pessoas e objetos que constituem o ambiente. Esta complementaridade entre as prioridades coletivas e pessoais (simbolizadas talvez pelas décadas de 60 e 70, respectivamente) é um reflexo de uma concepção de mundo que se afasta do materialismo e do mecanicismo e incorpora parte da visão orgânica e espiritual do Oriente.

Estamos descobrindo nosso relacionamento simbiótico com a natureza e com os nossos semelhantes e começando a aceitar a antiga verdade de que colhemos aquilo que semeamos. A inferência otimista é de que esses novos sistemas de crenças irão se traduzir num comportamento mais apropriado e harmonioso e nos convencer a agir como cidadãos responsáveis de um pequeno planeta. De certa forma, isto é verdade. Todavia, a crença apenas não é suficiente. Se o fosse, todos teríamos nos comportado como bons cristãos, judeus e muçulmanos através dos séculos. Não basta apenas acreditar que estamos inextrincavelmente ligados à natureza, que existe um núcleo espiritual comum a todos os seres humanos, ou que todas as criaturas são uma só e tudo que fazemos afeta o todo. O aprimoramento da qualidade da intuição, porém, pode consolidar as crenças positivas e traduzir valores responsáveis em ações efetivas.

Somente quando conhecemos realmente os conceitos abstratos e nos familiarizamos com eles diretamente através da intuição é que eles podem assumir uma espécie de qualidade experimental capaz de modificar o comportamento. Embora cuidemos de proteger e nutrir aquilo que percebemos como parte de nós mesmos, o senso de conexão com as pessoas e com a natureza tem de ser profundamente sentido no nível emocional e não apenas trabalhado racionalmente. Além do mais, ainda que certas crenças possam predispor as pessoas a atuar de forma responsável, elas não nos dizem como fazê-lo e quais serão as conseqüências de ações específicas. Por causa disso, precisamos da intuição.

A EXPANSÃO DA CIÊNCIA

Um esforço organizado para compreender e desenvolver a intuição não compromete de maneira alguma os padrões de investigação imparcial e de rigorosa verificação que tornaram a ciência singularmente poderosa. Na verdade, isto talvez seja justamente aquilo de que a ciência precisa nesta fase da história. Temos necessidade de estudiosos e cientistas dotados daquela "profunda intimidade com a natureza" que foi atribuída a Einstein por Jeremy Bernstein – não só para solucionar problemas práticos como também para atacar os grandes enigmas cósmicos com que a ciência se defronta.

A meta tradicional da ciência é a formulação de um sistema completo e preciso de deduções derivado das incontestáveis leis que descrevem o funcionamento da natureza. Na virada do século, a confiança da ciência em si mesma atingiu o ápice e os físicos afirmavam que seu trabalho estava quase completo. Eles haviam penetrado o núcleo do átomo, estendido nossa visão até muitos anos-luz espaço adentro e estavam prontos para desvendar os segredos mais recônditos do universo. Em lugar das verdades definitivas, porém, a ciência encontrou uma encantadora imprevisibilidade.

Ao longo de uma série de acontecimentos traumáticos que demonstraram tanto suas limitações como sua integridade, a ciência voltou os olhos para si mesma e constatou sua deficiência. Um momento decisivo ocorreu em 1927, com o famoso princípio da incerteza de Werner Heisenberg. Heisenberg demonstrou ser impossível obter previsão e controle naqueles profundos níveis subatômicos em que o físico torna-se não físico. O ato de medir altera inevitavelmente aquilo que é medido, tal como o ato de colocar um termômetro na água fornece a temperatura da água com o termômetro dentro dela. A separação entre o conhecedor e o objeto a ser conhecido, um princípio básico do cientificismo, foi destruído.

Simultaneamente, os matemáticos estavam tentando estabelecer definitivamente um sistema axiomático – um conjunto formal de afirmações simbólicas – que iriam nos proporcionar um conhecimento matemático completo e consistente. Em 1931 esta busca recebeu um golpe mortal desferido por Kurt Godel, cujo teorema da incompletude provou que esse sistema era impossível. Nenhum sistema formal pode ser ao mesmo tempo consistente (livre de contradições internas) e completo. Sempre haverá uma afirmação verdadeira, derivável do sistema, que o próprio sistema não poderá provar. Juntamente com Heisenberg e outros, o trabalho de Godel demonstrou que, nas palavras de Jacob Bronowski: "As leis da natureza não podem ser formuladas como um sistema axiomático, dedutivo, formal e preciso que seja também completo."

A ciência agora assemelha-se ao cretense que disse: "Todos os cretenses são mentirosos." Embora afirme ser a única maneira de conhecer a realidade, a mensagem da ciência moderna é: "Aquilo que a ciência sabe é conjectural, incompleto e incerto." Se ambas as afirmações forem verdadeiras, então não haverá maneira de conhecer a verdade a não ser de forma conjectural, incompleta e incerta. A conclusão de que a ciência nunca atingiria sua meta tradicional produziu tanto resignação como desespero. Não podemos nos esquecer, porém, de que as limitações descobertas pela ciência e pela matemática dizem respeito aos métodos da ciência e da matemática e não necessariamente à realidade ou cognição humana. Longe de provar que a certeza e a completude não podem ser alcançadas, eles apenas demonstraram que elas não podem ser alcançadas pela ciência tal como a conhecemos.

A história da ciência assemelha-se a um principiante zen às voltas com um *koan*, aqueles enigmas insolúveis que não podem ser respondidos através da lógica ou da observação empírica. O principiante que se sair bem irá transcender o pensamento racional e se renderá à experiência intuitiva direta. E é precisamente a este ponto que a ciência chegou. Ela revelou a natureza inconstante e paradoxal do que, na Índia, é chamado de *maya* – o universo familiar de formas delimitadas e mudanças ilimitadas que encobre a realidade absoluta. Agora ela precisa transcender tanto esse reino como os seus próprios métodos para deslindar os mistérios cósmicos.

Desde Einstein o objetivo da Física tem sido o de encontrar o "campo unificado" que, como muitos de nós acreditam, deve permear e formar a base da multiplicidade da criação. Não há dúvida de que essa meta será alcançada. Quando isso acontecer, porém, ela será uma verdade inferida. Através do cientificismo, ninguém perceberá isto diretamente, da mesma forma como ninguém jamais viu um elétron. O verdadeiro campo unificado é o que antes chamávamos de Absoluto, aquilo que os *Upanishads* descrevem como "menor que o menor e maior que o maior". Sua dedução, como a ciência atual promete, será incompleta, conjectural e sempre um tanto duvidosa. Ele pode ser verdadeiramente compreendido – e o conhecedor sublimemente transformado – apenas através da profunda experiência intuitiva que chamamos de iluminação.

Em dois níveis, portanto, a ciência tem a ganhar com uma tecnologia do conhecimento intuitivo. Num nível, isto tornará possível um maior número de descobertas inovadoras e importantes para as quais a intuição sempre contribuiu. Num outro nível, ela nos dá esperança de que aquilo que o biólogo Edwin Schrodinger chamou de "*a* tarefa da ciência" – responder à pergunta "Quem somos nós?" – será realizado a contento. Poder-se-ia argumentar que essa "ciência ampliada" – uma que sancione o conhecimento intuitivo ou subjetivo – não seria absolutamente ciência. Todavia, se definimos ciência como um empreendimento que procura obter um conjunto de conhecimentos confiáveis submetendo premissas à experimentação controlada e à afirmação pela repetição, então não existe conflito algum. Não estou sugerindo que os físicos "troquem suas calculadoras por *mantras*", como um alarmista afirmou, mas apenas que reconheçamos os limites atuais do cientificismo e a importância de ampliar sua metodologia para que passe a incluir a subjetividade iluminada.

Enfatizo o *status* de ciência porque ela é a guardiã oficial do nosso conhecimento. Em nossa civilização, aquilo que cada um de nós sabe é determinado pelo que a ciência sabe. Todavia, o modo como adquirimos o conhecimento é função basicamente da educação e de outras instituições. Examinemos algumas sugestões sobre como podemos estimular a mente intuitiva.

A LIBERAÇÃO DA INTUIÇÃO

Considere estas reflexões sobre a educação: "O problema é que éramos obrigados a aprender às pressas toda a matéria para os exames, quer gostássemos disso ou não. Essa coerção deixava-me tão desestimulado que, depois de passar nos exames finais, não tinha vontade de estudar nenhum assunto científico durante um ano inteiro."

Apesar disso, a pessoa que relembra seus tempos de faculdade, onde muitas vezes um amigo freqüentava as aulas e assinava a lista de presença em seu lugar, prosseguiu seus estudos. Isto, diz ele, proporcionou-lhe liberdade para estudar os assuntos de seu interesse até a época dos exames. Ele acrescenta: "Na verdade, não deixa de ser um milagre que os modernos métodos de instrução ainda não tenham sufocado inteiramente a sagrada curiosidade da investigação, pois além de estímulo esta delicada planta precisa principalmente de liberdade."

Esta "curiosidade sagrada" atrai a intuição, e devemos estar gratos porque um estudante irrefreável, Albert Einstein, não a perdeu. Outros o fizeram, infelizmente, quando a exigência de boas notas e o trabalho enfadonho tiraram-lhes o prazer do aprendizado. Junto com uma variedade de deficiências pedagógicas, o sufocamento da curiosidade natural inibe a intuição, que funciona melhor quando altamente motivada. Uma coisa que precisamos fazer, portanto, é transmitir o prazer da descoberta aos estudantes quando ainda bem jovens, de modo que eles passem a buscar o conhecimento pelo simples prazer de fazê-lo.

Poderíamos começar repensando o modo como usamos as recompensas e punições. A psicóloga social Teresa Amabile estudou a criatividade tanto em crianças como em adultos em dois tipos de condições: quando as pessoas sabiam que seu trabalho seria avaliado e quando o faziam por simples prazer. Ela verificou que, como o desempenho criativo exige que a pessoa vá além do óbvio e do lugar-comum, a imposição de uma motivação extrínseca resulta em baixos níveis de criatividade.

Nosso sistema educacional utiliza quase que exclusivamente a motivação externa: o aprendizado transforma-se em algo que precisamos fazer para evitar punições e obter recompensas. Isto restringe seriamente o pensamento intuitivo, o qual funciona melhor quando a mente está livre de pressões e genuinamente estimulada por uma necessidade ou desejo intrínsecos. Já a partir do curso primário punimos severamente os erros e chegamos até mesmo a repreender os alunos que oferecem palpites e vagas intuições, exatamente as coisas que freqüentemente conduzem à descoberta. Este comportamento diz às crianças que não vale a pena correr riscos. Elas passam a desconfiar dos pensamentos que não sejam exatamente aqueles que o professor espera ou que possam "fugir ao assunto". Elas aprendem a seguir o caminho mais seguro, o que obviamente não é a melhor estratégia para favorecer o desenvolvimento da intuição.

Deveríamos recompensar a idéia ousada que é ligeiramente fora de propósito e a variante criativa que não está completamente certa pelo simples fato de terem sido concebidas. Isto ajudaria a criar uma atitude mais arrojada e proporcionaria as condições necessárias para o funcionamento da intuição. Deveríamos também ensinar aos estudantes que arriscar opiniões e fazer conjecturas pode ser uma estratégia útil que, se aprimorada, lhes será vantajosa na vida real, onde a memorização de fatos e os procedimentos mecânicos nem sempre funcionam. Em vez disso, os professores ridicularizam os alunos que se arriscam a dar palpites. Entretanto, conforme o psicólogo Blythe Clinchy escreveu em 1968, num artigo sobre educação e intuição: "No fim das contas uma hipótese não é mais que um palpite expresso numa forma testável... Um problema mais sério que um palpiteiro desvairado é a criança que parece ser incapaz de arriscar opiniões porque tem medo de estar errada."

Nós restringimos ainda mais a intuição, observa Clinchy, exigindo que os estudantes expliquem e defendam imediatamente suas respostas.

Ao agir assim, freqüentemente recompensamos aquilo que o psicólogo chama de "idiotia articulada". Os alunos que se expressam bem recebem elogios, enquanto seus colegas menos fluentes são levados a se sentirem ridículos, muito embora às vezes sejam mais inteligentes. Isso conduz ao conceito de que a pessoa não sabe realmente alguma coisa a não ser que possa expressá-la verbalmente e explicar como foi que chegou ao referido conhecimento. Esta idéia, que obviamente não é válida nem para adultos, é ainda menos verdadeira no caso de crianças, as quais com freqüência sabem muito mais coisas do que conseguem verbalizar. Esta atitude também desencoraja as formas não-verbais de pensamento, que são de fundamental importância para a intuição e, é claro, fazem parte dos processos racionais da criança.

Neste sentido, deveríamos transmitir aos estudantes uma maior consideração pela sua capacidade inata de fantasia, visualização e imaginação. O biógrafo Peter Brent observa que, além de suas habilidades superiores de observação e raciocínio, Charles Darwin também era capaz de deixar-se levar por fantasias. "Esses castelos construídos no ar são muito úteis", comentou Darwin a respeito de seus devaneios. E onde estaríamos se Einstein, o estudante indisciplinado, não tivesse ousado imaginar-se cavalgando feixes de luz? Esse aspecto fantasioso dos grandes pensadores raramente é retratado.

Faríamos um maior progresso no sentido da liberação das habilidades intuitivas da criança se déssemos mais ênfase à descoberta pessoal do que à memorização forçada de fatos ou à aplicação mecânica de regras para a solução de problemas. Em vez de serem autorizados a resolver seus próprios problemas, na maioria dos sistemas educacionais os alunos têm de lidar com os problemas que lhes são propostos. Depois disso, lhes dizem como é a resposta esperada e eles são solicitados a seguir os procedimentos algorítmicos recomendados a fim de chegar até ela. Seria muito melhor se, ao menos de vez em quando, eles pudessem experimentar diretamente aquilo que todos temos de fazer na idade adulta: identificar problemas relacionados com questões relevantes e descobrir nossas próprias maneiras de solucioná-los. Isto lhes daria a oportunidade de desenvolver uma abordagem flexível e individualizada para a solução de problemas e, no decorrer do processo, aprenderiam a guiar-se pela intuição. Tal como as coisas são atualmente, os estudantes aprendem a procurar a “maneira certa” de fazer as coisas, a qual nem sempre é a melhor.

Como aprendemos através do exemplo, uma excelente maneira de começar seria fazer com que os professores realizassem demonstrações de pensamentos intuitivos em sala de aula. Eles devem mostrar como uma mente madura e inquisitiva funciona enquanto busca o conhecimento e a solução de problemas. Por enquanto os professores tendem a relatar fatos e a exibir o resultado de suas atividades extra-classe. Se os estudantes pudessem ver seus professores fazer conjecturas, emitir opiniões ousadas, entrar em becos sem saída e perseguir impressões fugazes, suas próprias intuições indistintas e imagens mentais sinuosas ganhariam legitimidade. Obviamente, isto exigiria que os professores fossem de fato inquisitivos e tivessem prazer em buscar o conhecimento. Seria também preciso que os professores estivessem dispostos a cometer erros na frente dos alunos. Embora isto talvez seja pedir muito, temos de entender que os professores devem não só transmitir informações como também mostrar como se usa a mente.

Logo no início devemos dar aos alunos uma visão mais realista e inspiradora da maneira como nascem as descobertas. Mesmo nos estudos avançados, quase toda a atenção é direcionada para os produtos e não para os processos das grandes mentes. Conforme temos visto, os princípios científicos, os teoremas matemáticos e as idéias importantes são apresentados em suas elegantes estruturas finais, dando aos estudantes a impressão de que as afirmações lógicas e as evidências diretas refletem o verdadeiro modo como são feitas as descobertas. Isto os faz inferir que o caos de suas especulações não são produto de mentes penetrantes e sim aberrações a serem desencorajadas.

Dando continuidade a este argumento, poderíamos transformar a própria intuição e a criatividade em objeto de estudos por si só, despertando assim nos estudantes um maior respeito por essas funções da mente. Isto pode ser transmitido tanto através da experiência direta como conceitualmente, proporcionando aos estudantes mais oportunidade para *serem* criativos e intuitivos. Não há necessidade de comprometer os objetivos tradicionais do aprendizado, como muitas vezes acontece em programas experimentais e escolas “livres”. Com respeito a isso, devemos encorajar métodos de ensino que deixam as crianças aprender matemática e ciências imitando matemáticos e cientistas e fazendo praticamente tudo o que eles fazem, desde a identificação de problemas até sua solução. O mesmo pode ser feito em relação às humanidades e outros assuntos. Ao discutir a intuição e observar como ela atua, os estudantes podem começar a adquirir uma sensibilidade a ela ainda cedo na vida.

Como sugerem as memórias de Einstein, os problemas que temos discutido não desaparecem com a educação superior. A ênfase na motivação extrínseca e no aprendizado mecânico e a escassez de professores comprovadamente intuitivos está em toda parte. Sob certos aspectos, os problemas estão interligados.

A crescente tendência para o pragmatismo, embora compreensível, é um tanto infeliz. Não há dúvida de que precisamos trazer de volta os "três Rs"* à educação e produzir técnicos e especialistas competentes. Todavia, também precisamos de pessoas intuitivas que possam inventar e criar, e um excesso pragmatismo pode ser contraproducente. A implacável pressão para se obter boas notas não só causa a ansiedade que sufoca a intuição, como também estimula os estudantes a fazerem as coisas de acordo com os livros. Ao enfatizarmos o treinamento profissional, nós perpetuamos a infeliz imagem da escola como uma espécie de supermercado onde nos abastecemos do que iremos "precisar" quando sairmos para o mundo. A exigência de especialização precoce diminui o impacto de um currículo já fragmentado, reduzindo o contato dos alunos com disciplinas que não estejam diretamente relacionadas com os seus objetivos profissionais.

A diversidade, a visão interdisciplinar e uma boa orientação em relação às artes e às humanidades deveriam ser exigidas não só porque produzem seres humanos mais sensíveis mas também porque criam profissionais mais intuitivos e criativos em todas as áreas. A mente intuitiva é estimulada pela exposição às tendências estéticas e emocionais das questões humanas. Necessitamos de um farto depósito de variegadas impressões com as quais possamos fazer conexões. Em seu livro *The Medusa and the Snail*, Lewis Thomas critica o atual currículo dos cursos pré-médicos por causa de sua acentuada orientação científica e feroz competição por notas e pontuação em exames escritos. Ele sugere a adoção de um currículo central que "pudesse ser usado para avaliar toda a amplitude das capacidades mentais do aluno, sua capacidade inata para

* *Reading, Writing* e *Arithmetic* – escrita, leitura e aritmética. (N. do T.)

compreender os seres humanos e seu carinho pela condição humana". Um programa assim produziria não apenas melhores médicos mas também profissionais mais intuitivos de todos os tipos.

A importância da diversidade na educação superior e no treinamento profissional deveria ser estendida para a vida diária e para a sala de aula. Muitos líderes empresariais, por exemplo, acham que as escolas comerciais dão uma ênfase excessiva aos métodos quantitativos formais e às antigas teorias de tomada de decisões. Embora as habilidades adquiridas sejam de fundamental importância, a impressão geral é a de que os alunos saem despreparados para atender às exigências cotidianas das atividades comerciais. As escolas comerciais talvez fizessem bem em seguir o exemplo de Stanford e criar cursos voltados exclusivamente para o desenvolvimento da criatividade. A criatividade nas atividades comerciais, ensinada por um professor de *marketing* e por um artista, irá sem dúvida alguma aumentar a capacidade intuitiva dos alunos. Além disso, muitos executivos são favoráveis a um contato maior com o mundo real, tanto nos negócios como em outras atividades, a fim de que os futuros líderes possam ver como agem as pessoas responsáveis pela tomada de decisões e para que adquiram uma capacidade efetiva de intuição.

Crítica semelhante tem sido feita contra outras instituições que preparam profissionais. Uma mesa-redonda composta por psicólogos do primeiro time, reunida em 1958 para discutir o treinamento de pesquisadores, foi unanimemente contra as tentativas de sistematização dos métodos de treinamento. O pesquisador produtivo, concluíram eles, é com bastante freqüência *desordenado*, e talvez seja produtivo "*porque* é ilógico e está disposto a seguir seus palpites em vez de aceitar as implicações dos conhecimentos e métodos existentes". Os psicólogos chegaram à conclusão de que os procedimentos formais eram, na verdade, "ancilares" ao treinamento e que o contato com o processo de pesquisa através de alguma forma de estágio orientado era a melhor maneira de treinar as pessoas sem asfixiar-lhes a originalidade.

Um importante subproduto da diversificação de experiências talvez seja a redução do número de pessoas que acabam na profissão errada. Conforme observamos anteriormente, a escolha de uma carreira é em grande parte uma decisão intuitiva – ou pelo menos deveria ser. Um conjunto mais completo de impressões ajudaria imensamente a intuição na hora de se fazer a escolha da carreira. Por outro lado, uma opção profissional adequada será posteriormente vantajosa porque a mente intuitiva funciona melhor quando altamente motivada. Nada prejudica mais a intuição do que uma atividade profissional que não se adapta às aptidões e inclinações do indivíduo. Além do mais, a diversidade de experiências pode aumentar a flexibilidade da mente intuitiva, qualquer que seja o seu enfoque. Isto proporcionaria à sociedade uma força de trabalho melhor preparada para lidar com as mudanças.

Na esfera profissional temos de incentivar a intuição e oferecer oportunidades para que ela se manifeste em todos os níveis da vida organizacional. Mencionamos diversas vezes a necessidade de políticos intuitivos. Todavia, a força de trabalho norte-americana é mais instruída e sofisticada do que qualquer outra que já tenha existido e representa uma fonte de inovação e produtividade que mal começou a ser aproveitada. Felizmente, agora a intuição talvez esteja sendo indiretamente impulsionada à medida que os métodos autocráticos de administração e as enormes hierarquias que dominavam as instituições são submetidas a uma rigorosa análise crítica.

A intuição é dissimuladamente inibida quando as pessoas são supervisionadas muito de perto pelos superiores, as tarefas são rigidamente definidas e especializadas e as decisões impostas de cima para baixo. A gerência por imposição – "É assim que fazemos as coisas por aqui" – inibe o surgimento de inovações ao dizer às pessoas exatamente como trabalhar, em vez de lhes mostrar o que precisa ser feito e lhes dar liberdade para encontrar suas próprias soluções. Assim, a tendência no sentido da adoção do sistema de administração à moda japonesa, com sua ênfase na comunicação e na participação, é um bom sinal. Talvez ele torne a motivação menos dependente de fatores extrínsecos e apele para os prazeres da contribuição, de enfrentar desafios e de utilizar plenamente o nosso potencial. Isto pode dar à mente intuitiva o incentivo necessário para descobrir outras coisas além de maneiras de trabalhar menos ou de favorecer os nossos próprios interesses.

A eficácia da liberação da intuição através de estímulos à participação de todos os empregados foi enfatizada por um presidente de uma companhia que se orgulha de sua política receptiva para com as contribuições dos funcionários. Certa vez alguém propôs que se embalasse um produto em pequenas garrafas em forma de charuto, uma idéia que foi considerada um infalível sucesso de *marketing*. Todavia, os custos para o reaparelhamento do sistema de produção eram astronômicos. Nenhum dos técnicos e gerentes havia conseguido pensar numa solução e a idéia estava prestes a ser abandonada quando um operário da linha de montagem resolveu o problema com um custo de apenas 175 dólares. Ele comprou alguns discos de hóquei sobre o gelo, fez alguns furos neles e colocou os tubos nos furos de modo que pudessem ficar de pé na linha de montagem já existente.

A motivação e a liberação da intuição podem também ser estimuladas dando-se aos funcionários uma participação nos lucros da companhia e permitindo-se que cada um deles tenha uma visão geral dos objetivos e estratégias da empresa. Além disso, as empresas podem estimular a intuição de seus empregados fazendo com que as pessoas entrem regularmente em contato com outras partes da organização. Variar de vez em quando as tarefas de cada empregado pode lhe proporcionar o tipo de informação que talvez o ajude a fazer conexões incomuns. A tendência para a descentralização da autoridade também pode ajudar a intuição ao proporcionar às pessoas uma maior autonomia e flexibilidade na fixação de objetivos, cronogramas e métodos de trabalho.

Todas as instituições precisam repensar suas definições usuais de comportamento produtivo. A mentalidade que confunde suor com dedicação e trabalho duro com produtividade precisa ser reavaliada à luz do que sabemos a respeito do valor da incubação e do impacto prejudicial do *stress*. Sob este aspecto, a mente intuitiva talvez venha a se beneficiar indiretamente com a nova preocupação com a saúde e a aptidão física. As organizações estão apoiando com entusiasmo os procedimentos para redução de *stress* a fim de combater a rotatividade de pessoal, os custos com a assistência médica e a perda de produtividade. Graças à meditação, à prática de exercícios e a um período de férias suficientemente longo, os empregados ficarão mais saudáveis e intuitivos. Por fim, os programas de treinamento e desenvolvimento podem ser expandidos de modo a incluir também as ciências humanas, tendo em vista aumentar a sensibilidade e o nível cultural dos empregados. Além disso, seminários e *workshops* voltados especificamente para o aprimoramento da capacidade intuitiva também podem ser úteis.

Estas sugestões gerais não são de maneira alguma definitivas. Muito mais ainda pode ser feito e não há dúvida de que o será à medida que chegarmos mais perto das respostas para as questões "Como sabemos o que sabemos?" e "Como poderemos conhecer ainda mais?"

PESQUISANDO A INTUIÇÃO

Nossa principal tarefa talvez seja a construção de um amplo conjunto de conhecimentos a respeito da intuição. Como ainda estamos longe de alcançar este objetivo, boa parte deste e de outros livros deve ser considerada apenas especulação. Precisamos de todo um esforço de pesquisa para determinar, por exemplo, em que proporção a capacidade intuitiva é inata ou adquirida e se determinadas categorias de pessoas são predispostas ao pensamento intuitivo. Precisamos determinar o exato alcance das experiências subjetivas que podem ser classificadas como intuição. Temos de analisar as diversas funções da intuição para verificar se cada uma delas é caracterizada por diferentes eventos psicológicos e fisiológicos. Precisamos descobrir o que acontece em nosso cérebro quando temos um palpite, quando estamos absolutamente certos de alguma coisa, quando o desenrolar dos acontecimentos mostra que estávamos com a razão.

Temos também necessidade de fazer um tremendo esforço de pesquisa para descobrir as diferenças entre os mecanismos neurológicos da intuição e de outras funções mentais, tais como a análise, o raciocínio comum e a lógica formal. Temos de estudar o fenômeno da incubação para descobrir por que ele funciona e o que acontece no sistema nervoso nesse momento. Também precisamos determinar quando a incubação é mais eficiente e quais formas são mais produtivas. Temos de descobrir se possuímos estruturas mentais que organizam as coisas que aprendemos e investigar de que modo a mente humana está ligada às fontes de informação mais universais. Também temos de estudar o papel das informações de natureza psíquica e subliminar na composição do conhecimento intuitivo e acelerar as pesquisas sobre as relações entre os preceitos da filosofia tradicional e as descobertas da ciência moderna, um projeto que foi empreendido seriamente apenas por um pequeno número de pensadores produtivos.

A linha de pesquisa que sugerimos deve, obviamente, ser voltada para a aplicação prática. Tudo que discutimos a respeito da necessidade da intuição em diversas áreas da sociedade ressalta a importância da obtenção de respostas para as seguintes questões: O que torna uma pessoa mais intuitiva? Quais condições favorecem o desenvolvimento da intuição? Como podemos identificar as pessoas intuitivas?

Considerando a maneira de ser, as pessoas intuitivas podem ser reconhecidas com um certo grau de sucesso, e têm havido tentativas de aplicar essa informação. Os alunos intuitivos, por exemplo, devem ser tratados diferentemente de seus colegas mais sistemáticos ou analíticos. Os instrumentos junguianos mencionados no Capítulo 5 têm sido utilizados para este propósito e os psicólogos idealizaram diferentes maneiras para motivar, ensinar e avaliar as pessoas intuitivas a fim de que suas habilidades inatas possam ser maximizadas. Esforços semelhantes estão sendo feitos em termos de contratação de pessoal, distribuição de tarefas e equipes de criação. Weston Agor e outros consultores de administração e recursos humanos acham que devemos colocar as pessoas intuitivas e as pessoas de mente analítica onde seus estilos possam ser mais produtivos. Àquelas não deveriam ser atribuídas as tarefas de fazer orçamentos ou compras, por exemplo, enquanto que estas últimas não deveriam ser postas em funções que exijam capacidade de liderança imaginativa.

Uma maior consciência dessas diferenças de estilo pode produzir um efeito sinérgico. Estée Lauder, por exemplo, fundadora de uma gigantesca empresa de cosméticos, é conhecida pela sua capacidade de prever o resultado de qualquer pesquisa de mercado a respeito do desempenho comercial de suas fragrâncias. Ela combina suas habilidades com as de seu filho, Leonard, formado por uma faculdade de administração de empresas. "Posso aplicar milhões alegremente num determinado investimento sem consultar ninguém", diz Leonard, "mas jamais lançaria uma fragrância sem a aprovação dela por escrito".

A composição do estilo intuitivo, bem como suas virtudes e limites, precisa ser investigada com mais rigor. O mesmo deve ser feito com a apreciada capacidade de fazer virar a sorte, adotando o estilo mais apropriado para a ocasião. Essas pesquisas podem ajudar enormemente nossos esforços no sentido de desenvolver nossas habilidades intuitivas.

Devemos também fazer um esforço para identificar pessoas dotadas de uma capacidade incomum de intuição. Os intuitivos bem-dotados poderiam ser especialistas cuja intuição funcionaria esplendidamente em áreas específicas ou então generalistas, com a capacidade de sintonizar-se com áreas diversas e responder perguntas com algum grau de precisão. Associadas a vários outros especialistas, essas pessoas poderiam propor hipóteses que de outra forma não seriam consideradas e, possivelmente, identificar fatos que não seriam constatados pelos métodos comuns. Isto, de certa forma, já foi tentado. Em Los Angeles, por exemplo, o Grupo Mobius declarou ter usado intuitivos bem-dotados para encontrar locais para escavações arqueológicas. O Centro para Intuição Aplicada, em San Francisco, tem um programa chamado Consenso Intuitivo, no qual a intuição em grupo é empregada na solução de problemas científicos e tecnológicos.

A identificação de pessoas intuitivas – e, sob outros aspectos, a legitimação dessa faculdade – poderia também proporcionar um apoio financeiro para aquele tipo de inventores e empreendedores visionários que historicamente tanto contribuíram para o progresso. Muitas vezes essas pessoas se perdem nos labirintos burocráticos que mediam a concessão de subsídios governamentais e privados. Os atuais procedimentos de concessão de recursos financeiros para a realização de pesquisas favorece pessoas bem-organizadas que apresentam projetos minuciosos e voltados para resultados previsíveis. Isto prejudica aqueles indivíduos que atacam os problemas de forma mais tortuosa e indireta, que fazem tentativas frustradas e mudam diversas vezes a abordagem do assunto antes de apresentarem uma grande descoberta intuitiva. Se insistirmos em saber de antemão quais exatamente serão as descobertas, os indivíduos intuitivos não terão a oportunidade ou os recursos para descobrirem o inesperado.

Talvez a linha de pesquisa mais importante para o futuro esteja na área da consciência superior, visto que o potencial da mente ultrapassa de muito o seu estágio atual de desenvolvimento, mesmo para o mais brilhante dentre nós. Se concedêssemos a esse empreendimento parte dos recursos que destinamos à pesquisa da inteligência artificial, talvez ficássemos surpresos com as nossas próprias capacidades intuitivas naturais. Sob este aspecto, uma área fundamental para as pesquisas seriam as disciplinas relacionadas com a ioga e a meditação. Se, como tenho sugerido, a iluminação for ao mesmo tempo a mais elevada forma de conhecimento e um meio de abrir os canais da intuição, então precisaremos de mais dados obtidos com todo o rigor científico a respeito dos exercícios e experiências associados a esse fenômeno. Precisamos descobrir quais são exatamente os processos fisiológicos relacionados com a transcendência e a consciência superior e qual a melhor forma de cultivá-las. Quando compreendermos as expressões mais elevadas do conhecimento humano, estaremos mais aptos a entender como chegamos a qualquer espécie de conhecimento.

Espera-se que os estudiosos e cientistas acelerem seus esforços para compreender a mente intuitiva em toda a sua complexidade e profundidade. Eles serão os primeiros beneficiários desse esforço. Muito antes de termos todas as respostas, porém, todos nós, na condição de pais, educadores, políticos, líderes e cidadãos, poderemos fazer muito para desenvolver nossas faculdades intuitivas e tornar o mundo seguro para a intuição. Se formos bem sucedidos, a intuição tornará o mundo seguro para nós.

Bibliografia

Adams, H. "The Good Judge of Personality." *Journal of Abnormal and Social Psychology*, 1927, *22*, pp. 127-181.

Adams, James L. *Conceptual Blockbusting*. São Francisco: W.H. Freeman, 1975.

Agor, Weston. *Intuitive Management*. Englewood Cliffs, N.J.: Prentice-Hall, 1984.

Agor, Weston. "Using Intuition in Public Management." *Public Management*. Fevereiro de 1983, pp. 2-6.

Albrecht, Karl. *Brain Power*. Englewood Cliffs, N.J.: Prentice-Hall, 1980.

Allport, Gordon. "The Study of Personality by the Intuitive Method." *Journal of Abnormal and Social Psychology*, 1929, *24*, pp. 14-27.

Amabile, Teresa M. "Effects of External Evaluation on Artistic Creativity." *Journal of Personality and Social Psychology*, 1979, *37*, pp. 221-233.

Aranya, Swami Hariharananda. *Yoga Philosophy of Patanjali*. Calcutá, Índia: Calcutta University Press, 1963.

Asimov, Isaac. *Please Explain*. Nova York: Dell, 1976.

Assagioli, Roberto. *The Act of Will*. Nova York: Viking, 1973. [*O Ato da Vontade*, Editora Cultrix, São Paulo, 1985.]

Barnett, Lincoln. *The Universe and Dr. Einstein*. Nova York: Bantam, 1968.

Barrett, William. *Irrational Man*. Garden City, N.Y.: Doubleday, 1958.

Barron, Frank. "The Disposition Toward Originality." *Journal of Abnormal and Social Psychology*. Abril de 1953, *48*, pp. 163-172.

Barron, Frank. "Some Personality Correlates of Independence of Judgment." *Journal of Personality*. Março de 1953, *21*, pp. 287-297.

Baumgardner, Steve R. "The Impact of College Experience on Conventional Career Logic." *Journal of Counseling Psychology*. Janeiro de 1976, pp. 40-45.

Baumgardner, Steve R. "Vocational Planning: The Great Swindle." *Personnel and Guidance Journal*, 1977, pp. 17-22.

Benbow, Camilla Persson e Stanley, Julian C. "Sex Differences in Mathematical Ability: Fact or Artifact? *Science*, 12 de dezembro de 1980, pp. 1262-1264.

Bentov, Itzhak. *Stalking the Wild Pendulum: On the Mechanics of Consciousness*. Nova York: Dutton, 1977. [*À Espreita do Pêndulo Cósmico – A Mecânica da Consciência*, Editoras Cultrix/Pensamento, São Paulo, 1990.]

Bergson, Henri. *Creative Evolution*. Westport, Conn.: Greenwood, 1975.

Bergson, Henri. *An Introduction Metaphysics*. Nova York: Bobbs-Merrill, 1955.

Berne, Eric. *Intuition and Ego States*. Nova York: Harper & Row, 1977.

Berne, Eric. "Intuition VI: The Psychodynamics of Intuition." *Psychiatric Quarterly*, 1962, *36*, pp. 294-300.

Berne, Eric. "The Nature of Intuition." *Psychiatric Quarterly*, 1949, *23*, pp. 203-226.

Bernstein, Jeremy. *Einstein*. Nova York: Viking, 1976.

Beveridge, W.I.B. *Seeds of Discovery*. Nova York: Norton, 1980.

Black, Meme. "Brain Flash: The Psysiology of Inspiration." *Science Digest*, agosto de 1982, p. 85.

Board, Richard. "Intuition in the Methodology of Psychoanalysis." *Psychiatry*, 1985, *21*, pp. 233-239.

Braverman, Jerome D. *Management Decision-Making: A Formal-Intuitive Approach*. Nova York: Amacom, 1980.

Bronowski, Jacob. "The Creative Process." *Scientific American*, setembro de 1958, pp. 59-65.

Bronowski, Jacob. *The Origins of Knowledge and Imagination*. New Haven: Yale University Press, 1978.

Bruner, Jerome. *Beyond the Information Given*. Nova York: Norton, 1973.

Bruner, Jerome. *The Process of Education*. Cambridge: Harvard University Press, 1961.

Brune, Jerome e Clinchy, Blythe. "Toward a Disciplined Intuition", in Jerome Brune, *The Relevance of Education*. Nova York: Norton, 1971.

Bucke, Richard M. *Cosmic Consciousness*. Nova York: Dutton, 1969.

Bunge, Mario Augusto. *Intuition and Science*. Westport, Conn.: Greenwood, 1975.

Burden, Virginia. *The Process of Intuition*. Wheaton, Ill.: Theosophical Publishing House, 1975.

Buzan, Tony. *Use Both Sides of Your Brain*. Nova York: Dutton, 1976.

Campbell, Anthony. *Seven States of Consciousness*. Nova York: Harper & Row, 1974.

Campbell, Joseph. *The Hero with a Thousand Faces*. Princeton: Princeton University Press, 1968. [*O Herói de Mil Faces*, Editoras Cultrix/Pensamento, São Paulo, 1988.]

"Canadian Study Frames New Right/Left Paradigm." *Brain/Mind Bulletin*, 28 de março de 1983, p. 1.

Capra, Fritjof. *The Tao of Physics*. Berkeley, Calif.: Shambhala, 1975. [*O Tao da Física*, Editora Cultrix, São Paulo, 11ª ed. 1990.]

Chubb, Jehangir N. "Thought and Intuition." *Aryan Path*, 1949, *20*, pp. 109-115.

Clinchy, Blythe. "The Role of Intuition in Learning." *NEA Journal*, fevereiro de 1968, pp. 33-37.

Combs, Allan L. "Synchronicity: A Synthesis of Western Theories and Eastern Perspectives." *ReVision*, primavera de 1982, pp. 20-28.

Connelly, Donald P. e Johnson, Paul E. "The Medical Problem Solving Process." *Human Pathology*, setembro de 1980, pp. 412-419.

Cornford, Francis MacDonald (trad.). *The Republic of Plato*. Nova York: Oxford University Press, 1941.

"Creativity: Looking for the Right Questions." *Leading Edge Bulletin*, 28 de setembro de 1981, pp. 1-2.

Cvetkovich, George. "Cognitive Accommodation, Language, and Social Responsability." *Social Psychology Quarterly*, junho de 1978, pp. 149-155.

d'Aquili, Eugene G. "The Neurobiological Basis of Myth and Concepts of Deity." *Zygon*, dezembro de 1978, pp. 257-275.

Dean, Douglas e Mihalasky, John. *Executive ESP*. Englewood Cliffs, N.J.: Prentice-Hall, 1974.

de Bono, Edward. *Lateral Thinking*. Nova York: Harper & Row, 1970.

de Bono, Edward. *New Think*. Nova York: Basic Books, 1967.

Dillbeck, Michael C. et al. "Frontal EEG Coherence, H-Reflex Recovery, Concept Learning, and the TM-Sidhi Program." *International Journal of Neuroscience*, 1981, *15*, pp. 151-157.

Dillbeck, Michael C. e Bronson, Edward C. "Short-Term Longitudinal Effects of the Transcendental Meditation Technique on EEG Power and Coherence." *International Journal of Neuroscience*, 1981, *14*, pp. 147-151.

Dreistadt, Roy. "The Use of Analogies and Incubation in Obtaining Insights in Creative Problem Solving." *The Journal of Psychology*, 1969, *71*, pp. 159-175.

Durant, Will. The Story of Philosophy. Nova York: Simon and Schuster/Touchstone, 1961.

Edwards, Betty. *Drawing on the Right Side of the Brain*. Los Angeles: Tarcher, 1979.

Einstein, Albert. *Ideas and Opinions*. Nova York: Dell, 1973.

Einstein, Albert e Infeld, Leopold. *The Evolution of Physics*. Nova York: Simon And Schuster, 1938.

Ferguson, Marilyn. *The Aquarian Conspiracy*. Los Angeles: Tarcher, 1980.

Ferguson, Marilyn. *The Brain Revolution*. Nova York: Bantam, 1975.

Fischbein, E. (org.). *The Intuitive Sources of Probabilistic Thinking in Children*. Boston: D. Reidel, 1975.

Fisher, Milton. *Intuition*. Nova York: Dutton, 1981.

Forem, Jack. *Transcendental Meditation*. Nova York: Dutton, 1973.

Fuerst, Robert E. "Inference Peddling." *Psychology Today*, março de 1979, pp. 92-69.

Gardner, Howard. "Breakaway Minds." (Uma entrevista com Howard Gruber.) *Psychology Today*, julho de 1981, pp. 64-73.

Gardner, Howard. "What We Know (and Don't Know) About the Two Halves of the Brain." *Harvard Magazine*, março/abril de 1978, pp. 24-27.

Garfield, Patricia. *Creative Dreaming*. Nova York: Ballantine, 1976.

Gendlin, Eugene. *Focusing*. Nova York: Bantam, 1981.

Ghiselin, Brewster. *The Creative Process*. Nova York: New American Library, 1937.

Giannini, James A. et al. "Intelect vs. Intuition – A Dichotomy in the Reception of Nonverbal Communication." *Journal of General Psychology*, julho de 1978, pp. 19-24.

Gleidman, John. "Mind and Matter." *Science Digest*, março de 1983, p. 68.

Goleman, Daniel. "Holographic Memory." (Uma entrevista com Karl Pribram.) *Psychology Today*, fevereiro de 1979, p. 71.

Goleman, Daniel. "Split-Brain Psychology: Fad of the Year." *Psychology Today*, outubro de 1977, p. 89.

Goleman, Daniel. *The Varieties of Meditative Experience*. Nova York: Dutton, 1977.

Goodspeed, Bennett. "The Word's-Smartest-Man Syndrome." *Journal of Portfolio Management*, verão de 1978, pp. 41-44.

Gordon, William. *Synectics*. Nova York: Harper & Row, 1961.

Gowan, John Curtis. "Some New Thoughts on the Development of Creativity." *Journal of Creative Behavior*, 1977, *11*, pp. 77-90.

Goy, Robert W. e McEwen, Bruce S. *Sexual Differentiation of the Brain*. Cambridge: MIT Press, 1980.

Gurumurti, D. "Intuition in Indian Philosophy." *Aryan Path*, 1957, *28*, pp. 213-217.

Hadamard, Jacques. *An Essay on the Psychology of Invention in the Mathematical Field*. Princeton: Princeton University Press, 1945.

Hamilton, Lee V. "Intuitive Psychologist or Intuitive Lawyer? Alternative Models of the Attribution Process." *Journal of Personality and Social Psychology*, novembro de 1980, pp. 767-772.

Hampden-Turner, Charles. *Maps of the Mind*. Nova York: Macmillan, 1981.

Hathaway, S. "Clinical Intuition and Inferential Accuracy." *Journal of Personality*, 1955, *24*, pp. 223-250.

Hayes, John R. *The Complete Problem Solver*. Filadélfia: Franklin Institute Press, 1981.

Hofstadter, Douglas. *Godel, Escher, Bach: An Eternal Golden Braid*. Nova York: Basic Books, 1979.

Hudson, William Donald. *Ethical Intuitionism*. Nova York: St. Martin's, 1967.

Hunt, Morton. *The Universe Within*. Nova York: Simon and Schuster, 1982.

Hutcheson, Joseph C. "The Judgment Intuitive: The Function of the 'Hunch' in Judicial Decision." *The Cornell Law Quarterly*, 1929, *14*, 274-288.

Huxley, Aldous. *The Perennial Philosophy*. Nova York: Harper & Row, 1944. [*A Filosofia Perene*, Editora Cultrix, São Paulo, 1991.]

Judson, Horace Freeland. *The Search for Solutions*. Nova York: Holt, Rinehart & Winston, 1980.

Jung, Carl Gustav. *Man and His Symbols*. Garden City, NY.: Doubleday, 1964.

Jung, Carl Gustav. *Psychological Types*. Princeton: Princeton University Press, 1971.

Kaplan, Harold A. "Intuitive Preference, Conditions of Arousal, and Their Effects on Intuitive Problem Solving." Tese de doutoramento não publicada, Universidade de Kansas, 1974.

Kline, Morris. *Mathematics: The Loss of Certainty*. Nova York: Oxford University Press, 1980.

Koestler, Arthur. *The Act of Creation*. Nova York: Macmillan, 1964.

Konner, Melvin. *The Tangled Wing*. Nova York: Holt, Rinehart & Winston, 1982.

Krippner, Stanley, et al. "The Creative Person and Non-Ordinary Reality." *Gifted Child Quarterly*, 1972, *16*, pp. 203-228.

Kuhn, Thomas. *The Structure of Scientific Revolutions*. Chicago: University of Chicago Press, 1962.

La Berge, Stephen. "Lucid Dreaming: Directing the Action as It Happens." *Psychology Today*, janeiro de 1981, p. 48.

Landau, Barbara et al. "Spatial Knowledge and Geometric Representation in a Child Blind from Birth." *Science*, 11 de setembro de 1981, pp. 1275-1277.

Larkin, Jill et al. "Expert and Novice Performance in Solving Physics Problems." *Science*, junho de 1980, pp. 1335-1342.

Loye, David. "Forecasting for Everyone: An Examination of the True Powers of the Mind." *Planning Review*, janeiro de 1980, pp. 15-19.

Luft, Joseph. "Implicit Hypotheses and Clinical Predictions." *Journal of Abnormal and Social Psychology*, 1950, *45*, pp. 756-759.

Maharishi Mahesh Yogi. *On the Bhaghavad Gita: A New Translation and Commentary*. Nova York: Penguin, 1967.

Maritain, Jacques. *Creative Intuition in Art and Poetry*. Nova York: New American Library, 1953.

Maslow, Abraham. *The Psychology of Science*. Nova York: Harper & Row, 1966.

Maslow, Abraham. *Toward a Psychology of Being*. Nova York: Van Nostrand Reinhold, 1968.

May, Rollo. *The Courage to Create*. Nova York: Norton, 1975.

McKenney, James L. e Keen, Peter G.W. "How Managers' Minds Work." *Harvard Business Review*, maio/junho de 1974, pp. 79-90.

Mintzberg, Henry. *The Nature of Managerial Work*. Nova York: Harper & Row, 1973.

Mintzberg, Henry. "Planning on the Left Side and Managing on the Right." *Harvard Business Review*, julho/agosto de 1976, pp. 49-58.

Mitroff, Ian I. "The Myth of Objectivity, or Why Science Needs a New Psychology of Science." *Management Science*, junho de 1972, pp. B613-B618.

Morowitz, Harold. "The Beauty of Mathematics." *Science 82*, outubro de 1982, p. 26.

Moss, Thelma. *The Probability of the Impossible*. Los Angeles: Tarcher, 1974.

Myers, Isabel Briggs. *The Myers-Briggs Type Indicator*. Palo Alto. Calif.: Consulting Psychologists Press, 1962.

Neisser, Ulric. *Cognitive Psychology*. Englewood Cliffs, N.J.: Prentice-Hall, 1967.

Nietzsche, Friedrich. *Philosophy in the Tragic Age of the Greeks*. Chicago: Regnery Gateway, 1962.

Nisbett, Richard e Ross, Lee. *Human Inference: Strategies and Shortcomings*. Englewood Cliffs, N.J.: Prentice-Hall, 1980.

Olton, Robert M. e Johnson, David M. "Mechanisms of Incubation in Creative Problem Solving." *American Journal of Psychology*, dezembro de 1976, pp. 617-630.

Ornstein, Robert. *The Psychology of Consciousness*. São Francisco: W.H. Freeman, 1972.

Osborn, Alex. *Applied Imagination*. Nova York: Scribners, 1953.

Pelletier, Kenneth R. e Garfield, Charles. *Consciousness East and West*. Nova York: Harper & Row, 1976.

Perkins, D.N. *The Mind's Best Work*. Cambridge: University Press, 1981.

Peters, Joan T. e Hammond, Kenneth R. "A Note on Intuitive vs. Analytic Thinking." *Organizational Behavior and Human Performance*, 1974, *12*, pp. 125-131.

Pirsig, Robert M. *Zen and the Art of Motorcycle Maintenance*. Nova York: Bantam, 1975.

Polanyi, Michael. *The Tacit Dimension*. Garden City, N.Y.: Doubleday, 1966.

Poole, Roger. *Toward Deep Subjectivity*. Nova York: Harper & Row, 1972.

Prabhavananda, Swami e Isherwood, Christopher. *How to Know God: The Yoga Aphorism of Patanjali*. Nova York: New American Library, 1969. [*Como Conhecer Deus – Aforismos Iogues de Patanjali*, Editora Pensamento, São Paulo, 1988.]

Radhakrishnan, Sarvepalli e Moore, Charles A. *A Source Book in Indian Philosophy*. Princeton: Princeton University Press, 1957.

Rao, Nagaraja P. "Logic and Intuition in Indian Philosophy." *Aryan Path*, 1950, *21*, pp. 511-514.

Rico, Gabriele Lusser. *Writing the Natural Way*. Los Angeles: Tarcher, 1983.

Rothenberg, Albert. "Creative Contradictions." *Psychology Today*, junho de 1979, pp. 55-62.

Rouse, W.H.D. (trad.) *Great Dialogues of Plato*. Nova York: New American Library, 1956.

Rowan, Roy. "Those Business Hunches Are More Than Blind Faith." *Fortune*, 23 de abril de 1979, pp. 111-114.

Royce, Joseph R. et al. "Psychological Epistemology: A Critical Review of the Empirical Literature and the Theoretical Issues." *Genetic Psychology Monographs*, 1978, *97*, pp. 265-353.

Rucker, Rudy. "Master of the Incomplete." *Science 82*, outubro de 1982, p. 56.

Russell, Peter. *The Brain Book*. Nova York: Dutton, 1979.

Schilpp, P. (org.). *Albert Einstein: Philosopher-Scientist*. La Salle, Ill.: Open Court, 1973.

Schubert, Daniel S.P. "Is Incubation a Silent Rehearsal of Mundane Responses?" *Journal of Creative Behavior*, 1979, *13*, pp. 36-38.

Schustack, Miriam W. e Sternberg, Robert J. "Evaluation of Evidence in Causal Inference." *Journal of Experimental Psychology*, 1981, *110*, pp. 101-120.

Shear, Jonathan. "Maharishi, Plato, and the TM-Sidhi Program on Innate Structures of Consciousness." *Metaphilosophy*, janeiro de 1981, pp. 72-84.

Sheldrake, Rupert. *A New Science of Life*. Los Angeles: Tarcher, 1981.

Simonton, Dean K. "Creativity, Task Complexity, and Intuitive Versus Analytical Problem Solving." *Psychological Reports*, 1975, pp. 351-354.

Simonton, Dean K. "Intuition and Analysis: A Predictive and Explanatory Model." *Genetic Psychology Monographs*, agosto de 1980, pp. 3-60.

Somers, Roni. "A Phenomenological Approach to the Intuitive Experience." Tese de doutoramento não publicada, California School of Professional Psychology, 1977.

Springer, Sally e Deutsch, George. *Left Brain, Right Brain*, São Francisco: W.H. Freeman, 1981.

Sternberg, Robert J. e Schustack, Miriam W. "Components of Causal Inference." *NR Reviews*, Outono/Inverno de 1980/1981, pp. 49-61.

Suzuki, D.T. *Zen Buddhism*. Garden City, N.Y.: Doubleday/Anchor, 1956.

"System Dynamics Aids Intuition." *Leading Edge Bulletin*, 26 de abril de 1982, pp. 1-2.

Taft, R. "The Ability to Judge People." *Psychological Bulletin*, 1955, *52*, pp. 1-28.

Targ, Russell e Puthoff, Harold. *Mind-Reach*. Nova York: Dell, 1978.

Taylor, Donald W. et al. "Education for Research in Psychology." *The American Psychologist*, 1959, *14*, pp. 167-179.

Toben, Bob. *Space-Time and Beyond*. Nova York: Dutton, 1975. [*Espaço-Tempo e Além*, Editora Cultrix, São Paulo, 1988.]

Tobias, Sheila. "Sexist Equations." *Psychology Today*, janeiro de 1982, p. 14.

Torrance, E. Paul. "An Instructional Model for Enhancing Incubation." *Journal of Creative Behavior*, 1979, *13*, pp. 23-34.

Valentine, C. "The Relative Reliability of Men and Women in Intuitive Judgments of Character." *British Journal of Psychology*, 1929, XIX, Parte 3, pp. 213-238.

VanGundy, Arthur B. *Training Your Creative Mind*. Englewood Cliffs, N.J.: Prentice-Hall, 1982.

Vaughan, Frances E. *Awakening Intuition*. Garden City, N.Y.: Doubleday/Anchor, 1979.

Villoldo, Alberto e Dychtwald, Ken. *Millennium*. Los Angeles: Tarcher, 1981.

Wallas, Graham. *The Art of Thought*. Nova York: Harcourt Brace, 1926.

Watson, Lyall. *Lifetide*. Nova York: Bantam, 1980.

Weber, Renee. "The Physicist and the Mystic-Is a Dialogue Between Them Possible?" (Uma entrevista com David Bohm.) *ReVision*, primavera de 1981, *4*, pp. 22-35.

Weintraub, Pamela. "The Brain: His and Hers." *Discover*, abril de 1981, pp. 15-20.

Westcott, Malcolm. "On the Measurement of Intuitive Leaps." *Psychological Reports*, 1961, *9*, pp. 267-274.

Westcott, Malcolm. *Toward a Contemporary Psychology of Intuition*. Nova York: Holt, Rinehart & Winston, 1968.

Westcott, Malcolm e Ranzoni, Jane. "Correlates of Intuitive Thinking." *Psychological Reports*, 1963, *12*, pp. 595-613.

Whitehead, Alfred North. *Science and the Modern World*. Nova York: Macmillan, 1925.

Wilber, Ken. *The Atman Project*. Wheaton, Ill.: Theosophical Publishing House, 1980.

Wilber, Ken (org.). *The Holographic Paradigm and Other – Paradoxes Exploring the Leading Edge of Science*. Berkeley. Calif.: Shambhala, 1982. [*O Paradigma Holográfico e outros Paradoxos – Uma investigação nas fronteiras da ciência*, Editora Cultrix, São Paulo, 1991.]

Wilber, Ken. *The Spectrum of Consciousness*. Wheaton, Ill.: Theosophical Publishing House, 1977. [*O Espectro da Consciência*, Editora Cultrix, São Paulo, 1990.]

Wittrock, M.C. (org.). *The Human Brain*. Englewood Cliffs, N.J.: Prentice-Hall, 1977.

Yankelovich, Daniel. "Managing in an Age of Anxiety." *Industry Week*, 24 de outubro de 1977, pp. 52-58.

Yogananda, Paramahansa. *The Autobiography of a Yogi*. Los Angeles: Self-Realization Fellowship, 1969.

Yu-Lan, Fung. *A Short History of Chinese Philosophy*. Nova York: Macmillan, 1960.

Zukav, Gary. *The Dancing Wu Li Masters*. Nova York: Morrow, 1979.

O MISTÉRIO DA INTUIÇÃO

Brian Inglis

Joana D'Arc ouvia vozes. Stravinski e Mozart ouviam, em segundos, sinfonias inteiras. Einstein solucionava problemas sem a necessidade de raciocinar. Arquimedes resolvia os seus durante o banho. Churchill sentia-se protegido por certa mão que o guiava.

Por toda a história, as pessoas notaram a presença de uma força benéfica que intervém de tempos em tempos nas suas vidas, como que para ajudá-las e protegê-las – ou para puni-las. A fada madrinha das lendas populares e o anjo da guarda da tradição cristã são personificações dessa força. Sócrates dizia que havia consultado a "voz do seu *daimôn*" durante toda a sua vida, e "que ela nunca o desapontou". Kipling afirmava que não conseguia escrever a menos que o demônio que se instalara na sua pena o permitisse. "Tenho uma forte sensação", dizia Churchill, ao dirigir-se a uma platéia de mineiros durante a II Grande Guerra Mundial, "de que certa mão que me guia está sempre intervindo".

Em *O mistério da intuição*, Brian Inglis explora a evidência histórica e ainda atual dessa força. Talvez, em seu aspecto mais conhecido, ela possa se identificar com "as musas", a fonte de inspiração dos poetas e dos artistas, sem a qual, como dizia Kipling, "eles não passam de homens comuns". E muitos de nós já perceberam que "acaso" e "sorte" são termos pouco adequados quando se trata de explicar coisas como intuição, premonição, coincidências significativas e percepção extra-sensorial. "Não podemos saber o bastante neste estágio", conclui Brian Inglis, "para sermos dogmáticos quanto à origem desses estímulos; mas a evidência de que eles existem impressiona o suficiente para que se empreenda novamente uma pesquisa importante, deixando de lado preconceitos religiosos e materialistas."

* * *

Brian Inglis nasceu em Dublin, Irlanda, e formou-se pela Universidade de Oxford. Durante a II Guerra Mundial foi piloto da RAF, onde se tornou líder de esquadrilha. Depois disso, dedicou-se ao jornalismo como cronista e comentarista político.

EDITORA CULTRIX

À ESPREITA DO PÊNDULO CÓSMICO

Itzhak Bentov

O iogue consulta o relógio. De repente, o ponteiro dos segundos pára. Não é por defeito ou falta de corda, pois seu companheiro ao lado nada percebe de anormal. Para a maioria de nós, impotentes ante a marcha inexorável do relógio, um momento é algo definitivamente fora do alcance, algo que só existe para, num piscar de olhos, se tornar passado. Nosso iogue, no entanto, sabe que para ele muita coisa pode acontecer naquele pedaço insignificante de tempo, até mesmo uma aventura que nada fica a dever às aventuras narradas nos mais imaginosos livros de ficção. O iogue é alguém que, por assim dizer, aprende a fixar os pontos de repouso do pêndulo, onde têm início as mais incríveis incursões do espírito pelos mundos superiores. Neste livro surpreendente, Itzhak Bentov consegue transformar o pêndulo, representante por excelência de um mundo dominado pelo relógio, no símbolo de uma liberdade para além do tempo.

A magia do assunto parece ter contaminado a própria narrativa, pois sua leitura, como a de um romance cativante, é "de parar o tempo". Com muita criatividade e imaginação, Bentov, em sua visão radicalmente ondulatória do mundo, abre ao "observador" os horizontes de uma odisséia sem igual: comunicações instantâneas com seres de qualquer parte do universo; onipresença do observador, que se propaga com velocidades maiores que a da luz; existência de uma "memória do universo", onisciente e onipotente, sob a forma de um imensurável holograma, que o "observador-onda" pode iluminar e ler à vontade; acesso, "por ressonância", aos nossos corpos superiores, que são "harmônicos" do corpo físico, etc. No âmbito dessa visão, a consciência é a entidade mais básica do universo e a evolução é a sua lei. Em sua linguagem de exemplos muito claros, Bentov segue, passo a passo, a provável evolução da consciência de uma rocha.

Como se tudo isso não bastasse, ele incorpora suas idéias à concepção teosófica, e propõe as técnicas de meditação como o grande instrumento de que dispomos para levar adiante o grande plano da evolução universal. Por incrível que pareça, Bentov ainda arranja tempo para propor toda uma cosmologia (onde o absoluto é visto como um oceano de energia de freqüência infinita) e uma cosmogonia, que, implicitamente, reatualiza e reinterpreta o mito do ovo do mundo, no curioso modelo de universo que propõe, acionado por um *big bang* contínuo.

Newton Roberval Eichemberg

CULTRIX/PENSAMENTO

O HERÓI DE MIL FACES

Joseph Campbell

Embora apresentem amplas variações em termos de incidentes, de ambientes e de costumes, os mitos de todas as civilizações oferecem um número limitado de respostas aos mistérios da vida.

Em *O herói de mil faces,* Joseph Campbell — reconhecidamente, um dos maiores estudiosos e mais profundos intérpretes da mitologia universal — apresenta o herói compósito: Apolo, Wotan, Buda e numerosos outros protagonistas da religião, dos contos de fada e do folclore representam simultaneamente as várias fases de uma mesma história. O relacionamento entre seus símbolos intemporais e os símbolos detectados nos sonhos pela moderna psicologia profunda é o ponto de partida da interpretação oferecida por Campbell. O ponto de vista psicológico é, então, comparado com as palavras proferidas por grandes líderes espirituais, como Moisés, Jesus, Maomé, Lao-Tzu e os Anciãos das tribos australianas. Oculto por trás de um milhar de faces, emerge o herói por excelência, arquétipo de todos os mitos.

Sem dúvida — afirma o Autor na introdução a este volume —, *há diferenças entre as diversas mitologias e religiões da humanidade, mas este é um livro a respeito das semelhanças. Uma vez compreendidas as diferenças, descobriremos que são bem menores do que popularmente (e politicamente) se supõe. Minha esperança é a de que essa comparação possa contribuir para a causa das forças que atualmente trabalham pela unificação, não em nome de algum império político ou eclesiástico, mas no sentido de um entendimento mútuo entre os homens. Pois, como dizem os Vedas: "A Verdade é uma só; os sábios se referem a ela por muitos nomes."*

CULTRIX/PENSAMENTO

O DESPERTAR DA TERRA – O Cérebro Global

Peter Russell

Existe um cérebro global?

Pesquisas levadas a cabo nos últimos anos sugerem que os seres humanos são capazes de formas sutis de comunicação. O elo inexplicável entre o bebê e sua mãe, os modos misteriosos de comunicação entre animais e entre insetos e os acidentes pessoais de afinidade aparente – tudo isso são indícios de que existe algo unindo tudo o que vive.

Em seu livro, *O Despertar da Terra – O cérebro global*, Peter Russell ressalta a necessidade urgente de assegurarmos que o nosso "cérebro global" seja mentalmente são, e não insano. Cada um de nós, "neurônios", deve dar alguns passos em direção à sanidade coletiva. Na nossa vida pessoal, por exemplo, podemos fazer o máximo possível em prol da conservação dos recursos naturais. Podemos descobrir novos métodos para nos renovarmos continuamente. Podemos tentar eleger e apoiar líderes que pareçam respeitar a interdependência de todas as pessoas. E podemos ser nós próprios esses líderes.

A leitura deste livro é um convite para percebermos que podemos ir além da mera sobrevivência. Podemos aprofundar o sentido da nossa existência fazendo uso da nossa imaginação e conceber a nós mesmos como parte de um todo maior, de uma humanidade que desperta para o nascer de um novo entendimento.

Do prefácio de
Marilyn Ferguson

EDITORA CULTRIX

O ATO DA VONTADE

Roberto Assagioli

Esta importante obra devolve a vontade humana ao centro da psicologia, da educação e da vida cotidiana. Cuidadosa e atentamente, Roberto Assagioli define o apogeu e o descrédito de uma concepção mais antiga de vontade humana: uma "força de vontade" autoritária, áspera e repressiva. Em contrapartida, elabora uma noção abrangente da vontade que não é simplesmente "forte" e sim — o que é mais importante — "hábil".

Em *O Ato da Vontade,* Assagioli vai, além da mera filosofia, aos pormenores de uma compreensão prática da vontade e, inclusive, aos meios que a podem treinar, sugerindo um programa completo de exercícios com os quais mostra ao leitor de que modo a vontade pode adquirir habilidade para agir com um mínimo de esforço, sem perder a eficiência.

Intensamente otimista, a concepção da vontade segundo Assagioli não está desligada da completa realização pessoal, e seu desenvolvimento terá como recompensa a harmonia pessoal, um relacionamento humano correto e uma perfeita adaptação à evolução da humanidade e do cosmos.

Roberto Assagioli é um dos mestres da psicologia moderna, na linha que procede de Freud, passando por Jung e Maslow. Com o passar do tempo, ele desenvolveu uma psicologia mais abrangente, a psicossíntese, em que sua visão é claramente integrada com todas as técnicas psicológicas disponíveis, numa abordagem única para cada indivíduo. A visão da psicossíntese considera que o homem tende naturalmente à força e à harmonia, tanto interior como com o mundo que o circunda. A nova compreensão da vontade, segundo Assagioli, é o centro dessa visão e da realidade que ela assume perante o mundo.

EDITORA CULTRIX

ADIVINHAÇÃO E SINCRONICIDADE

Marie-Louise von Franz

Marie-Louise von Franz, durante muitos anos colaboradora de C. G. Jung, é uma conhecida autoridade na interpretação psicológica de contos de fada, sonhos, mitos e alquimia. Neste livro, que teve origem numa série de palestras feitas no Instituto Jung de Zurich, ela volta sua atenção para o significado do irracional.

Com penetrante perspicácia, a autora examinou o fundo psicológico do tempo, do número e dos métodos de adivinhação, como o *I Ching,* a astrologia, as cartas do Tarô, a quiromancia, os dados e os padrões aleatórios etc. Contrastando as atitudes científicas do Ocidente com a dos chineses e a dos chamados primitivos, ela explica e ilustra as idéias de Jung sobre arquétipos, projeção, energia psíquica e sincronicidade.

Mais do que qualquer outro autor desta área, Marie-Louise tem a habilidade de basear suas teorias psicológicas em exemplos práticos da vida diária, o que torna a sua obra acessível tanto ao leigo como ao terapista profissional.

* * *

Este volume é o primeiro de uma série de estudos sobre Psicologia Junguiana feita por analistas junguianos.

EDITORA CULTRIX

COLEÇÃO ESTUDOS DE PSICOLOGIA JUNGUIANA POR ANALISTAS JUNGUIANOS

Daryl Sharp
ENSAIOS DE SOBREVIVÊNCIA
TIPOS DE PERSONALIDADE - O Modelo Tipológico de Jung

Deldon Anne McNeely
TOCAR - Terapia do Corpo e Psicologia Profunda

Denise G. Ramos
A PSIQUE DO CORAÇÃO - Uma Leitura Analítica do seu Simbolismo

Edward F. Edinger
A CRIAÇÃO DA CONSCIÊNCIA
O ARQUÉTIPO CRISTÃO
O ENCONTRO COM O SELF

James A. Hall, M. D.
A EXPERIÊNCIA JUNGUIANA
JUNG E A INTERPRETAÇÃO DOS SONHOS

John P. Dourley
AMOR, CELIBATO E CASAMENTO INTERIOR

Laurie Layton Schapira
O COMPLEXO DE CASSANDRA

Lawrence W. Jaffe
LIBERTANDO O CORAÇÃO - Espiritualidade e Psicologia Junguiana

Marie-Louise von Franz
ADIVINHAÇÃO E SINCRONICIDADE
ALQUIMIA
O SIGNIFICADO PSICOLÓGICO DOS MOTIVOS DE REDENÇÃO NOS CONTOS DE FADAS

Mario Jacoby
O ENCONTRO ANALÍTICO

Marion Woodman
A CORUJA ERA FILHA DO PADEIRO - Obesidade, Anorexia Nervosa e o Feminino Reprimido

Nathan S.-Salant
NARCISISMO E TRANSFORMAÇÃO DO CARÁTER

Sylvia Brinton Perera
O COMPLEXO DE BODE EXPIATÓRIO

Warren Steinberg
ASPECTOS CLÍNICOS DA TERAPIA JUNGUIANA

Outras obras de interesse:

PSICOSSÍNTESE
Roberto Assagioli

O ATO DA VONTADE
Roberto Assagioli

À ESPREITA DO PÊNDULO CÓSMICO – A Mecânica da Consciência
Itzhak Bentov

O HERÓI DE MIL FACES
Joseph Campbell

A JORNADA MÍTICA DE CADA UM
Sam Keen e *Anne Valley-Fox*

A FILOSOFIA PERENE
Aldous Huxley

ANDROGINIA – Rumo a uma Nova Teoria da Sexualidade
June Singer

SISTEMAS E TEORIAS EM PSICOLOGIA
Marx e *Hillix*

A CONSCIÊNCIA SEM FRONTEIRAS
Ken Wilber

O PARADIGMA HOLOGRÁFICO e outros Paradoxos
Ken Wilber (org.)

O ESPECTRO DA CONSCIÊNCIA
Ken Wilber

AS VARIEDADES DA EXPERIÊNCIA RELIGIOSA
William James

VIDAS NÃO VIVIDAS – O Sentido Psicológico da Perda Simbólica e da Perda Real na Morte de um Filho
Judith A. Savage

A CRIAÇÃO DA CONSCIÊNCIA
Edward F. Edinger

ANATOMIA DA PSIQUE
Edward F. Edinger

ADIVINHAÇÃO E SINCRONICIDADE
Marie-Louise von Franz

COGNIÇÃO E APRENDIZAGEM HUMANA
Richard E. Mayer

A ESPIRITUALIDADE DO CORPO
Alexander Lowen

PSICOLOGIA – Uma Introdução aos Princípios Fundamentais do Comportamento
C.W. Telford e *J.M. Sawrey*

Peça catálogo gratuito à
EDITORA CULTRIX
Rua Dr. Mário Vicente, 374 – Fone: 272-1399
04270 – São Paulo, SP